新総理 石破茂

師・田中角栄と「日本創生」

大下英治
Eiji Ohshita

河出書房新社

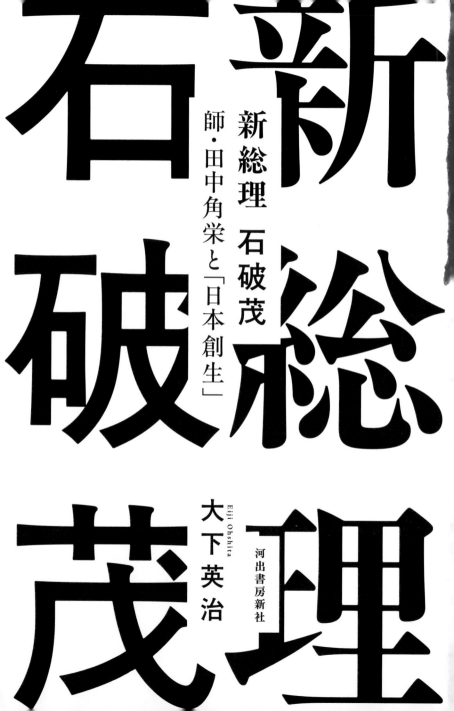

新総理　石破茂　師・田中角栄と「日本創生」◎目次

新総理　石破茂

師・田中角栄と「日本創生」

序章　石破新総理誕生の舞台裏と日本創生解散のゆくえ

衛藤征士郎が模索した「岸田・石破」連携構想

自民党の最大派閥の清和政策研究会（旧安倍派）の最高顧問を務めていた衛藤征士郎元衆院副議長は、令和六年九月の自民党総裁選において石破茂陣営の中心人物として動き、石破総理誕生の立役者となった。

令和六年八月十四日に岸田文雄総理が総裁選への不出馬を表明したことをきっかけに今回の総裁選には石破をはじめとして九人もの候補者が名乗りをあげたが、衛藤はそれ以前から政治家としての石破のことを高く評価し、表舞台で活躍するべきだと思っていた。

ただ岸田総理が不出馬を表明する前は、衛藤は、岸田再選を前提に石破が岸田に協力し、二人でタッグを組むことを模索していた。

衛藤は、昭和十六年（一九四一年）四月二十九日、当時日本の統治下であった朝鮮半島南部全羅南道の康津に生まれた。終戦後は帰国して大分県玖珠郡玖珠に移り、早稲田大学政治経済学部に入学するまで大分で過ごした。大分県玖珠郡玖珠の町長を二期務めた後の昭和五十二年（一九七七年）七月の参院選に、政治団体「国政に新風を送る会」公認で大分地方区から出馬し、初当選した。昭和五十八年（一九八三年）十二月には衆院に転出し、旧大分一区から無所属で出馬して当選して以降、議席を守り続けてきた。衛藤はその中で防衛庁長官、衆院副議長などを務め、大蔵委員会、決算委員会、予算委員会、国家基本政策委員会、テロ対策特別委員会の委員長を務めた「ミスター国会」である。

令和五年十一月に発覚した派閥の政治資金パーティーによる裏金事件は自民党と岸田政権を危地に陥れる。事件の発覚以降、岸田総理は、宏池会の解散を打ち出したり、自ら政倫審に出席するなどの対応をとっていたが、政権の支持率は低迷していた。衛藤は、岸田総理の苦悶を見ながら思っていた。

〈自民党にとって最大の危機だ。だからこそその危機に渾身の力で対応している岸田総理総裁を一丸となって支えなくてはいけない〉

衛藤は、元々親しい間柄である石破茂ともそのことについて話をしていた。

石破は、第二次安倍政権の途中で閣外に転じて以来、自民党内では非主流派の立場だった。

しかし、有権者や自民党員からの支持は厚く、世論調査などでは常に期待を集めていた。

衛藤はそんな石破のことを以前から高く買っていた。

日本で一番人口の少ない鳥取県を選挙区とする石破は誰よりも地方を大事にする政治家であった。大臣として地方創生に熱心に取り組んだだけでなく、農林水産大臣も経験し、農政の専門家であった。防衛庁長官や防衛大臣も歴任し、安全保障政策にも精通している。また、自民党が野党に転落していた時代には政調会長として当時の民主党政権と対峙し、その後、政権復帰の際には幹事長として選挙の陣頭指揮をとっている。豊富なキャリアを持つ石破を非主流派のままにしておくのは自民党にとって損失であった。

令和六年三月頃、衛藤は石破と会談した際に言った。

「石破さん、我々で岸田政権を支えていこうじゃないか」

衛藤の呼びかけに石破は前向きに応じてくれた。

「先生のおっしゃる通りです。支えないといけません」

衛藤はさらに提案した。

「その気持ちがあるなら、もし、岸田総理が内閣改造や党役員人事をおこなった時に、石破さんに協力してほしいと要請があったら受けてくれるね？」

「ええ、受けます」

岸田総理と石破が協力する体制が作れれば、自民党を苦境から救うことができる。

安堵した衛藤はさらに動き、岸田総理にもそのことを伝えた。

「総理、石破さんはいつでも総理に協力すると言っています。人事をする際には考えておいてください」

衛藤の提案を岸田総理は否定することはなかった。むしろ前向きな様子であった。

「わかりました。考えておきます」

この時は具体的なポストについてやりとりがあったわけではなかった。

ただ衛藤は、岸田を石破が支える体制ができれば岸田政権も持ち直すと期待していた。

岸田総理から前向きな感触を得て以来、衛藤は「岸田総理がいつ石破を起用するのか」とやきもきしていた。岸田総理にも、たびたびせっついていた。八月十一日にも衛藤は岸田総理に問いただしていた。

「総理、石破さんに、人事の件、相談しましたか？」

「いや、まだしていません」

衛藤はその時の岸田の様子から以前との変化を感じ取り、「もしかしたら不出馬の場合もあるのか……」と考えたという。

結局、衛藤の構想は実現することはなかった。八月十四日に岸田総理が再選を断念し、不出馬を表明したからだった。要職に起用された石破が岸田政権を支えていくという人事構想は実現しなかった。

だが、この構想は、結果的に総裁選で石破が岸田の支援を得る素地となっていく……。

石破の総裁選出馬に尽力した武田良太

福岡県十一区選出の衆院議員で、旧二階派の事務総長であった武田良太は、令和六年九月の総裁選で石破茂や小泉進次郎元環境大臣を支援し、石破新総理誕生のきっかけを作った。

武田は、岸田文雄政権の支持率が低迷し、九月に自民党総裁選が迫るなか、菅義偉前総理と頻繁に意見交換をしていた。菅内閣で総務大臣を務めた武田は、ともに閣僚を務め、「ＨＫＴ」と称される加藤勝信や萩生田光一といっしょに、定期的に菅と会合をするなど近い関係にあった。

菅は武田と会うと、よく言っていた。

「次の総裁選は国民の声が反映されるようなものにしないといけない。国民から期待されている小泉進次郎や石破さんが出馬できなかったら、自民党は見放されてしまう」

武田も菅の考えに同意していた。自民党の現状に強い危機感を持っていた菅は、令和六年六月二十三日、文芸春秋のオンライン番組に出演して岸田総理を表立って真っ先に批判した。

「総理自身が派閥の問題を抱えているのに、責任を取っていなかった。いつ取るのか。いつ言及するのか。その責任に触れずに今日まで来ている」

菅はそう語り、総裁選で自民党の刷新を国民に訴える必要性を指摘して、岸田総理に不出馬を迫った。

菅はさらに総裁選についても語った。

「自民党が変わってきたという雰囲気づくりが大事だが、自民党に覆いかぶさる雰囲気はそう簡単なものではない。刷新の考え方を国民に理解してもらう最高の機会だ」

また「ポスト岸田」についても語った。菅は「決めていない」としつつ、石破のことを評価した。

「期待できる経験豊富なリーダーの一人だ。簡単に主張を変えないのがいい」

さらに加藤勝信についても語った。

「穴のない働きぶりで、どんな仕事でも安心して任せられる人です」

小泉についても語った。

「改革意欲に富んでいて、環境大臣を経験したことで、官民双方の意見をバランスよく取り入れることができる幅が出てきた」

菅と武田は、石破や小泉のような国民から期待される候補者が総裁選に出られる環境を作るために、動いていく。

武田に最初にアプローチがあったのは石破だった。過去に自民党総裁選に四回も出馬していた石破だったが、派閥を解消したこともあって、二十人の推薦人集めに苦労していた。

かつて石破が会長を務めていた水月会は、三年前の総裁選後、所属議員の退会が続いたこともあり、令和三年十二月に「派閥」から「議員グループ」へと形を変えた。参加する議員も十人に満たなくなっていた。

石破は、武田に頼んだ。

「総裁選に出たいので、武田さんの力を貸してほしい」

武田は石破からの依頼に応じて、菅前総理と会食する機会を作った。

令和六年七月一日夜、武田は、石破と菅前総理と東京都内の中華料理店で会食した。

しかし、この時はあまり具体的な話はせず、石破も菅に頭を下げることはしなかった。

さらに、武田は、石破と旧二階派の会長だった二階俊博元幹事長が会談する機会も作った。

だが、その時も、意外にも石破は具体的な依頼をすることはなかった。

その後、武田は、石破が総裁選に出られるように旧二階派の議員たちに頼んだ。

「石破さんを応援してやってほしい」

最終的には、石破の推薦人二十人のうち、旧二階派に所属していた細野豪志、長島昭久、伊東良孝、谷公一の四人が名を連ねている。

さらに、福岡県十一区選出の武田は、選挙区が隣同士の大分県三区選出で、同じ防衛族の岩屋毅とも話をした。岩屋は武田に言った。

「総裁選で石破さんを応援しようと思ってるけれど、どうだろうか？」

武田は言った。

「ぜひ応援してやってください。岩屋さんが選対本部長をやってくださいよ」

武田の助言もあり、岩屋は石破の推薦人代表となり、選対本部長に就任した。

また、武田は、青木一彦参議院議員とも話をして、選対本部長代理を務めることも後押しした。

青木の父親の青木幹雄元官房長官は平成三十年（二〇一八年）の総裁選で、竹下派会長の竹下亘に竹下派の分裂覚悟で石破の支持を要請し、石破の善戦に一役かっていた。

他の候補者が推薦人集めに苦しむなか、武田の助力により、石破は陣容をいち早く固めることが出来た。

三十八年間の政治生活の集大成

令和六年八月十四日午前十一時三十分、岸田文雄総理は、官邸で臨時の記者会見を開き、九月の自民党総裁選に立候補しないと表明した。

「新生自民党を国民の前にしっかりと示すことが必要だ。自民党が変わることを示す最も分かりやすい最初の一歩はわたしが身を引くことだ。総裁選を通じて選ばれた新たなリーダーを一兵卒として支えることに徹する」

岸田総理の不出馬表明によって、次期総理大臣を目指す候補者たちの総裁選レースの号砲が事実上鳴り、総裁選への出馬を目指す議員たちは、この日から表立って動き始めた。

岸田総理の記者会見終了後、前回の総裁選で岸田と河野に次ぐ三位だった高市早苗は、旧安倍派の議員の携帯電話を鳴らして自らへの支持を訴えた。

「総裁選の推薦人になってくれませんか？」

すでに出馬の意向を固めている高市は、二十人の推薦人集めを加速させていく。

いっぽうで、前回の総裁選では河野太郎への支持にまわった石破茂も、訪問先の台湾で記者団を前に語った。

「総裁選に推してやろうという方々が二十人おられれば、ぜひとも出馬したい」

総裁選への出馬が実現したら五度目となる石破は推薦人集めに向けて、精力的に動き出していく。

台湾から戻ってくると、石破は衛藤に言った。

「衛藤さん、これで吹っ切れました。総裁選に出ます。よろしくお願いします」

岸田が出馬しない場合には、石破を応援したいと思っていた衛藤は全面的な支援を約束し、石破陣営に加わった。

石破が総裁選への出馬に向けて積極的だったいっぽう、小泉の動きは遅かった。

小泉の総裁選出馬が報じられたのは八月二十一日だった。

小泉が出馬を表明した背景には、同じ四十代ながら、当選回数が一期少ない四回生の小林鷹之前経済安全保障担当大臣が総裁選への出馬を表明したことも影響していた。小林は、他の候補者たちに先駆けて、八月十九日に総裁選への出馬を表明していた。

小泉は武田良太のところにも協力の要請にきた。だが、その時には、すでに旧二階派の議員の一部は石破支持で走り出していた。武田が語る。

「小泉さんが出馬するというので、僕らのグループのなかにも『それなら小泉さんを推したい』という議員がいましたから、彼らが小泉さんを支援することになりました」

小泉陣営には、旧二階派から鷲尾英一郎や小倉將信、小寺裕雄などが参加することになる。

小林鷹之に次いで、立候補の記者会見をおこなったのは石破茂元幹事長だった。

八月二十四日、石破は地元の鳥取県八頭町で語った。

「裏金事件に厳しく臨む。国民の審判を受けるにふさわしい候補者か、党として責任を持つ」

石破は、次の衆院選で裏金事件の処分議員を公認しない可能性に踏み込んだ。

石破は五度目となる総裁選挑戦を「三十八年間の政治生活の集大成で最後の戦い」と位置づけて語った。

「国民と誠実に向き合う政治にしたい。政治資金の透明性を高める努力を最大限する」

さらに選択的夫婦別姓についても語った。

「姓が選べず、つらい思いをしたり、不利益を受けたりすることは解消しないといけない」

高市早苗経済安全保障大臣は、八月二十九日に、九月九日に記者会見を開き、総裁選への立候補を表明すると発表した。今回の総裁選では、高市は、前回強力な支援を受けた安倍晋三元総理が死去した影響や、前回高市の推薦人を務めた小林鷹之が立候補したこともあって、推薦人集めに苦戦すると見られていた。

しかし、令和五年十一月に山田宏参議院議員らとともに立ち上げた勉強会「日本のチカラ」研究会のメンバーを中心に、立候補のめどが立ったという。高市陣営の選挙対策本部長にはベテランの中曽根弘文元外務大臣が就任し、事務局長には前回の総裁選で高市の推薦人を務めた石川昭政デジタル副大臣が就任する。

今回の総裁選で台風の目となったのは、高市だった。衛藤は、高市の伸びも予想していたという。

「石破陣営のなかでは石破さんが党員票では断然トップになるだろう、という声が多かったけれど、わたしは、ひょっとすると高市さんが地方票で一番になるのでは、と言っていました。彼女は、各地の商工会議所や経済団体の関係者を集めて、大きな集会を開催していましたから。事前にレポートを党員に郵送した効果だけでなく、そういう活動も効果があったんだと思いますよ」

衛藤のもとにも高市は「支援してほしい」と相談に来たという。

しかし、すでに衛藤は石破支持で動いていたために断った。

「わたしは、以前から岸田総理と石破さんが協力できるように動いていたんだ。そのこともあって、今回は石破さんを応援してるから申し訳ないけれど、高市さんの応援はできないよ」

そう説明すると、高市は納得してくれた。

九月六日、小泉は、記者会見で総裁選への立候補を正式に表明した。

小泉は、まず政治改革の実現について語った。

「政治に期待しない声が多いなかで、自民党が真に変わるには改革を唱えるリーダーではなく、改革を圧倒的に加速できるリーダーを選ぶことだ」

さらに政治資金の透明化についても発言した。

「政治だけが特別に許されてきた不透明なお金の使い方はもうやめる」

自民党内に根強い反対意見がある選択的夫婦別姓についても、認めていく方向性を打ち出した。

「家族のあり方も大きく変化してきた。もう議論ではなく、決着をつける時ではないか。わたしが総理になったら、選択的夫婦別姓を認める法案を国会に提出し、国民的な議論を進める」

小泉は、その際の国会での対応についても語った。

「議員お一人お一人を縛ることは考えていない。党議拘束をかけずに法案の採決に挑む」

最後の推薦人を引き受けた保岡宏武

令和三年十月の衆院選で比例九州ブロックの単独候補として初当選を飾った保岡宏武は、石破茂の推薦人となり、総裁選を戦った。

保岡は自民党の国会議員になって初めての総裁選を前にして思っていた。

〈今回の総裁選はほとんどの派閥が解散してから初の総裁選。国会議員にとっては誰を応援するのかがとても重要なものになる〉

初当選以来、特定の派閥に入っていなかった保岡のもとには多くの候補者から「推薦人になってほしい」との依頼があった。実際に立候補した九人と出馬を模索していた三人の合計十二人のうち、なんと九人から連絡があった。保岡はせっかくの機会だからと、なるべく多くの人と会って話をさせてもらうことにした。当選一回の保岡にとって得難い経験になると思ったのだ。

実は、保岡は当初は石破の推薦人になるつもりはなかった。他に本命の候補者がいた。だが、石破に会い、推薦人になることを決意したという。

石破は保岡に言った。

「推薦人二十人のうち、十九人まで集まっています。その十九人はみんな今問題になっている政治資金の不記載の問題を抱えていない方たちです。もし保岡さんに推薦人になってもらえれば、二十人全員が不記載の問題を抱えていない議員になって、政治改革に取り組むことが出来ます。推薦人になってもらえませんか」

石破の話は保岡の心を動かした。

〈石破さんが総理総裁になって政治改革に取り組むための一助になれるなら……〉

そう思った保岡は石破の推薦人に名を連ねることに決めた。

地方創生担当大臣や農水大臣を務めた石破は、地方の抱える問題に精通し、過疎化が進む地方の現状をなんとか改善したいという強い気持ちを持っていた。鹿児島県で、それも奄美大島や徳之島をはじめとした島しょ部を選挙区とする保岡にとっては同じ思いを共有できる候補者でもあった。しかも鹿児島県は、北海道に次ぐ日本で二番目の農業県だ。

告示を三日後に控えた九月九日、保岡は石破陣営の一員として推薦人の署名をおこなった。実際に十九人の名前が連なっている最後に署名したという。保岡のほかには、衆院議員では岩屋毅、赤沢亮正、泉田裕彦、伊東良孝、小里泰弘、門山宏哲、平将明、橘慶一郎、田所嘉徳、谷公一、冨樫博之、長島昭久、細野豪志、村上誠一郎、八木哲也、参院議員の青木一彦、藤井一博、舞立昇治、山田俊男が名を連ねた。

キングメーカーたちの蠢き

九月十二日に告示された自民党総裁選には、石破や小泉、高市、小林のほかに加藤勝信、上川陽子、河野太郎、茂木敏充、林芳正と総勢九人もの候補者が出馬した。

当初、世論調査などで石破と同じように上位だった小泉だが、その人気は総裁選がはじまるにつれて下降していった。他の候補者たちに比べて政治経験の浅い小泉は、討論会で質問された際に、はぐらかしたり、正面から回答しない場面が目立った。さらに、そのことがネットニュースなどで話題となり、「総理大臣になるにはまだ早いのでは？」という声が聞かれるようになっていく。

鳴り物入りで掲げた政策も批判の的となった。特に記者会見で掲げた解雇規制の緩和は反発を受けた。加えて、それについての小泉本人の説明が迷走し、政策理解力に疑問符がつく始末であった。

また、保守派を中心に自民党内に根強い反対意見がある夫婦別姓の導入を積極的に訴えたことも、党員票でマイナスに働いたようだった。

党員票に関する各種の調査でも、序盤は石破、小泉、高市の三つ巴であったが、途中からは、小泉が脱落し、先行する石破と急激な伸びを見せる高市の二人の争いになる見方が主流だった。

武田良太が語る。

「最初は勢いがあって、地方の石破対都市部の小泉の争いになるかと思っていましたが、高市さんが予想外に都市部で伸びてきた分、結果的に小泉が食われてしまいましたね」

頼みの党員票で苦戦した小泉進次郎は、議員票集めのために苦肉の策に出る。

九月二十四日、小泉は、唯一派閥を解消していない志公会（麻生派）の会長の麻生太郎副総裁と面会し、自分への支持を求めた。志公会には五十四人の議員が所属しているため、決選投票への進出を目指す小泉にとっては無我夢中の行動であった。

しかし、それまで派閥の解消や政治改革の実現を訴えていた小泉が土壇場でなりふり構わず派閥の会長に頭を下げたことは、筋を曲げる行動として批判を浴びた。

実はこの行動は小泉支持で動いていた武田にとっても驚きだったという。

「菅さんにも僕にも事前の相談がなかった。令和三年の総裁選で河野太郎さんが派閥の支持を得ようと麻生さんのところに日参していましたが、結果的に河野さんのイメージダウンになってしまった。今回の小泉さんも同じようにみられてしまいましたね。もしわたしが小泉さんから相談を受けていたら、止めていましたよ。菅さんも同じ動きだったでしょう。運命を決める軽はずみな動きでしたね」

結局、麻生は小泉を支持することはなく、茂木敏充幹事長と連携して、高市支持で動いていく。

総裁選は衛藤の読み通りに運んでいった。衛藤が語る。

「一回目の投票で一位か二位になって決選投票には残れるという確信があったので、途中からは決選投票に備えて各陣営のキーマンと連絡をとっていました」

決選投票での連携を求めて、衛藤がたびたび接触していたのは、岸田派の議員を中心に支持を得ていた林芳正と上川陽子の陣営の議員たちだった。

衛藤は、林の推薦人代表を務める田村憲久や、上川の推薦人で選対の中心だった松島みどりとマメに連絡をとり、決選投票での連携に備えた。

さらに、衛藤は親しい関係である二階俊博元幹事長にもたびたびコンタクトをとった。二階と衛藤は議員宿舎が隣同士で長年の親交があった。

「二階さん、決選投票の時には石破を頼みます」

「わかった。仲間といっしょに決めます」

総裁選の投開票日の前々日の九月二十五日、衛藤は二階に電話をしてみた。

すると二階が言った。

「ちょうど良かった。今、林にかわるから」

二階は腹心の林幹雄元経済産業大臣といっしょにいるようだった。

少し待っていると、衛藤の電話口から林の声が聞こえてきた。

「二階派は決選投票は石破さんでいきますから。間違いありません」

衛藤は、林の声にホッと胸をなでおろした。


総裁選の終盤では、党員人気の高い石破と高市の二強による決選投票が予想されるようになりつつあった。情勢が変化するなかで動いたのは、五十四人が所属する志公会（麻生派）を率いる麻生太郎副総裁だった。麻生は八月の派閥研修会で、志公会に所属する河野太郎デジタル担当大臣の支援を表明していた。

しかし、前回の総裁選で岸田に次ぐ二位だった河野は、今回は伸び悩んでいた。さらに河野だけでなく、志公会の議員が支援にまわった上川や、小林も決選投票には届きそうになかった。自らの政治力が低下することに焦った麻生が打ち出したのが党員票で伸びを見せていた保守派の高市を支持することだった。

九月二十六日の夜、麻生は、派閥として決選投票では高市を支援する意向を所属議員たちに伝えた。

麻生内閣時代の末期に退陣を迫られた相手である石破を支援することは麻生には考えられなかった。

麻生は、決選投票への進出は望めそうにない茂木敏充幹事長とも連携し、茂木を支持する旧茂木派の衆院議員たちの一部も高市支持で取り込んでいた。

　第二次安倍晋三政権が発足して以来、主流派の立場にいた麻生は、高市優勢の流れを自ら作ることで、高市政権でも主流派の立場を維持しようと目論んでいた。

　麻生はこの日、岸田文雄総理に電話をかけて打診する。

「また麻生、茂木、岸田の三頭政治でいこう」

　岸田政権では、岸田総理が派閥解消の流れを打ち出すまで、岸田派、茂木派、麻生派の三派を主流派として政権運営がおこなわれていた。しかし、麻生から高市への支持を打診された岸田総理は断った。

「うちは難しいですね」

　岸田は、高市の総理就任に危機感を強めていた。総理大臣就任後の靖国神社参拝を公言していた高市の支援は、韓国との関係改善に尽力してきた岸田総理にとっては到底できなかった。

　さらに、岸田政権発足以降、政務調査会長や経済安全保障担当大臣を務めていた高市は、岸田総理の方針に反する発言をたびたびおこなっていた。麻生の動きを知った岸田総理は周囲に危機感を示した。

「高市はだめだという方針は明らかにしなければいけない」

　旧岸田派の幹部たちは、投票日の九月二十七日の朝、旧岸田派に所属していた議員たちに電話で、決選投票では高市以外の石破か小泉で行くべき、という方針を指示した。

勝敗を分けた石破のスピーチ

　九月二十七日、自民党総裁選が永田町の自民党本部八階ホールでおこなわれた。

　正午ころ、武田良太は、二階俊博元幹事長や、旧二階派の副会長だった林幹雄元経済産業大臣らと話し合う機会を持った。すでにこの日の朝刊で麻生太郎副総裁が派内の一部の議員に「一回目から高市に投票するように」と指示を出していることが報じられていた。

高市に麻生派の議員票が乗るとなれば、党員票で苦しい小泉の決選投票への進出は絶望的だった。

〈決選投票は石破対高市だな…〉

そう判断した武田は、提案した。

「決選投票ではまとまって石破に入れましょう」

二階と林の了承を得ると、武田はすぐに派の議員たちに連絡した。武田は、二階派の議員たちにはただちに隅々まで伝えるシステムを作っていた。結果的にはほとんどの二階派の議員が石破支持でまとまって動くことになった。武田が振り返って語る。

「宏池会もまとまっていたので、決選投票では勝つと思っていました」

この日は、午後一時から国会議員による投票（三六八票、うち棄権一票）がおこなわれ、郵送により投票が事前におこなわれていた党員票（三六八票）と合わせて、午後二時二十分頃に開票結果が発表された。

一位は、前回の令和三年の総裁選にも出馬した高市だった。高市は党員票で一位となる一〇九票を獲得。さらに議員票でも小泉進次郎に次ぐ七二票を獲得、合計で一八一票だった。

二位は、五回目の総裁選出馬となった石破だった。党員票では高市と一票差の一〇八票を獲得し、議員票は四六票、合計で一五四票を獲得した。

三位は、総裁選初挑戦の小泉だった。党員票は六一票で三位だったが、議員票ではトップとなる七五票を獲得。合計で一三六票となり、決選投票には進出できなかった。

一回目の投票では過半数の得票を獲得した候補者はいなかったため、一位の高市と二位の石破が決選投票へと進むことが決まった。

三年前の総裁選では自身は出馬せず河野太郎を支援した石破だったが、今回の総裁選でも多くの党員票を集めた。党員票は全体の合計では高市が二〇万三八〇二票を獲得し、二〇万二五五八票だった石破をわずかに上回った。だが、一位となった都道府県の数では石破が二六で、二一の高市を上回り、決選投票で五票リードすることになった。

高市の急伸により、最終的には全体で二位だったが、相変わらずの党員人気の高さを石破は見せつける。

衛藤はそれをどのように分析しているのか。

「やはり、石破さんは、地方を歩いていますから。地方創生担当大臣や農水大臣時代に、各地で座談会や懇談会をやって、地道に党員一人ひとりとひざを突き合わせて議論していましたよ」

議員との付き合いの悪さをよく指摘される石破だが、実は永田町きっての酒豪の一面を持つ。「一位が石破で二位が岸田」と言われるほど、岸田とならんで酒豪なのだという。

党員票が順調だった一方で、石破は議員票では伸び悩んだ。最終的には、一回目の投票では四六票を集めたが、中盤まで三〇票前後と報じられていた。

決選投票のおこなわれる前に高市と石破がそれぞれ五分ずつ演説をすることになった。石破の勝利の決め手となったのは、決選投票の直前の最後の訴えだった。

石破は、スピーチの冒頭、岸田総理の功績を讃え、歴代の政権に批判的だった自分の過去を詫びた。

「私は至らぬものでありまして、議員生活三十八年になります。多くの足らざるところがあり、多くの方々の気持ちを傷つけたり、いろんな嫌な思いをされたりされた方が多かったかと思います。自らの至らぬ点を心からお詫びを申し上げます。とともに、この総裁選挙を通じまして、多くのことを学ばせていただきました。ともに戦いました多くの候補者の皆様方から、多くの教えをいただきました。政治家としての生きざまも教えていただきました。総裁選が終わりました後は、本当に心を一つにして、日本国のために自由民主党のために、ともに手を携え、全身全霊を尽くしたいと思っております」

これまで「背後から鉄砲を撃つ」といわれてきたことを素直に詫びたことが評価されたようだった。

いっぽうの高市は、一回目の投票で一位となったこともあり、手ごたえをにじませて語っていた。

「岸田総理の時、そして菅前総理の時、その前は安倍元総理の時、激務を果たしてこられた歴代の総裁にも心から敬意を表し、感謝を申し上げます」

しかし、高市は制限時間を超えて話し続けるなど、ちぐはぐな印象を与えてしまった。

午後三時二十三分、決選投票の結果を逢沢一郎選挙管理委員長が発表した。

議員票一八九票を獲得した石破が党員票二六票と合わせて、二一五票を獲得。議員票一七三票、党員票二一票で合計一九四票だった高市に逆転勝利した。

結果が発表されると、石破は立ち上がり、周囲の議員に頭を下げた。そして、うっすらと笑みを浮かべて、右手を高々と上げた。石破は、大きな拍手に迎えられて登壇すると、語った。

「みなさまのおかげをもちまして選出をいただきました。国民を信じ、勇気と真心を持って真実を語り、この日本国をもう一度、みんなが笑顔で暮らせる安全で安心な国にするために全身全霊を尽くしていく」

その後、石破は岸田文雄総理と握手を交わすと、高市をはじめとするほかの八人の候補者全員たちも壇上にあがった。岸田と候補者九人が一列になり、つないだ手を高く掲げて、総裁選は幕を閉じた。

決選投票で旧岸田派がまとまって石破に入れたいっぽうで、麻生派はまとまりを欠いてしまった。会長の麻生は高市支持で動いていたが、元々、議員たちが河野太郎、上川陽子、小林鷹之を中心に各陣営に分かれていたために、一致して行動することはなかった。

特に三年前の総裁選の際に、石破や小泉進次郎が「小石河連合」として河野を支援した縁もあり、河野陣営には決選投票で高市ではなく石破に入れる議員が多かったようだ。

衛藤が振り返って語る。

「麻生派は河野太郎さんが出ていましたからね。一回目から河野さんでまとまっていたら違ったのかもしれませんが、河野さんの議員票は二十二票でしたから気の毒でしたね」

衛藤が以前から岸田と石破の連携を模索していたことが決選投票の土壇場で活きたわけである。

波紋を呼んだ村上誠一郎の総務大臣起用

九月三十日午後、石破新総裁は自民党本部で党役員人事に取り組んだ。

幹事長には森山裕、政調会長には小野寺五典、総務会長には鈴木俊一、選挙対策委員長には小泉進次郎が就任した。なお、麻生派に所属し、麻生の義弟で岸田政権で財務大臣を務めていた鈴木は、麻生の発した高市への投票指示に従わず、石破に投票していた。その行動に対する見返りの人事とも言えた。

さらにキングメーカーの一人である菅義偉がそれまで麻生の座っていた自民党副総裁となった。

菅は小泉を支援していたが、裏で石破にも保険を掛けていた。推薦人集めに苦労していた石破のために「誰か出せないか」と声をかけていた。さらに、近しい議員に「決選投票では石破だ」と伝えていた。

いっぽうのキングメーカーの麻生太郎は、党則に規定のない最高顧問へと棚上げされた。

石破は、記者会見で異例の宣言をおこなった。

「新政権は、できる限り早期に国民の審判を受けることが重要だと考えている。諸条件が整えば、十月二十七日に総選挙をおこないたい」

翌日に総理大臣に就任予定とはいえ、事前段階で解散総選挙を表明するのは異例だった。

十月一日、石破茂新総裁は、臨時国会で第百二代の総理大臣に選出され、石破新内閣を発足させた。

石破内閣は初入閣が十三人。裏金問題で政治資金収支報告書の不記載が発覚した議員は起用せず、旧安倍派からの入閣は見送った。

総裁選で争った加藤勝信が財務大臣に、旧岸田派で岸田政権でも官房長官だった林芳正が官房長官に引き続き就任した。石破と同じ防衛族からの起用も目立ち、岩屋毅が外務大臣、中谷元が防衛大臣に就任。旧石破派のメンバーの赤沢亮正が経済再生担当大臣、平将明がデジタル担当大臣に就任した。

菅グループからは、坂井学元官房副長官が国家公安委員長に、牧原秀樹元経産副大臣が法務大臣に抜擢された。菅の地元の神奈川県選出で、菅と近い三原じゅん子参議院議員も、こども政策担当大臣として初入閣を果たした。

また党の結束に配慮する姿勢も見せた。麻生派から浅尾慶一郎を環境大臣、武藤容治を経済産業大臣に起用し、旧森山派で高市を支持した城内実を高市の後任の経済安全保障担当大臣に起用した。

話題を呼んだのは、今回石破の推薦人になった村上誠一郎元行政改革担当大臣を総務大臣に起用したことだ。村上は、銃撃により死亡した安倍晋三元総理を「国賊」と呼び、令和四年十月に自民党の党紀委員会で品位に欠けるとして一年間の党役職停止処分を受けていた。石破総理は安倍一強時代、自分と同じく堂々と安倍批判をおこなっていた村上に共感していたのであろう。

決選投票で石破に敗れた高市は、総務会長の打診を断り、入閣もしなかった。最初から幹事長以外の人事は受ける気がなかったという。

総裁選後、高市は支援を受けた麻生に会い、麻生から助言された。

「自民党の歴史の中で三年以上総理を務めた例は七人しかいない。俺も菅も一年。石破はもっと短いかもしれない。だから用意しておけ。議員は仲間作りが大事だから、これから半年くらい飲み会に行け」

高市は麻生の助言をもとにすでに動き出している。衆院選でも百人を超える候補者から応援の依頼があったという。

衛藤は石破に、今後総理総裁として多くの自民党議員と交流を深めてほしいと思っている。

「石破さんは平素のお付き合いが少ないから、それが議員票にも反映されてしまった。わたしがその酒席の部分を受け持ち、出来る限り議員との飲み会を開いて、総理の考えを伝え、議員の考えを聞いて、総理に伝えます。その潤滑油として支えたい。これから総理と議員が直接交流する機会も頻繁に作っていこうと思っています。酒席のなかで琴線に触れるようなものがないと、人の輪は広がりません」

参院議員として一期六年、衆院議員として三十年以上のキャリアを持つ衛藤は、多くの総理大臣と酒席を共にしたことがある。彼らのほとんどは、酒席で他の議員たちとの交流を深めていた。

「中曽根（康弘）さんも、総理大臣時代には若手の議員を官邸に呼んで、肩を組んで歌を一緒に歌ったりしていました。竹下（登）さんも若手を別荘に呼んで、しょっちゅう楽しく飲んでいました。読書も良いけれど、政治家はそれだけじゃダメですから、その点はこれからも石破総理にアドバイスしていきます」

衛藤が訴える最低賃金の上昇と日朝首脳会談の実現

衛藤が石破内閣に期待しているのが長年取り組んでいる最低賃金の上昇だという。石破は、総裁選での政策集でも最低賃金を「二〇二〇年代に全国平均一五〇〇円」にすることを掲げ、十月四日の所信表明演説でも同様の訴えをおこなった。

平成三十一年（二〇一九年）二月七日、衛藤は、自民党内に「最低賃金一元化推進議員連盟」を発足させ、会長を務めている。最低賃金一元化とは、都道府県別の最低賃金設定を是正し、最低賃金を全国一律にすることを言う。議連の発足式では、英国出身で金融アナリストのデービッド・アトキンソンが基調講演をした。

昭和三十四年（一九五九年）に施行された最低賃金法は福祉政策としてヨーロッパ各国よりも早く賃金の最低額を保障した。だが、地域別にしたために、都市部と地方で最低賃金はかなり異なっている。

例えば、令和六年十月五日時点で、衛藤の選挙区である大分県の最低賃金は時給九五四円。一方、日本で最も高い東京都の最低賃金は時給一一六三円。その差は二〇九円と大きい。一日八時間労働で月に二十日働いた場合で計算すると、一年間で四〇万一二八〇円もの収入格差が生じるのだ。

いっぽう、経済政策として最低賃金法を導入したイギリスやドイツなどは、全国一律の金額とした。

そのため、日本の若者のように自分の生まれ故郷を離れ都会を目指す必要はなく、地元で安定した収入を確保することができる。フランスでも、田舎町で暮らす人々が明るく元気が良いのは、パリの時給と田舎町の時給がすべて同じだからである。中小零細企業経営者の多くは、感覚的に「最低賃金を引き上げると雇用が抑制されるから、勤労者のためにならない」と主張する。しかし、最低賃金が低い地域での最低賃金引き上げが雇用増に寄与したとの検証結果もすでに出ており、人手不足の中、実際に低賃金職種の時給上昇も進んでいる。また地方の最低賃金を少しずつ引き上げるためには、国の支援も必要だ。最低賃金を引き上げた企業に対して、雇用調整助成金や社会保険料での支援など、さまざまな方法がある。

「最低賃金一元化推進議員連盟」では、政治のイニシアチブで一元化を実現するため、さまざまな具体策を話し合いながら、菅義偉政権でも岸田文雄政権でも少しずつ、最低賃金の上昇を実現させてきた。

衛藤は、石破政権にさらにこの取り組みを進めてほしいと思っている。

また、衛藤は外交面でも石破に期待している。防衛庁長官や防衛大臣を歴任した石破は、安全保障政策のスペシャリストだ。石破総理は、日米同盟の強化につながるとして、在日米軍の法的地位を定めた日米地位協定の改定に取り組むことを表明している。在日米軍に特別な地位を認めた日米地位協定の見直しは、かねてから課題であったが、これまで本格的に公約として掲げた政権はなかった。

衛藤はこの問題にも必死に向き合ってほしいと思っている。

「来年で戦後八十年になります。第二次世界大戦の敗戦国である日本とドイツとイタリアにはそれぞれ米軍基地がありますが、ドイツとイタリアは基地の管理権を持っていて、対等なんです。日本だけが持っていないんです。この問題に取り組まずして真の独立国とは言えません」

衛藤は、それだけでなく北朝鮮による拉致問題の解決にも取り組んでほしいと思っている。

衛藤は、超党派の国会議員が参加する「日朝国交正常化推進議員連盟」の会長を務めている。この議連は、与党の自民党と公明党だけでなく、野党も含めてすべての政党が議連に参加し、与野党の垣根を越えて、拉致問題の解決に取り組んでいる。

衛藤は語る。

「朝鮮半島の安定と平和のためには、日朝の国交正常化が大事だと思っています。総理大臣自ら、金正恩委員長と直接交渉してほしいですね」

石破自身も、平成四年に超党派の訪朝団の一員として北朝鮮を訪問した経験がある。さらに平成十四年四月に「北朝鮮に拉致された日本人を早期に救出するために行動する議員連盟」（拉致議連）が設立された際に、初代の会長を務めるなど拉致問題について以前から熱心に取り組んでいる。

中国の軍備拡張もあり、東アジアにおける緊張関係は年々高まりつつある。衛藤はさらに語る。

「まずアメリカを動かして、アメリカが先に北朝鮮と国交正常化する。そうすると、韓国もやるでしょう。その次に日本もやる。北朝鮮のミサイルの防衛のために莫大な防衛費が必要になりますが、まず外交を尽くすべきです」

また、中国と台湾の関係も、非常に問題である。

「当たり前のことですが、日本が中国と敵対したからといって、台湾を守ることは出来ません。台湾の現状維持を前提として、日本と中国がしっかりとした関係を構築することが何より重要です。台湾の平時を守ることが日本の平時ですから」

衛藤は、憲法改正推進本部長を務めるなど、憲法改正にも長年取り組んできた。

「まずは九条に自衛隊を明記することと緊急事態条項の追記。『改憲四項目』のうちのこの二つにじっくり取り組んでほしいですね」

十月一日に石破内閣が発足すると、旧二階派からは石破の推薦人だった伊東良孝が沖縄北方担当大臣として入閣し、伊藤忠彦も復興大臣として入閣した。旧二階派の事務総長を務めた武田良太は今後どのように石破内閣を支えていくのか。

「決選投票で石破さんを支持した宏池会、参議院の平成研究会、菅元総理を支持する議員たちのグループ、財務大臣に起用された加藤勝信さんと連携しながら支えていこうと思っています」

「ＨＫＴ」の一員である加藤勝信は、推薦人集めに苦戦していたが、告示の二日前の九月十日に出馬表明にこぎつけた。実は加藤の推薦人集めにも武田は協力していた。

「足りなくて困っているというから、その時滞在していたソウルから何人かに電話して頼みました」

加藤は、議員票一六票、党員票六票の合計二二票で最下位に沈んだが、石破内閣では重要閣僚の財務大臣に就任している。今後、さらに活躍の機会を広げるだろう。

日本創生解散と石破政権のゆくえ

十月四日、石破茂総理は所信表明演説をおこなった。

約三十分の演説では、冒頭で裏金問題や政治改革について言及した。

「政治資金問題で失われた政治への信頼を取り戻すとともに、これまで以上に、我が国が置かれている状況を国民の皆様に説明し、納得と共感を頂きながら安全安心で豊かな日本を再構築する。それが政治の責任です。そのために私は、『ルールを守る』、『日本を守る』、『国民を守る』、『地方を守る』、『若者・女性の機会を守る』、これらの五本の柱で、日本の未来を創り、そして、未来を守ります」

外交・安全保障政策についても語った。

「現実的な国益を踏まえた外交により、日米同盟を基軸に、友好国・同志国を増やし、外交力と防衛力の両輪をバランスよく強化し、我が国の平和、地域の安定を実現します。その際、自由で開かれたインド太平洋というビジョンの下、法の支配に基づく国際秩序を堅持し、地域の安全と安定を一層確保するための取り組みを主導してまいります。日米同盟は、日本外交・安全保障の基軸であり、インド太平洋地域と国際社会の平和と繁栄の基盤です。まずはこの同盟の抑止力・対処力を一層強化します。加えて、同志国との連携強化に取り組んでまいります」

総裁選の公約に盛り込んでいた日米地位協定の改定や「アジア版NATO（北大西洋条約機構）」の創設には触れなかった。

また、第二次安倍政権で自身が初代担当大臣を務めた地方創生については時間を割いた。

「地方創生の原点に立ち返り、地方を守り抜きます。十年前に私は初代地方創生担当大臣を拝命し、文化庁の京都移転、それまでの補助金とは一線を画する地方創生推進交付金の創設をはじめ、一生懸命取り組みました。いま一度、地方に雇用と所得、そして、都市に安心と安全を生み出します。『地方こそ成長の主役』です。地方創生をめぐる、これまでの成果と反省を生かし、地方創生2・0として再起動させます。私が先頭に立って、国・地方・国民が一丸となって地方創生に永続的に取り組む機運を高めてまいります」

憲法改正の実現への決意も語った。

「憲法改正について、私が総理に在任している間に発議を実現していただくべく、今後、憲法審査会において、与野党の枠を超え、建設的な議論をおこない、国民的な議論を積極的に深めていただくことを期待します」

経済対策ではデフレ脱却、物価上昇を上回る賃金増加、起業支援などを掲げた。いずれも岸田政権の路線を継承したものであった。

総理大臣となった石破にとって、重要だったのが衆院選で自民党の派閥の裏金事件で問題になった議員の公認問題だった。一度は裏金議員を「原則公認」とする方針が報じられたが、世論から批判や反発が噴出し、衆院選への影響が無視できなくなったために、軌道修正を迫られた。

十月六日午後二時過ぎ、石破総理は、自民党本部で、森山幹事長、小泉選対委員長との協議を終えたあと、非公認の対応について記者団に語った。

「わたしはこれまで一貫して、政治資金の問題に対する国民の不信や怒りに対し、党としてきちんと対応することが必要だと申し上げてきた」

十月九日、自民党は、衆院選の一次公認候補二百七十九人を発表した。

石破総理が示した基準に従い、萩生田光一元政調会長、下村博文元政調会長ら六人の非公認のほかに、さらに菅家一郎や越智隆雄、小田原潔など六人の非公認が決まった。また事件に関係した議員の比例重複も認めないことが決まった。

ただし、非公認議員が無所属で立候補する場合は対立候補を擁立せず、選挙に勝った場合、追加公認する可能性にも言及した。

総裁選で石破総理の最後の推薦人になった保岡は思った。

〈石破総理の真骨頂だ。政治改革のために自ら決断されたんだな…〉

十月九日午後、石破内閣は衆院を解散した。解散後の臨時閣議で「十五日公示、二十七日投開票」の衆院選の日程が決まり、与野党は事実上の選挙戦に入った。

石破総理はこの日の夜、官邸で記者会見をおこない、語った。

「国民に信を問い、信任を得て、新政権の掲げる政策に力強い後押しをお願いしたい」

石破総理は、今回の解散を「日本創生解散」と命名した。

十月十日、自民党は、衆院選の政権公約を発表した。低所得者世帯への給付金を含む物価高対策や、石破茂総理肝いりの防災庁設置、地方創生の交付金倍増などを打ち出した。

裏金事件を受けた政治改革では「ルールを徹底して守る政党に生まれ変わる」と強調し、総理直轄の「政治改革本部」を置き改革を進めるとした。総裁選で石破が主張した防災庁の設置は、準備を進めると明記。避難所の環境改善などに取り組み、災害関連死ゼロを目指すとした。

日米地位協定の改定については「あるべき姿を目指す」としたのみで、ここでも「アジア版NATO（北大西洋条約機構）」の詳細には触れなかった。選択的夫婦別姓は、「運用面で対応する形で一刻も早い不便の解消に取り組む」としつつ、今後の夫婦の氏制度の在り方については「社会的意義や運用上の課題などを整理しつつ、合意形成に努める」とあいまいなものとなった。

十月二十七日、第五十回衆議院議員選挙の投開票がおこなわれた。

石破総理は勝敗ラインを「自公で過半数の二三三議席」と明言していた。

ところが、石破率いる自民党は選挙前の二四七議席から五六議席減らし、なんと一九一議席だった。

選挙前に三二議席だった公明党も、八議席減らし、二四議席であった。連立与党の合計で目標の二三三議席に一八議席も届かぬ二一五議席しか取れず、過半数割れに陥ってしまったのである。

いっぽう、野田佳彦代表が率いる立憲民主党は選挙前の九八議席から五〇議席増やし、一四八議席であった。日本維新の会は四四議席から六議席減の三八議席、国民民主党は七議席から二一議席増の二八議席、共産党は一〇議席から二議席減の八議席、れいわ新選組は三議席から六議席増の九議席、社民党は現状一議席の維持であった。

また、初めて衆院選に候補者を擁立した日本保守党は三議席、参政党は三議席だった。

まさに大政局に突入してしまった。大誤算と言えよう。

石破総理は、総裁選の時には「国民の共感と納得が得られるように努力」すると力説していた。

だが、いざ総理総裁になると、自民党の従来の枠に捉われすぎたのか、「石破カラー」を封印して、国民の共感を得るような言動はほとんど見られなくなってしまった。

これまで総理の座を摑むのに四度も失敗を繰り返し、「今度こそ最後」との覚悟で挑み、ついに念願の総理の座を摑んだのではなかったか。何か恐れるものがあるのか。何か失うものがあるのか。

「国民を信じて、真実を語る自民党を」

そう訴えて総理になったのではないのか。

師の田中角栄について、石破の父の二朗は石破によく言っていたというではないか。

「角さんの本質は無類の親切。どうやったら、人に喜んでもらえるか、ということばかり考えている」

いま国民に何をすれば喜んでもらえるのか。身内の論理、党内の理屈を捨て去り、田中角栄の弟子として独自性を発揮すべきではないか。その時こそ、落ち込んでいる自民党の支持率も上がり、強い思いを持つ「日本創生」が出来るのではないか。

第一章　知事のセガレに生まれて

クリスチャンとして

石破茂は意外と思われるかもしれないが、クリスチャンだ。石破がクリスチャンなのは、家系が関係している。父方の石破家は、浄土宗であったが、母方の金森家はクリスチャンであった。

石破の母方の曽祖父は、宗教家の金森通倫だ。金森は、安政四年八月十五日に熊本県で生まれた。その後、明治九年に新島襄のつくった同志社に入る。

牧師として活動したのち、明治十六年には同志社普通学校長兼神学校長になる。明治二十一年には、同志社長代理として同志社大学設立の募金運動を推進している。

金森は、同志社の総長代理を務めるが、新島襄の後継者にはならず、袂を分かち、上京する。上京後は、板垣退助の自由党『自由新聞』の主筆になっている。

その後、明治三十一年に棄教するが、大正三年に妻の死を通して信仰を回復し、再入信を表明。山室軍平らによるプロテスタントの教派団体である救世軍に加わる。

昭和二年には、ホーリネス教会に入会し、東京聖書学院の名誉教授に迎えられる。『基督教三綱領』を改定して出版し、「神・罪・救」の三綱領を説く「金森伝道」を展開する。昭和五年には渡米し、アメリカでも活動するが、昭和七年三月に娘の死をきっかけにホーリネス協会を脱会している。晩年は湘南の嶺山に隠居。原始的な洞窟生活をして「今仙人」といわれる。昭和二十年に福島県郡山市で死去している。

石破は、父親の石破二朗をよく知る人たちからは、冗談めいた言い回しで「なんでこんな子ができたんだ」と言われたことがあった。二朗を知る人たちは、「謹厳実直で寡黙な石破二朗から、なぜアイドルや鉄道について嬉々として語る変わった政治家が生まれたのか」と思うようであった。

石破は思う。

〈もしかしたら、自分には、どこかでキリスト教の伝道者として活躍した破天荒な曽祖父の影響があるのかもしれないな〉

石破は、普段の生活のなかで、自分がクリスチャンであることを意識することはほとんどないという。ただ「今日一日、自分がどれだけダメなことをしただろうか」という反省の心は常に持っているという。また、クリスチャンとして、死後は「天国」に行くことを疑うことなく信じているという。

金森通倫の長男である金森太郎は、通倫の破天荒な生き方を反面教師にし、一高、東大、内務省というエリートコースを歩んでいる。

石破の母親である和子は、その太郎と妻のはな子の長女である。

金森太郎は、戦前、徳島県知事や山形県知事、東北興業副総裁、樺太開発副総裁などを歴任しているが、石破の父二朗との縁は、昭和九年から二年間にわたり務めた山形県知事時代だ。当時、若き内務官僚であった二朗は、山形県庁に赴任し、金森太郎の知遇を得る。

二朗に惚れ込んだ金森太郎は、長女の和子に言った。

「わしは出世ができなくて知事止まりの役人人生になると思うが、この石破二朗という男は見どころがある。将来、必ず内務事務次官になるだろう。だから一緒になれ」

そう言って、和子を二朗の元に嫁がせた。それが石破の両親が結婚するきっかけであった。太郎の目利きに間違いはなく、石破二朗は、昭和三十年十一月に建設事務次官に就任している。

硬骨漢の父・石破二朗

石破茂は、昭和三十二年二月四日、東京で生まれた。

父親の二朗は、このとき建設省の官僚のトップ・建設事務次官であった。媚を売るのが大嫌いな性格で、「ぶっきらぼうだが、人情味のある硬骨漢」といわれていた。

その後、二朗は、昭和三十三年に田中角栄の協力を得て、郷里の鳥取県知事に転身。以来、四期十五年、参議院選挙に出馬するまで県政を司ることになった。

石破が物心ついたころ、父親は滅多に家にいなかった。県知事という仕事上、朝早く役所に登庁する。夜は、遅くにならないと帰ってこない。しかも、月のうち三分の一は、東京に出張していた。それゆえ、石破は、「父親は家にいないものだ」とずっと思いこんでいた。

母親の和子も家を空けることが多かった。県のファースト・レディーという立場上、日本赤十字の事業など、様々な社会事業に出席せざるをえなかったからである。

知事公邸には、お手伝いさんが三人も四人もいた。彼女らが食事の世話や面倒をみてくれた。石破は母親のつくった手料理を食べた記憶がなかった。

両親は、愛情をもって育ててくれた。が、親と接した時間はこのようにずいぶんと限られていた。あるとき、父親がめずらしく遊びに連れて行ってくれた。二人でかつて鳥取城のあった標高三百メートルほどの久松山に登った。石破は、父親といっしょにいられることが何よりもうれしかった。ところが、父親と歩いていると、妙な光景に出くわした。会う人会う人が、みな、「知事さん、知事さん」と言って頭を下げるのである。なかには、その場で相談をはじめるものもいた。

石破は、自分の父親が何の仕事をしているのか、よく分からなかった。会社員でもなく、学校の先生でもない。八百屋や魚屋でもなく、もちろん農家でもない。何か知らないが、世間の人が頭を下げる、なんとも不思議な職業だと思うようになった。

その日、帰宅した二朗は、妻の和子に険しい口調で言った。

「おれは、もう二度とセガレを連れて歩かんぞ。会う人会う人みんな自分の父親に頭を下げるという姿は、絶対に子どもに見せてはいかんのだ」

以来、二朗は、石破を連れて外に出かけることはなかった。

それから一、二年後の、ある土曜日のことである。小学生となった石破は、授業を終えると帰宅した。やがて、父親がめずらしく早く県庁から帰ってきた。石破の顔を見るなり、声をかけた。

「おい、坊主。これから、海へ行こうじゃないか」

石破を車に乗せると、車を東に向けてえんえんと走らせた。石破は、流れ行く景色を眺めながら、ぼんやりと考えた。

〈いったい、どこの海に行くんだろう……〉

車は、県境を越えて兵庫県に入った。やがて、小さな入江の砂浜にたどり着いた。

父親が、ぽつりと洩らした。

「ここなら、だれもワシを知ったものはおらんな」

二朗は、久松山に登ったときのことを思い、顔見知りの多い地元ではなく、わざわざ兵庫まで遊びに連れてきてくれたのである。石破は、その言葉がひどく印象に残った。

二人は、暗くなるまで遊んだ。砂山をつくったり、貝殻を拾ったり、蟹を捕まえて楽しんだ。

母親の和子は、石破を厳しく育てた。わがままを言ったり、言うことをきかないと、すかさずビンタが飛んできた。

あるとき、県庁の秘書課員が自宅に書類を届けにきた。石破は、その姿を見つけるとぞんざいな口をきいた。和子は、眼を吊り上げ、ビンタを飛ばしてきた。

「何という口のききかたを、するの！　あなたが偉いわけでは、ありませんよ！」

知事のセガレの挫折

石破は、小学校一年から中学二年の前期まで、学級委員長選挙に落ちたことがなかった。小学六年生のときには、児童会長をつとめた。

ところが、中学二年の後期から生徒会役員などの選挙に落選するようになった。

中学生ともなると「権力、すなわち悪である」といった〝反権力思考〟がしだいに目覚めてくる。ましてや、石破の通う鳥取大学付属中学は、地元ではかなりませた学校であった。自分としては、いままでと同じことをやってきたつもりであった。それにもかかわらず、ある日、突然、「あいつは権力者のセガレだ」と疎まれるようになった。

中学三年生の後期、教師が石破に声をかけた。

「石破、今度の生徒会長選挙に出ろ」

石破は、首を横に振った。

「いやです。前期の生徒会長選挙で落選しているし、出たくありません」

現職知事の息子を落選させるわけにはいかないと考えたのであろう。

「今度は、大丈夫だ。対立候補は出ないようだから」

石破は、無投票で生徒会長に選出された。だが、心は晴れなかった。自分を買ってくれる教師の好意を充分に感じながらも、虚しさを感じた。

〈おれが知事のセガレでさえなければ、こんなことは絶対にありえないことだ〉

その年の秋、鳥取駅前で大火事があった。県が駅前の再開発をしており、立ち退きの交渉が、かなり難航していた時期であった。

石破は、仲の良い友達から言われた。

「ひょっとして、あの火事は、おまえのオヤジが火を点けさせたんじゃないの？」

友人は、ほんの冗談で言ったつもりであった。が、石破の心は、ひどく傷ついた。

〈鳥取には、もういたくない。国立の中学でさえそんなありさまなのに、県知事のセガレが県立高校にいったら、どんな目にあうかわからない。オレは、親の権威を笠に着て不良になるほどの度胸もない。思い切って、東京に出ようか〉

そんな石破の心境を察したのであろう。母親の和子が、石破に勧めた。

「あなたは、県外の高校に行ったほうがいい」

和子の父の金森太郎も内務官僚であり、戦前は徳島県知事や山形県知事を務めている。和子自身も、県立高等女学校時代に、ひどく肩身の狭い思いをしてきた。母親として、自分の子どもに同じ思いをさせたくない、と考えていたのである。

こうして、石破は、中学を卒業すると、横浜市港北区日吉の慶應義塾高等学校に進学した。世田谷区池尻にアパートを借り、一人暮らしをはじめた。

東京での暮らしは、じつに楽しかった。だれも、石破の顔を知らないのである。入学当初は、石破の名字さえ読めず、「イシヤブレ君」とか「セキバ君」と呼ばれた。こんなことは、鳥取ではありえないことであった。石破は、自分が特別扱いされないということだけで、妙にうれしかった。

〈だれも、オレの名前が読めないんだ〉

石破は、鳥取で味わったような「反権力」に悩まされることもなかった。なにしろ同級生には、「北海のヒグマ」といわれた代議士中川一郎の息子で、のち自民党代議士となる中川昭一の弟の英二、一級下には、国民的人気の高い作家で代議士の石原慎太郎の息子でのちに自民党総裁選を戦うことになる伸晃など、いわゆる「権力者のセガレ」が掃いて捨てるほどいた。

当時の風潮は、「反権力」であった。が、こと慶應高校にいたっては、まったくそのようなことがなかった。「今日が楽しければ、それでいいじゃないか」といった一種の刹那主義的ともいうべき雰囲気があった。

それでも、石破は、自分の父親が鳥取県知事であることを、だれにも言わなかった。

夏休みに仲良くなった高校の友達が鳥取に遊びにきた。石破の住む知事公舎を見たとたん、おどろきの声を上げた。

「おまえのオヤジは、いったい何をやっているんだ」

そのとき、はじめて打ち明けた。

「じつは、この県の知事をやっているんだ」

「へえ、そうなの」

ただ、それだけである。その後、石破との付き合い方が何ら変わることもなかった。

慶應高校の良いところは、その進級システムにあった。各科目十点評価のところ、全科目の平均が六点以上取れていれば、進級できた。たとえば、仮に英語の成績が一であっても、他の科目が十であればいい。得意な科目だけ、思うぞんぶん勉強できた。

石破は、数学、物理、化学などの理科系が弱かった。特に数ⅡBなど、まるで宇宙人の言葉かと思うほど難解であった。理解できる人の頭の構造が、不思議でならなかった。その代わり、いわゆる文科系の科目には力を入れていた。

慶應大学への進学

やがて進学について考える時期がきた。毎年、慶應高校から慶應義塾大学に進めるのは、全体の八割ほどである。なかには、東京大学に進むものもいた。石破の母方の祖父金森太郎、父親の二朗、二人の姉の夫も、東京大学や京都大学のいわゆる帝大出身であった。

石破も、現役は無理でも浪人すれば、東京大学に進学することは可能のように思われた。が、何年も浪人することでもないと考え、慶應大学に進むことにした。その際、どの学部に進もうかと迷った。

当時の慶應大学は、医学部は別にして、そのランクは経済、法学部法律、商学部、法学部政治という順番であった。石破は、看板学部である経済学部に進むべきか悩んだ。が、数字を見て頭が痛くなる人間が、果たして経済学部に進んでいいものかと漠然と思っていた。

そんなある日のことである。帰宅途中に本屋に入った。たまたま『法学セミナー』という司法試験の受験雑誌を手にとった。そこには、刑法の演習が書かれてあった。

「甲が乙を毒殺しようとして、毒入り饅頭を与えた。しかし、乙が七転八倒して苦しむのを見て、かわいそうになり、病院に連れていった。ところが、医師・丙の処置が悪くて死んでしまった。その後検証した結果、饅頭に入っていた毒は、致死量に達するものではなかったことが判明した。甲乙丙の罪責を答えよ」

石破は考えこんだ。

〈毒入り饅頭を与えた甲は、殺人未遂だな。しかし、乙が死んだので殺人が成立したという理屈も成り立つ。だが、待てよ。饅頭に入っていた毒は致死量には至っていないのか。そうなると、治療ミスをした医師・丙の責任か〉

石破は、解説を読んだ。おどろいたことに、答えは、一つではなかった。いろいろな学説が書かれてあった。原因と結果との関係を単純に考える条件説では、途中経過がどうであろうと甲の殺人罪が成り立つ。しかし、致死量に達してないので、殺人未遂という説もある。さらに、途中でかわいそうになって医者に連れていったことで、中止犯になり、甲の罪が軽減されるということもある。そのうえ、医者がミスをしなければ死ななかったので無罪だという説も成り立たないでもない。また、医者の業務上過失致死罪だけだという説もある。

石破は、法律にひどく興味をおぼえた。

〈世の中には、こんなに面白い世界があったのか。おれの進む道は、これだ。法律を勉強して、弁護士になろう〉

こうして、石破は、昭和五十年四月、慶應義塾大学法学部法律学科に進んだ。

石破は、真剣に勉強に取り組んだ。特に、刑法には力を入れた。憲法のような抽象的なものより、理論構成を具体的に詰めていく刑法のテクニカルな一面が好きだった。

その甲斐あって、刑法は一年生のとき学年トップクラスであった。二年生のときには、試験免除という特別待遇を与えられた。

だが、司法試験に受かるためには、あまり得意ではない民法も理解しなければならない。そこで民法ゼミを選択した。努力の結果、ゼミでも二番になった。あるとき、大学の教授に言われた。

「三浪くらいすると、司法試験に受かるかもしれないよ」

石破は、その「三浪」という言葉が妙に引っかかった。なにしろ、まわりには司法試験崩れのような先輩が大勢いた。四浪や五浪をしているうちに歳をとり、それでも司法試験に受からない悲惨な実情を見ていた。

〈受かるという保証なんて、どこにもない。そこまでして、やることかな〉

それならば、大学に残ろうかと安易なことを考えた。しかし、数年に一人しか教授になれない。仮に、その学年で一番でも、一つ上や下に天才がいると絶対になれないものであった。

不幸にも、石破の一年上に慶應幼稚舎から上がってきた本物の天才がいた。すでに教授の後継者には、その人物が決まっていた。母校に残ることは不可能のように思われた。

ロッキード事件の衝撃

昭和五十一年七月、田中角栄元総理はアメリカの航空機メーカーのロッキード社の日本への航空機売り込みにからむ疑獄事件であるロッキード事件で逮捕された。石破は、まだ大学生、父親は、自民党の田中派参議院議員の一期目であった。世論がそうであったように、石破も田中を批判した。

「いくら田中先生でも、これはよくないな」

ところが、父親は、静かに、しかし強い口調で言った。

「おまえは、田中に会ったことがあるか。少なくとも、おれはおまえより田中を知っている。会っている。会ったこともない人間をテレビや新聞の報じるままに批判するのは、嫌いだ。それに、だいたい田中は、五億円を受け取っていない」

石破は、首をかしげた。

「もらっていないという証拠でも、あるのですか」

「田中がもらっていないと言っているのだから、もらってないんだよ。いいか、おまえに言っておく。人を信じるというのは、そういうことだ」

石破は、そのとき、父親が田中角栄に心底惚れぬいていることを知った。

二朗の就職アドバイス

石破が大学四年生になるとき、父親とはじめて就職について話し合った。

父親は、鳥取県知事を四期十五年務めたのち、昭和四十九年の参院選に出馬、自民党田中派の参議院議員となっていた。

父親は、唐突に言ってきた。

「おまえ、政治家になる気はあるか」

石破は、かぶりを振った。

「絶対に、やりません」

「そうだろうな。おまえみたいに人のいい奴につとまる仕事じゃないな。おまえは、オレと違って、苦労していない。政治家になっても、大成しないだろうな」

石破は、これまで、政治家になりたいと真剣に考えたことがなかった。政治家という職業は、プライベートな時間がない。四六時中人に頭を下げなければならない。それなのに、儲かるわけではない。算盤勘定してみると、どうみても割に合いそうにない。

石破自身、自分のなかにある上昇志向や権力欲には気づいていた。政治家志向もまったくなかったわけではない。しかし、民間企業でも、そのなかで出世することでその志向がある程度満たされることもあるのではないか。石破は、政治家になるくらいなら、民間企業に行きたかった。

父親が言った。

「とにかく、公務員試験だけは受けてみないか」

ひとまず官僚にし、いずれは官僚から政治家に、という道を辿らせようという考えがあったのかもしれない。

このころ、霞が関では、東大出身者だけでなく、私立大学からも人を採ろうという運動があった。東大出身でなければ官僚になれないという世間の批判を和らげるためである。しかし、厳然と東大閥は存在している。運良く合格したとしても、私大出身者よりも、東大出身の同期が先に出世していくであろう。

「鶏口となるも牛後となるなかれ」という言葉もある。石破は、どうせ就職するからには、ひとより先に出世し、偉くなりたいという気持ちがあった。

不服そうな石破の表情を見て、父親が訊いてきた。

「じゃ、おまえは、何になりたいんだ」

石破は、待ってましたとばかりに答えた。

「新聞記者です」

石破は、子どものころから文章を書くのが好きだった。それに政治家になるのは嫌だが、政治には興味をもっていた。ペンの力で政治を正してみたい、という憧れがあった。

ところが、父親から一喝された。

「それだけは、絶対に許さん！　オレは、役人をやって、知事をやって、議員をやってきた。しかし、国を動かしてきたのも、この日本の国をつくってきたのも、民間人なんだ。役人とか政治家とかになりたいという考え方も好きじゃないが、ジャーナリストみたいに、人を批判してりゃいいっていうのも嫌いだ！」

石破は、その激しい剣幕に圧倒された。恐る恐る口を開いた。

「新聞記者が駄目なら、国鉄はどうでしょうか……」

石破は、子どものころから乗り物が好きだった。暇があると近くの駅まで歩いていって、ぼんやりと汽車を眺めていた。まったく飽きなかった。

父親は、一笑に付した。

「あれは、そのうち潰れることになっているから、やめとけ」

「じゃ、全日空は……」

「オレは、ひとの駕籠を担ぐような商売は好かん」

次々と却下され、石破は、しだいにムッとしてきた。

「マスコミも駄目、国鉄も駄目、全日空も駄目。じゃ、いったい何ならいいんですか」

「銀行だよ、銀行」

「エッ！　銀行？」

「そうだ。銀行というのは、年金をコツコツ貯めているお年寄りから大企業まで、ありとあらゆる社会を見られる。ほんとうにめずらしい職場だ」

石破は、頑固な面があるいっぽうで、あっさりと人の意見に従う一面もある。父親の勧めをすんなりと受け入れ、銀行に就職することを決めた。それも、東大出身の社長（当時、三井銀行は頭取のことを社長と称していた）と慶應出身の社長が交互に社長となっている三井銀行を選んだ。

銀行員としての日々

昭和五十四年四月、石破は、三井銀行に入行した。

日本橋本町支店に配属された。だが、バンカーとしての第一歩は、けっして明るいものではなかった。

石破は、自分のことを慶應出身のエリートだとひそかに自負していた。だが、そのプライドは、いきなりズタズタに切り裂かれた。なにしろ、高卒女子行員よりも仕事ができなかった。お札を数えようとしたら、手につかず、バラバラとちらばる。算盤は、まったくできない。それではと、計算機を使ったが、それでも数が合わない。コンピューターを使えば、入と出をまちがえて、先輩から、「馬鹿野郎！」と怒鳴られる。

石破は、すっかり自信をなくした。

〈おれには、才能ないいんじゃないか。思い切って、辞めてしまおうか……〉

石破は、入行初日で軽いノイローゼにかかった。二、三日は、明日辞めようか、あさって辞めようかと、辞めることばかり考えるようになった。だが、こんなことで辞めてしまうのは、もったいない。せめて何か技術をつけてから辞めてやろうと思い直した。

その日から、石破は、朝七時半に出行した。だれもいない行内でひとり黙々とお札勘定や計算機の練習をした。その甲斐あって、六月の行員店内試験では、新入行員として一番の成績をおさめた。

こうなると、だんだんと仕事がおもしろくなってくる。辞める気など、さらさらなくなった。

やがて、後方事務から融資係に配属された。融資は、当然のごとく、いくら貸すのか、担保は何か、どのようにして、いつ返済してくれるのかが条件になってくる。例えば、大企業に百億円貸すよりも、従業員三人の零細企業に五十万円貸すほうが、はるかにむずかしい。

石破は、融資を申し込んでくる会社の営業内容や経営者の人柄を丹念に観察した。ときには、情にほだされ、あらゆる銀行から融資を断られた経営者に融資したこともあった。そのことにより、なんとか立ち直った会社もあれば、返済できずについに行方をくらましてしまう経営者もいた。

石破は、ふと、なんともいえない気分になることがあった。

〈貸すも親切、貸さぬも親切。オレには、ときどきドライになりきれないところがある。あるいは、銀行に向いていないのかもしれないな〉

このころの銀行業界は、過当競争の時代に入っていた。世界に冠たる大企業となったトヨタ自動車などは、すでに銀行に頼らなくなった。大手銀行は、これまで信用金庫や中小銀行の相手だった零細企業にまで手を伸ばしはじめた。とにかく預金量を増やすことが至上命題であった。

石破が勤務する日本橋本町支店は、三井銀行全一三〇店舗のなかで第七位の預金残高であった。この支店長をうまくつとめあげれば、重役になれた。が、もし失敗すれば出向という厳しさもあった。それゆえ、支店長は、やたらと張り切っていた。毎朝八時には出行した。そのため、石破らは七時半には出行しなければならなかった。しかも、夜も遅い。午後十一時前に退行したことがなかった。組合は、「残業反対」と叫んでいた。

が、支店長は、まったく意に介さなかった。

「なに言ってんだ！　おまえらの出来が悪いから、これほど遅くまで残業しないといけないんだろう。こっちは、おまえらから電気代と水道代を請求したいくらいだ」

そんな冗談とも本気ともつかない言葉を浴びせかけられることもあった。

あるとき、石破らが、弱音を吐いた。

「もう、いいかげんに帰りましょうよ」

すると、支店長は、すっくと立ち上がり、会議室のカーテンを勢いよく開けた。

「いいか、よく見ろ！　隣の太陽神戸銀行には、まだ電気が点いている。電気が点いているということは、まだ、そこにそれだけカネがあるということだ。あの支店が潰れるまで、仕事をやれ」

石破は、ある種、異様な雰囲気のなか、懸命に仕事に励んだ。

入行した当初は、叩き上げの係長から、よく罵声を浴びていた。

「きみは、本当に役に立たない男だな。きみなんかいないほうが、よほど銀行のためだ」

だが、一年もたつと、その係長は、自宅に食事に招いてくれるほどになった。

「きみは、本当にいい奴だな」

そういってもらえたことが、石破にはとてもうれしかった。

第二章　田中角栄の導きによる青年代議士の誕生

田中角栄と石破二朗

　昭和五十五年六月の参院選で再選を果たした石破二朗は、鈴木善幸内閣の自治大臣に就任した。じつは、このとき、最初の閣僚予定名簿には、国土庁長官と書かれていた。が、田中角栄が、差し替えを求めた。

「いや、石破は自治大臣・国家公安委員長だ」

田中は、小選挙区制の実現に意欲を燃やしていた。

その実現のためには、旧内務官僚の掌握が必要との意向によるものであった。

事実、二朗は、地方行政委員会において、小選挙区制の必要性について言及し、問題とされた。小選挙区制導入は、奇しくも父子二代のテーマとなった。

　ところがこれから国政を動かす大きな仕事をと思った矢先、病魔が二朗を襲った。東大病院の医師の診断は、膵臓ガンであった。

　病状のただならぬことを悟った二朗は、私事で国政が停滞することを恐れ、後事のいっさいを田中角栄に託した。

「入院の時期、入院する病院、担当医、手術するかしないのかの判断、大臣の辞任の時期など、すべてあなたに一任する」

田中は、病院の選定や入院手配、執刀医の依頼など、すべてに奔走した。

手術の前日、三井銀行日本橋本町支店に勤務する石破茂は、父親に呼ばれた。

「手術中に死ぬこともある。そのときに辞表が出ていなかったのでは、申しわけがない。これを、田中のところへ持っていけ」

石破は、辞表を手渡された。

二朗は、無念そうに言った。

「本当は残念だ。せめて、一度、予算を手がけたかった……」

石破は、その辞表を携えて田中のもとに赴いた。

田中は、一言だけ言った。

「立派だ……」

そう言うと、絶句した。

東大病院における手術は、一応成功した。が、すでにガンが各所に転移していた。長くて二年、短ければ半年の命と告げられた。在任わずか五カ月で大臣職を辞した二朗は、その後、郷里鳥取に帰り、療養に専念した。

昭和五十六年八月、石破の自宅に父親に付き添って看病している母親の和子から電話がかかってきた。

石破は、一瞬、不吉な予感がした。

ところが、母親は、意外な言葉を告げた。

「お父さんが、今朝起きて、『田中が見舞いにきてくれた夢をみた。すごくうれしかった』と言っていた。無理かもしれないけど、あなたから、田中先生に見舞いにきてくださるよう頼んでもらえないかしら」

石破は、ただちに目白の田中邸に電話を入れた。あいにく田中は軽井沢にゴルフに出かけているという。が、秘書に事情を説明すると、すぐつながるという直通の電話番号を教えてくれた。

さっそく、ダイヤルを回した。おどろいたことに、田中本人が電話口に出てきた。石破は、父親の切迫した病状を説明し、お願いした。

「死ぬ前に一度、父に会ってやっていただけませんか」

田中は、例の口調で快諾してくれた。

「そうか、わかった。すぐ行く」

しかし、田中は、ロッキード事件で政界の表舞台から身を引いていた。その後、闇将軍として君臨していたが、新潟以外に遠出したことがなかった。石破は、不安になった。

〈本当に、来てくれるのだろうか……〉

しかし、そんな不安はすぐに吹き飛んだ。それから一週間後、本当に鳥取県立中央病院に訪ねてきてくれたのである。石破は思った。

〈オヤジと田中先生は、他人にはうかがいしることのできない深い信頼関係で結ばれている〉

今回、田中がわざわざ鳥取まで駆けつけてくれたということは、田中も父親の思いに精一杯応えてくれたということに他ならなかった。

二朗と田中は、しばし二人きりで歓談した。二朗は、最後に頼みごとをした。

「あんたに会えて、もう思い残すことはない。ただ、一つだけ頼みがある。オレは、もうすぐ死ぬ。そのときは、あんたが葬儀委員長をやってくれないか」

その言葉は、田中の胸を打った。

「なにを馬鹿なことを言う。今は、そんなことを考えるときじゃない。かならず元気になるよ。しかし、しかし、だ。万一のことがあったら、引き受ける。約束するよ」

「ありがとう。これで思い残すことは何もない」

これが、二朗と田中の最後の語らいとなった。

病室を後にした田中は、その足で平林鴻三鳥取県知事を県庁に訪ねた。例によって機関銃のように、まくしたてた。

「きみも知っているように、石破君がもう危ない。石破君から葬儀委員長になってくれ、と頼まれたが、葬儀になったら、かれの十五年にわたる業績からみて、県民葬になるだろう。そうなれば、わたしが葬儀委員長にシャシャリ出るわけにはいかない。きみが引き受けてくれ。しかし、石破君との約束は、別のかたちで果たす」

それから二週間後の九月十六日、二朗は、「わたしは鳥取県人である。鳥取で生まれ育ち、そして鳥取で死ぬのである」とのかねてからの言葉通り、鳥取中央病院で、その生涯を閉じた。享年七十三であった。

田中角栄「あいつを代議士にしよう」

九月二十三日、石破を喪主に平林知事を葬儀委員長にして、大々的に県民葬が執りおこなわれた。田中は、田中派の議員ほとんどを引き連れ、チャーター機でやってきてくれた。友人代表として弔辞も読んでくれた。

その帰りの機中のことである。田中は、幹部らに声をかけた。

「おい、あの石破のセガレ、いいじゃないか。謝辞も、なかなかだった。あいつを、代議士にしよう」

鳥取には、無派閥の古井喜実がいた。池田内閣の厚生大臣、大平内閣の法務大臣を歴任し、日中国交正常化に尽力した人物であった。が、すでに八十歳近くの高齢である。田中は、その古井の後釜に石破を持ってこようとしたのである。

そうとは知らない石破は、石破家を鳥取から引き払い、東京で母親や姉一家とともに暮らすつもりでいた。参議院議員の被選挙権は、三十歳である。二十四歳の石破が後継者として出られるはずがなかった。当然、周囲のだれからも誘いがかからない。それに、これまで鳥取県民の世話になってきた。せめて一周忌をすませ、区切りをつけてからということになった。

数日後、石破は母親とともに目白の田中邸に出向いた。葬儀のお礼を言うためである。

田中は、開口一番、県民葬の参加人数を訊いてきた。

「県民葬には、何人きた」

「はい、三千五百人です」

田中は、秘書の早坂茂三に命じた。

「おい、早坂、石破の葬式をもう一度東京でやるぞ。オレは、あいつと約束したんだ。いいか、鳥取の三千五百人よりも多くの人数を集めろよ」

そして、現実に十月二十四日、東京の青山斎場で、鳥取より大規模な友人葬が執りおこなわれた。時の権力者とはいえ、並みの人にできることではなかった。

当日、田中は、葬儀委員長としてあいさつに立った。

遺影に向かって語りかけた。

「石破君、きみとの約束は、今日こうして果たしたことを知ってほしい」

喪主として最前列に座っていた石破は、田中の眼から大粒の涙がこぼれ落ちるのを見た。ひどく感銘を受けた。

〈金や権力があれば、だれでもできるというものではない。その桁外れの人情味、友情に応える律儀さ。田中角栄という人物の底しれない器の大きさ、温かさを見たような気がする〉

数日後、石破は、田中邸に友人葬のあいさつに出向いた。今度は一人だけであった。

かしこまる石破を前に、田中はいきなり切り出した。

「キミねえ、鳥取の葬式にきてくれた三千五百人、そこを全部お礼参りしろ」

石破は、何のことか理解できなかった。とっさに答えた。

「銀行は、そんなに休めません。三千五百人を全部回ったら、クビになってしまいます」

田中は、例によってダミ声でまくしたてた。

「キミねえ、選挙の第一歩は、お礼参りだよ」

「はあ……」

石破は、首をかしげた。田中が何を言わんとしているのか、まったくわからなかった。その表情を見てとった田中は、椅子から身を乗り出すように言った。

「キミが衆議院に出るんだ、衆議院に」

「エッ！　わたしがですか」

石破は、あまりにも予想外の言葉に絶句した。まさに寝耳に水であった。

「しッ、しかし、古井先生がいらっしゃるではないですか」

「古井か。うん、古井は辞める。古井のあとは、キミだ。オレが決めれば、何でもできる」

石破は、即答を避けた。

「しばらく、考えさせてください」

そう答えるのが精一杯であった。

それから、数日後、石破は、ふたたび田中邸に顔を出した。衆議院への出馬は、はっきりと断るつもりであった。

田中は、扇子をせわしく扇ぎながら、訊いてきた。

「どうだ、出る気になったか」

「わたしは、銀行員として一生を送るつもりなんですが」

田中は、カッと眼を見開き、一喝した。

「何が銀行だ！　キミは、代議士になるんだ。キミねえ、お父さんがこれまで築いてきたものが、どうなってもいいのか。キミのお父さんは、これまで鳥取県民のお世話になってきたじゃないか。知事を十五年やり、参議院六年、さらに大臣も務めた。キミはなにか、自分さえ良ければ、それでいいのか。そんなことでキミねえ、石破二朗のセガレとはいえないよ」

これには、グラッときた。石破の気持ちのどこかに権勢欲や上昇志向がなかったとはいえない。父親の生涯を見てきて、政治家も立派な仕事だなと評価していたこともある。まるで、そんな心模様を見透かしたように、田中はグイグイと押してきた。

かつて、田中の盟友といわれた大平正芳元総理が、身内に言っていた。

「田中とは、絶対に一対一で会ってはいかん。あいつは、人間じゃない。霊能師だ。一対一で会うと、かならずあいつの言うことをきかされてしまう。かならず、複数で行け」

百戦錬磨の大平でさえ、そんな状態である。弱冠二十四歳の青二才の石破が、田中と一対一で向き合って勝てるはずもなかった。ましてや、田中は闇将軍として絶頂期にあった。田中と差しで二十分会えたら、大変なことであった。なにしろ、一日に処理する陳情は百件、陳情で会う人数は平均三百人といわれた。時間にして、わずか五分、しかも、十のうち九は、田中が一方的にしゃべりまくる。身体が震えるくらいの凄まじい迫力であった。

石破は、田中の説得の魔力に引き込まれた。とうとう最後には、気持ちが動いていた。

〈この際、やってみるか……〉

だが、石破の政界転出は、すぐに実現するわけではなかった。それから半年後、突然、田中に呼ばれた。田中は、申しわけなさそうに言った。

「すまん、あの話は、ヤメだ。古井が、いうことを聞かないんだよ、古井が……」

古井は、戦前、内務省の事務次官を務めた。父親の二朗にとっては、大先輩にあたった。しかも二人とも出身が同じ町、中学も大学も同窓である。自然、近親憎悪のような気持ちがあった。さらに、古井は、「政治家は社会経験豊かな見識ある人物がやるべきもの」との信念をもっていた。当然、二世議員には批判的であった。実際、鳥取の自民党国会議員は、そのほとんどが中央官僚の最高峰である事務次官経験者であった。二世議員などは、一人も選出されたことがなかった。それを、こともあろうに後輩の石破の息子に譲れというのである。古井は、何の実績もないではないか、と田中に詰め寄った。確かに一つの見識である。さすがの田中も、ほとほと手を焼いてしまった。

しかし、石破は、すでに政治の道に転身する決意を固めてしまった。三井銀行も、辞めるつもりでいた。

「もう、後にはもどれません。国会議員にこだわるつもりはありません。とにかく、政治というものをやらせてください」

田中は、思い詰めたような石破の顔をジッと見つめ、ポツリと言った。

「おまえも、ついにマラリアにかかったなあ」

「木曜クラブ」の事務局員に

古井は、自分の後継者に平林鴻三鳥取県知事を指名した。石破は、知事公邸を二度訪ね、平林と相談を重ねた。平林は、石破に言った。

「石破さん、ひとつ苦労してごらんになりますか」

石破が古井の後継者に決まりかけたかに見えた。だが、古井は、絶対に許さなかった。まもなく、田中の側近で田中派の重鎮、二階堂進が調整に乗り出してきた。果たして、二階堂は、石破ではなく、平林を後継に決めた。石破は、すっかり宙に浮いてしまった。田中のもとに相談に出向いた。

田中は、ダミ声で言った。

「しばらくは、オレの秘書でもやってみるか」

つまり、書生である。鳩山邦夫や中村喜四郎がそうであったように、しばらくは目白の田中邸で草履とりをし、時期がきたら衆議院選挙に出馬しろというのであった。

田中は、手帳をパラッパラッとめくると、ふと眼を止めた。

「ちょっと、待てよ。夏には参院選があるな。今年は、衆議院も解散する。オレの秘書もいいが、『木曜クラブ』の事務局に行け」

「木曜クラブ」とは、平河町の砂防会館にある田中派の事務局であった。選対本部でもある。

参議院は、三年ごとの改選が決まっている。だが、衆議院の解散は、本来、総理の専権事項ではないか。その専権事項を実際は田中が決めていた。ここが闇将軍たるゆえんであった。

こうして、石破は、昭和五十八年一月、四年間勤めた三井銀行を辞めた。「木曜クラブ」に勤務することになった。石破は、田中が幹事長のときに初当選してきた羽田孜、小沢一郎らからずっと遅れて、「田中学校」の最後の生徒に連なった。

この年は、選挙の当たり年となった。六月に参院選、八月に衆議院京都二区の補欠選挙、そして十二月には、田中の目論見通り、衆議院選挙がおこなわれた。

石破自身、選挙に立つチャンスはめぐってこなかった。が、「木曜クラブ」の事務局員として田中派議員の選挙の手伝いのため、全国を駆けまわることになった。

そのおかげで、中選挙区制の派閥選挙といわれるものを実践的に見取り稽古することができた。

まず、入った初日にやらされた仕事は、「壁中に全国の選挙区の候補者の名前を書け」という作業であった。北海道一区から沖縄全県区まで、自民党の候補者の名前を全部書く。書き終わったら、次に田中派だけ赤い枠で囲む。「いいか、これだけは絶対に当選するように仕事をするんだ」と言われた。

次に手がけたのは、日本全土の白地図を買ってきて、田中派が取っている選挙区だけ赤く塗るという作業であった。つまり、「まだ田中派は全国制覇ができていない」という目安になる。

石破は、衆議院選挙における派閥同士の争いとはこういうものなのか、といたく実感した。

知り合いに話を聞いてみると、他派閥の選挙は、それぞれの候補者がそれぞれ勝手にやりなさい、というものであった。が、田中派は、まるで違った。まさに「総合病院」的に展開していた。

田中派は、県会議員から町村議員にいたるまで徹底的に把握していた。また、選挙応援の手法も特徴があった。例えば、ある選挙区の候補者が建設業界に弱いとなると、建設省出身、厚生関係に弱いとなると、厚生省出身といった具合に、参議院比例区の官僚出身議員を応援に送り込んだ。各団体に顔の利く官僚出身議員を派遣することで、票を集めていくのである。

石破は、スタッフのひとりとして、「それじゃ、おまえ現地に行って田中の名刺を配ってこい」と言われ、配って歩いた。八月におこなわれた京都補選のときには、「舞鶴に一カ月泊まりこんで、現地のスタッフの一人として働いてこい」と言われ、現地入りした。

石破は、一つひとつの選挙ではなく、全体の選挙を観ることができた。現在でも、北海道から沖縄までの選挙情勢がだいたいは頭に入っているほどである。この経験は、石破にとってかけがえのない財産となった。

仲人・角栄のスピーチ

石破は、昭和五十八年九月二十二日、慶應大学の同級生で、一目惚れした佳子と結婚した。佳子は、ロッキード事件にかかわりがあったとされる総合商社・丸紅に勤務していた。佳子の父親は、田中と同じく新潟県の出身であった。

石破は、田中角栄に仲人を依頼した。が、田中の言葉は、石破を感動させた。

「きみには、父親がいないじゃないか。仲人は、西村君（鳥取県選出参議院議員の西村尚治）にお願いすることにして、わたしは親代わりをやらせてもらう」

田中は、その言葉通り、披露宴当日には、客を迎えるときも、見送るときも、母親の横に立って頭を下げてくれた。

主賓でもある田中が、あいさつに立った。むろん、新婦側のゲストの席には、丸紅の幹部が参列した。緊張した空気が流れるなか、ロッキード裁判の第一審判決を二十日後の十月十二日に控えた田中のスピーチがはじまった。

「この四月だったか、石破君にヨメを世話しようと思って聞いてみたら、もう決まった女性がいるというのです。相手は、だれだと聞いたら、丸紅の女性だ、と。なにッ！　丸紅の女？　しかし、丸紅は、いい会社だ。ウン、わたしのことがなければ、もっといい会社だ」

このユーモアたっぷりのスピーチに、会場がドッと沸いた。

田中は、顔を赤らめながら、さらにつづけた。

「で、お父さんの郷里はどこだと聞いたら、新潟だと。もっと、よろしい。たいへん結構というわけで、わたしは、石破君の結婚を認めたわけであります」

会場は、万雷の拍手と爆笑の渦に包まれた。石破は、感銘した。

〈田中先生は、どんな人とも即座に共鳴しあえる大きな共鳴箱のようなものをもち、そして瞬時にして人の心を魅きつける力をもっている。これは、政治家として何よりも大切な資質ではないだろうか〉

渡辺美智雄との出会い

昭和五十九年四月、鳥取全県区に異変が起こった。昭和五十八年十二月の総選挙でトップ当選を果たした自民党中曽根派の島田安夫が、肺癌のため、在任わずか四カ月で急逝したのである。

このニュースが伝わって間もなく、石破は、田中から呼び出しを受けた。

「おまえ、どうする。中曽根のところが空いたんだが、おまえどうしてもオレのところ（田中派）から出馬したいか？　もし、そうなら今回は見送れ。しかし、オレだって、いつまでもこんな権勢をふるえるわけじゃない。派閥も、永遠ではない。おそらく五年、十年はチャンスがこないぞ。国会議員になれるチャンスというのは、ほんとうに何年か、あるいは何十年かに一回、めぐってくるものだ。どうしても田中といっしょにいたいということを言っていたら、おまえ一生、政治家にはなれないよ。もし、おまえにその気があれば、渡辺（美智雄）に話してやる」

つまり、島田の後継者として渡辺グループから出馬する気はないかというのである。島田は、渡辺が主宰する派閥横断グループ「温知会」の一員である。

じつは、島田と石破は、浅からぬ因縁があった。島田と石破の父親の二朗は、石破県知事、島田県会議長として鳥取県政でコンビを組んでいた。その後、二朗は、田中派の参議院議員に転身。島田は、二朗の口利きで田中に会い、衆議院選挙に出馬した。が、すでに鳥取全県区には、無派閥の古井がいる。そのため、田中は、島田を渡辺に預けた。いわば、現住所渡辺グループ、本籍田中派のいわゆる「隠れ田中派」であった。

石破は、もし、これが宮沢派や河本派にいけというのであれば即座に断ったであろう。しかし、渡辺派なら、その政治理念に共鳴できる。田中の許しがあるならば、いっしょに行動させてもらいたいと思っていた。

石破は、深々と頭を下げた。

「よろしくお願いします」

田中は、ただちに秘書の早坂茂三に命じた。

「おい、早坂、渡辺に電話を入れろ」

早坂が電話をつなぐと、田中は石破の眼の前で渡辺と話しはじめた。渡辺は、パレロワイヤル永田町の温知会事務所にいた。

「オレのところに石破がいる。そう、あんたといっしょに大臣やっていた石破二朗のセガレだ。あれをおまえのところに預けるから、面倒みてやってくれ」

田中らしい即断即決の電話であった。だが、渡辺は、アバウトに見えて、じつは相当に緻密な人間であった。

電話を切った後、秘書に洩らした。

「いくら田中さんからの頼みだって、クズ玉はいらないよ。費用対効果というものが、あるじゃないか。会ってみなきゃわからん」

それから数日後、石破は、島田後援会の幹部とともにパレロワイヤル永田町を訪ねた。いわば、面接試験であった。渡辺は、石破を認めてくれたのであろう。

一時間後、オーケーのサインを出した。

「よし、じゃ、オレのところから出ろよ」

こうして、石破は、島田の後継者として次期総選挙の自民党公認候補となった。

鳥取へ帰る前日、石破は、いとま乞いに目白の田中邸に向かった。田中は、一枚の色紙をくれた。

『末ついに海となるべき山水も、しばし木の葉の下くぐるなり』

つまり、苦労して頑張ってこい、そうすればきっと夢が叶うという意味であった。

田中は、つづけた。

「いいか、きみは単なる政治好きの青年にしか過ぎない。仮に代議士になれるとすれば、それは一億三千万円安上がりだからだ。名前の売り賃とは、そんなものだ。そういわれて口惜しければ、五万軒徹底して挨拶廻りをやれ」

このことがのちに、優れた人材であれば、二世や官僚、タレントなどでなくても、だれでも機会が与えられるようにとの政治資金の公的助成導入に取り組む石破の原体験となる。

その年の夏、石破は、自ら車を運転して箱根プリンスホテルに向かった。渡辺が主宰する温知会の研修会に出席するためである。

会長として壇上に立った渡辺は、経済問題や政策、今後の政局の行方などをわかりやすく演説した。そして、最後にダミ声を張り上げた。

「きみらは、何のために政治家になるのか！　勲一等という名誉がほしいからなのか。『先生』と呼ばれたいのか。お金がほしいのか。女にもてたいからなのか。いろいろ理由はあるだろう。しかし、そんな考えの奴は、今からでも遅くない。オレのところから去ってくれ。『政治家』は、『お世辞家』じゃないんだ。本当のことを勇気を持って国民に語るために、政治家はいるんだ。勇気と真心をもって真実を語るのが、その使命だ」

渡辺は、さらにつづけた。

「温知会は、派閥ではない。政策集団だ。しかし、いいかげんな奴が百人いるより、信念をもった確信犯が二十人いれば、世の中は変わる。それだけいれば、なんでもできる。温知会は、そういう集団でありたい」

石破は、ひどく感動した。その講演テープをもらうと、さっそく自家用車のカセットデッキに差し込んだ。代議士になるまでの一年八カ月、車に乗るたびに、その講演テープを聞きつづけた。この渡辺の教えは、石破の政治行動の原点となる……。

竹下登の気配り

石破は、父親の二朗の命日である昭和五十九年九月十六日、墓参りをすませた。その後、鳥取県庁で記者会見をひらいた。正式に次期総選挙への出馬を表明したのである。

翌日、地元紙の朝刊トップに「石破二朗元知事の長男、次期総選挙に出馬」と報じられた。このことにより、石破は一円の金もかけることなく、鳥取県津々浦々に出馬の意向を伝えることができた。これが、田中のいう「二世は名前の売り賃がタダ」ということであった。

毎朝五時過ぎには、家を出る日々がつづいた。ときには、自ら車を運転し、島田後援会の幹部の案内で、挨拶廻りをした。一年八カ月かけて、約五万六千軒を歩きまわった。

なかには、「お父さんの世話にはなったけど、あんたなんかには、なんの世話にもなってないよ」とはっきり言われることもあった。だが、石破は怯むことなく、挨拶廻りに明け暮れた。

そんなある日のことである。中曽根内閣の大蔵大臣で、田中の後継者と目されるニューリーダーの竹下登から人を介して電話がかかってきた。

「田中派からは、平林君が出ているが、きみが出ることによって、平林後援会から石破後援会に代わらなくてはいけない幹部は、どのくらいいるの」

「そうですね、十人ほどでしょうか」

「そうか……。じゃ、そのひとたちを今度、東京に連れてきてくれ。日時は、追って連絡する」

その当日、石破は、県議や町長など後援会幹部十数人とともに永田町にある料亭「満ん賀ん」に赴いた。

まもなく、竹下登と渡辺美智雄がやってきた。

竹下は、笑みを絶やさずにいった。

「どうぞ、みなさん上座に座ってください。わたしどもは、下座に座りますから」

竹下は、県議たちを上座に勧めると頭を下げた。

「みなさん、このたびは本当に申しわけございません。本来、石破君は、わが派が面倒をみないといけない人物です。しかし、わが派には、平林君がいる。二人は面倒をみられない。だけど、ここにいる渡辺さんとわたしとは、わたしが大蔵大臣をしたあと大蔵大臣に、幹事長代理をしたあと幹事長代理にと、これまでおなじような道を歩んできました。その渡辺さんが、石破君の面倒をみてくれます。しかし、だからといって、わたしが何にもしないというわけではありません。この竹下登でお役に立てることがあれば、いつでも言ってください」

まさに、竹下らしい気配りであった。見方を変えれば、これで義理をはたした、ということもいえる。

しかし、こういった場をわざわざ設けてくれたというところに、竹下の人心掌握術の凄さがあった。

昭和六十一年六月、中曽根総理は、衆議院を解散した。七月六日、史上二度目の衆参同日選挙がおこなわれることになった。石破は、はじめから勝利を確信していた。島田後援会に古井後援会をはなれた組織を足せば、落ちるわけがないと思っていた。

ところが、石破を追い落とそうとする反対勢力が、こともあろうに島田の遺児である島田充《もとむ》を擁立してきた。

かれは、島田が急逝したとき、遺影の前で「後継者にはならない」と言明した。後継に推された花本美雄県議も固辞し、石破にお鉢がまわってきたという経緯があった。その彼が、「我こそは、正統な後継者なり」と位牌を胸に抱いて出馬したのである。鳥取全県区は、全国有数の大激戦区となった。

大激戦の末の初当選

開票当日、石破は、旅館に籠った。頭から布団をかぶり、身体を丸めた。恐くてならなかった。

妻の佳子に、頼んだ。

「テレビもラジオもつけるな。電話も、つながなくていい」

何時間たったであろうか。さすがに、気になった。

覚悟を決めて、テレビのスイッチをつけた。定数四のうち、すでに自民党竹下派の平林鴻三、宮沢派の相沢英之、社会党の野坂浩賢の三人に当確が出ていた。

テレビの解説者が、情勢を分析した。

「いまのところ、石破候補は四位にいます。しかし、この票ののび具合では、最後は公明党候補が逆転するでしょう」

公明党は、この選挙で、日本海側で初の議員をと、独自候補を擁立してきた。公明党は、組織票が堅い。まとまった票が入れば、逆転の可能性も高かった。だが、このことが逆に石破陣営に幸運をもたらした。有力候補のひとりであった社会党前職の武部文は、これまで公明党の協力を得て当選してきた。が、今回は公明党が独自候補をだしたため、票が割れてしまったのである。

夕方近くになって、ようやく石破に当確が出た。武部と公明党候補は、共倒れとなって落選した。まさに薄氷を踏む思いの勝利であった。

石破は、当選後の記者会見で語った。

「わたしは、鳥取県の代弁者として国会議員になりました。これからは、鳥取県の良きセールスマンになりたい。県民のために、がんばります」

石破は、さっそく上京し、渡辺のもとに報告に出向いた。

渡辺は、ひどくよろこんでくれた。

「よく通ったな。しかし、おまえのところは金があると思ったら、全然なかったな」

石破の父親は、建設事務次官、県知事、参議院議員、そのうえ自治大臣まで務めてきた。それゆえ、渡辺は、当然、金があると思って石破を担いだのであろう。

しかし、石破家には、ほとんど金がなかった。石破は、選挙費用として、家屋敷を全部担保に入れて金を借りた。ある財産は、すべて売り払った。

農林部会に所属

石破茂は、かねてからの希望通り農林部会に所属した。農政を選んだ理由は、二つあった。

一つは、選挙区事情である。このとき、鳥取県選出の自民党国会議員は、石破の他に五人いた。いずれも東大出身で、なおかつ官僚経験者であった。

衆議院議員では、相沢英之が大蔵省の事務次官出身、平林鴻三が自治省出身、参議院議員では、西村尚治が郵政省事務次官出身、坂野重信が建設省事務次官出身、小林国司が農水省出身であった。

大蔵のフィールドを選んでも、相沢に勝てるはずがない。同様に郵政をやっても、西村に勝てるわけがない、建設をやっても、坂野に勝てるはずがない。小林は、農水省の技術畑出身であり、共存できるという読みがあった。

農政を選んだもう一つの理由は、農政の実力者である羽田孜の助言であった。石破が田中派木曜クラブの秘書をしていた昭和五十八年六月、参院選がおこなわれた。そのとき、羽田が応援演説のため鳥取入りした。

車の運転手役を命ぜられた石破は、羽田から声をかけられた。

「きみも、いずれは国政に出るつもりなんだろう。もし代議士になったら、農政をやったらいい。一番難しい分野だけど、これをやっておけば、後は楽だよ」

そのような理由で、農林部会に所属したのである。

だが、当選から二カ月ほどは毎日が不安の連続であった。米価を決めるといわれても、何のことやらさっぱりわからなかった。まるで、高校に入ったが勉強についていけず落ちこぼれになった生徒のようであった。石破は、しだいに焦りはじめた。

温知会の同期生のほとんどは、県議や官僚などを経験し、ある程度、政治のキャリアを積んできた。が、石破は田中派木曜クラブの秘書を一年ほど経験しただけである。行政の仕組みもわからない。

石破は、三井銀行入行当初もそうであったように、ひどく落ち込んでしまった。

〈まちがった世界に入ってしまったのではないだろうか〉

しかし、いまさら後には引けない。石破は、何が議論されているのかわからないなりにも、とにかく農林部会に出席しつづけた。

そんな石破のひたむきさを評価してくれたのであろう。中曽根派の幹部で、農林族の江藤隆美から声をかけられた。

「おまえ、農政をやりたいんだったら、おれといっしょに出てみようや」

その一言が、ひどく石破を感激させた。

〈後輩だから、何から何まで面倒みてくださいといっているわけではない。「おれといっしょに出ようや」という、その一言だけでいいんだ〉

あるとき、その江藤が石破に言った。

「わしらは、地鳥じゃけんの。自分らの足でエサを探して歩かなきゃならんのだ」

つまり、派閥は何の面倒もみない。政治家をつづけたければ、自分でエサを拾って歩けというのである。「総合病院」と呼ばれ、何から何まで面倒をみてくれる田中派とは、中曽根派は、雲泥の差があった。いわば、田中派はブロイラー集団、中曽根は地鳥集団のようなものであった。

石破は、後援者から、ある陳情を受けた。

が、なにしろ一年生議員である。勝手がわからない。さっそく派閥の事務局に電話をかけた。

「さきほど、こういう陳情を受けました。どこに問いあわせればいいのでしょうか」

しかし、期待したような明快な答えは返ってこなかった。石破は、面くらってしまった。

〈これが江藤先生のいう地鳥たるゆえんか。田中派なら、こんなことはない。事務局に電話すれば、「それなら××先生の秘書に聞いてみてください。かれなら、よく知っています」と教えてくれるのに〉

石破は、仕方なく、田中派の議員に電話し、教えを請うた。さすがに「総合病院」といわれるだけあって、対応が迅速であった。

さて、各部会に出席している役人は、毎回、かならず出欠と発言内容をメモしていた。だれが出席し、どのような発言をしたかをチェックするためである。石破は、真面目に出席しつづけた甲斐もあり、半年もすると、ある程度、農政の仕組みが理解できるようになった。手をあげて積極的に発言することも多くなった。ようやく、政治が、おもしろくなりはじめた。

昭和六十二年十月二十日、中曽根総理の自民党総裁の任期切れにともない、総裁選がおこなわれることになった。だが、この総裁選は選挙ではなく、竹下登、安倍晋太郎、宮沢喜一の三人、いわゆる「安・竹・宮」の話し合いで選出することになった。

十月二十日、中曽根総理は後継総裁に竹下を指名した。翌十一月六日、竹下内閣が成立した。

石破は、中曽根派内の竹下シンパで通っていた。石破は、竹下派の前身・田中派の出身である。竹下には、初出馬のときに世話にもなっている。さらに、竹下派には尊敬する先輩の羽田孜もいる。それだけに、妙にうれしかった。

〈良かった……〉

だが、二期四年は確実といわれた竹下内閣は、そう長くはつづかなかった。

平成元年四月二十五日、竹下総理はリクルート事件に端を発した政治不信の責任をとり、退陣を表明した。在任わずか一年六カ月あまりであった。

六月二日、自民党両院議員総会の起立採決で、後継総裁に宇野宗佑が選出された。だが、その宇野内閣も長くはつづかなかった。自民党は七月二十三日におこなわれた参院選で歴史的な惨敗を喫し、宇野内閣は、わずか二カ月にして総辞職した。

事態は、ふたたび後継総裁選びに突入した。海部俊樹が新総裁に決定した。

反消費税の嵐との戦い

平成二年二月三日、総選挙が公示された。二月十八日の投票日に向けて、参院選で驚異的な躍進を果たした社会党との天下分け目の激しい闘いがはじまった。この選挙で、石破は、思い切った行動に出た。反消費税の嵐が吹き荒れているなか、あえて、「消費税は絶対に必要だ」と訴えることにしたのである。選挙公報も政見放送も、徹頭徹尾、それで押し通すことにした。

心配した後援会幹部が、石破をなだめた。

「そんなことを言うのは、やめてくださいよ。そうでなくとも、前回は最下位当選だったんですよ。今度は、本当に落ちますよ」

が、石破は、頑として譲らなかった。

「わたしは、嘘を言ってまで票をもらいたくない。消費税は、必要なんです」

石破は、その言葉通り、公示初日から、「消費税は、絶対に必要です」と演説してまわった。

翌日の朝刊各紙に、候補者の第一声が報じられた。

むろん、社会党の候補は、声高らかに、「消費税廃止」とぶちあげている。

自民党の他候補たちは、消費税には触れず、「地方分権」や「国と地方のパイプ役に」と当たり障りのないことを訴えていた。案の定、石破だけが、「消費税は絶対必要」と大見出しがつけられている。

それを見た後援会幹部らは、頭を抱え込んだ。石破に言った。

「悪いことは、言わない。いまからでも、軌道修正したほうがいいですよ。消費税は必要だ、などと言わないほうが、あなたのためですよ」

だが、石破は拒否した。

「嘘を言ってまで、当選したくない」

石破は、渡辺美智雄の言葉をあらためて思い起こした。

〈渡辺先生は、「政治家は、お世辞家であってはならない。勇気と真心をもって真実を語るのが、その使命である」と言われた。わたしは、その精神を大事にしたい〉

そして、石破は、ひそかに覚悟していた。

〈冷静に考えれば、こんなことを言えば落ちるかもしれない……。まあ、落ちたら、落ちたまでのことだ〉

だが、後援会幹部の不安をよそに、最終の世論調査では、信じられない結果が出た。なんと、石破が支持率でトップになったのである。激励の手紙も、数多く寄せられた。

「先日、政見放送を見ました。他の自民党候補が、わけのわからないことを言うなか、あなただけ、なぜ消費税が必要なのかを訴えている。これまで、あなたのことが嫌いでしたが、その考えをあらためます」

石破は、消費税に対する拒否反応よりも、共感してくれた有権者のほうがはるかに多かったことが何よりもうれしかった。

二月十八日の開票の結果、石破は、なんと八万二〇〇〇票あまりを獲得した。これは、鳥取県史上最高記録の得票数である。堂々のトップ当選であった。

農林族としての日々

当選二回生となった石破は、これまで以上に精力的に農政問題に取り組んだ。いわゆる、「農林族」としての地歩を固めていった。

自民党の農林族の育て方は、一貫していた。麦価や畜産物の価格決定の委員長、農水政務次官、農林部会長というレールがきちんと決められていた。

農林族の若手議員は、まず基本的に参議院議員の大河原太一郎（村山内閣の農水大臣）の教えを請う。大河原は、農水事務次官出身で、長い間、総合農政調査会長代理を務めてきた。農林族の代表格で、「大河原学校」とも呼ばれている。農水大臣経験者の羽田孜、鹿野道彦、田名部匡省らは、みな、「大河原学校」の顧問格であった。

そして、一回生の多くは、たいていが、いわゆる「ベトコン議員」となる。つまり、米価シーズンになると、やみくもに「米価を上げろ」と叫び、農民集会では、「農産物自由化は、絶対に反対」と絶叫する。そうすることで農民の票をもらうのである。

石破も例にもれず、一回生のときは、その「ベトコン議員」であった。

農林族は、建設族などと違って、有権者に対し、「道路をつけます」「橋をかけます」といった耳あたりのよい選挙向けのアピールはできない。たしかに公共事業のウエイトも高い。しかし、「米価抑制」「減反」「農産物の自由化」という三つの難題にも直面していた。

二回生ともなると、農林族育成のレールに沿って各小委員会の責任者を任されるようになる。自分の選挙のことだけを考えて、農民に都合のいいことばかりを言っていられなくなる。

ときには、厳しい決断も迫られる。そんなときは、農民を説得しなければならない。

石破は、麦価、畜産物、甘味資源と価格決定の委員長を務め、米価にも携わった。徹夜をふくむ連日連夜の党内議論と財政当局との折衝の末に、ようやく諮問案を決定する。が、いつも決まって残るのは、「これでよいのだろうか」という虚しさであった。何かをやり遂げた、という充実感とは、ほど遠いものであった。

マスコミには、「自民党農林族のゴリ押しで米価据え置きに」と叩かれる。

農業団体からは、「引き上げが実現できなかったのは、きわめて遺憾」との声明が発表される。石破は、だれかに褒めてもらおうとは考えていない。非難されることこそ政治の使命と割り切っている。しかし、それにしても、「いったい、オレは、だれの役に立っているのか」と悲しくなることもあった。

価格決定、特に米価は議員たちにとって、年に一度の祭りのようなものであった。農政について何の知識も持ち合わせていなくとも、米価決定のシステムを知らなくとも、「米価引き上げ、食管制度堅持、自由化反対」という三つのキーワードを使って演説すればそれなりに格好がついた。

それゆえ、テレビに映る場面だけ登場するエセ農林族議員がひどく多かった。テレビカメラのクルーが引き上げると、それにつれて、どっといなくなる。夜中の二時、三時になると、わずか十人ほどの議員しか残らない。それでいて、翌朝八時にテレビ局が入ると、どこで寝ていたのか、どこからともなく百人ほどがふたたび現れてワーワーと騒ぐ。

ある深夜、「政界の暴れん坊」といわれた浜田幸一が、農業新聞の記者に言った。農業新聞の記者は、協議が終わるまで議員たちに付き合っている。

「おい、記者。この時間に残っている奴だけ、本物なんだ。いまここに残っている奴の名前を全部書け。テレビがいるときだけいる奴は、何の役にも立たん」

石破らは、もっともだとうなずいた。が、その記者は、ついに名前を書くことはなかった。

石破は、東京では、農林族の代表格である大河原、羽田らに可愛がってもらった。

地元では、「あいつは、本気で農政をやってくれている」と正当に評価してくれる農業団体を後援団体としてもっている。

ちなみに石破の後援会長の花本美雄は、鳥取県会議長を務め、なおかつ農協のボスであった。これから先、日本経済はどうなるか、世界の経済はどうなるかを見通して、鳥取の農業を論じる。

そのような理解のある後援者がいるからこそ、石破は、はじめて本音の農政を語って票になる。やみくもに、「米価を上げろ」といわなければならない議員は、悲劇であろう。

石破は、農政を手がけながら、ある程度、深くものを考える癖がついた。

政治というのは、これまでのようなサンタクロース型ではいけない。これからは、説得係でなくてはならない。

「米価を上げるぞ」「コメは一粒も輸入しないぞ」「減反もさせないぞ」といったスローガンを叫ぶだけの農政では、結果的に農家も国民も馬鹿をみるではないか。サンタクロースであれば、大酒呑みであろうと、博打を打とうと、「ものをくれるから、いい人だ」と許されるだろう。

しかし、説得係が、そのようなことをしたら、「おまえが、そんなことを言える身分かよ」と言われ、話すら聞いてもらえなくなる。

これからの政治家は説得係であるがゆえに、人から後ろ指を指されるようなことをしてはいけない。石破は、思っている。

〈サンタクロース型の政治が通用する時代は、終わった。それと同時に政治家のあり方も変わらなければならない〉

第三章　政界再編の荒波のなかへ

石破、政治改革を訴える

平成三年九月二十七日午前十一時四十分、衆議院政治改革特別委員会で、石破が質問に立つと、いっせいに拍手と声援がわいた。「政治改革を推進する若手議員の会」のメンバーたち全員が、詰めかけていたかれらは、身じろぎもせず、石破の第一声を待った。

「政治改革を望まないものは、一人もおりません。与野党ともに、自民党内でも賛成派、反対派といわれますが、みんな政治改革を望んでいると思います。このことでは、一致していると思います。わたしは小選挙区制をやれば、すべてのことが解決するとはまったく思っていない。しかし、小選挙区制を柱とする政治改革をやっていくことは、辛くても苦しくても、絶対に必要なことだと信じておりますので、そういう観点から質問をさせていただきます」

「よし！」

という声とともに、同志たちからいっせいに拍手が鳴った。

「この制度を導入することが、自由民主党にとって有利だという方がいらっしゃいます。わたしは実際に選挙をやってみて、小選挙区制が自民党にとって有利だとはまったく思わない。そして、また第一党に有利だとも思わない。ましてや自分に対して有利だということも、わが身にあてはめて考えたことなど一度もない。それにもかかわらず、辛くても苦しくても、この制度はやらせていただきたいと、そういうお願いをしてきたのであります。たとえ自分が落選することがあっても、これはやり遂げなければならない、かように思っております。いまの選挙制度は、一言で申し上げますが、国会議員を好きか嫌いかで選んでいるとしか考えられない。好きか嫌いかで選ぶのが、国会議員の選び方だとは、わたしは思わない。正しいか、まちがっているか、それで選ぶのが、国会議員の国民に対する信の問い方だと考えております」

そこまで一気にしゃべってくると、野党からの野次が猛烈に高まってきた。石破の声が、かろうじてマイクを通して聞こえるほどである。

「国民は、馬鹿じゃないぞお！」

「ふざけるなあ！」

石破は、そんな野次などかまいもせず、いった。

「わたしは、決して人の喜ぶことを訴えるのが、国会議員の使命だとは思わない。辛くて苦しいけれども、国家の将来のために必要なことを訴えるのが、国会議員の使命だと信じております。しからば、そういうことを二割の人だけにわかってもらえればいいというものではないはずだ。五割の人たちにその政策を訴えて、日本の国がいかにあるべきかということを訴えて当選する制度が、なにがなんでも必要だと思っております。現行の中選挙区制のもとでは、自由民主党同士で選挙を闘いますから、自分だけはどうしても当選したいと思えば、野党のみなさん方と似たようなスタンスのものにならねばならんでしょう」

「演説会とちゃうぞ！」

という野次がここで起こった。

まさに、そうだった。石破の視野には、昨夜から決めていたように、すでに眼の前に座っている海部俊樹総理の存在はなかった。

「二割の得票さえとれれば、そういうことで、本当に日本の国はどうあるべきかということを問うたことになるのか。一五％、一七％の票さえとれれば当選できるということであれば、一部集団の利益だけを守っていれば当選できる。そういうことをつづけていくならば、それは将来の国家に重大な瑕瑾《かきん》を残すことになる。わたしは、そう信じておりますが、総理の見解をうかがいます」

石破の質問が、ようやく終わった。海部は答弁に立ち、石破に敬意を表すると言い、述べた。

「政策と政策をまともにぶつけあって闘っていけるような改革を、思いきってやりたい」

廃案確定的という流れである。海部の答弁も、むなしくひびいた。おまけに海部の表情が、答弁することを楽しんでいるようにも見えて、悲壮感のかけらも感じられない。石破は、ふたたび質問席に立った。

「わたしは、少数代表の集まりは、しょせん少数代表の集まりでしかない、というふうに考えております。国家の意志の形成というものは、やはり多数を得たものの集まりでこそ、はじめて国家の意志だと、それが議院内閣制をとるわが国の使命だと信じます。そしてまた、反対される方のなかには、小選挙区制になれば、五割近くの死に票が出るという方がおられます。小選挙区制では、五一％得票しなければ当選できない。では、あとの四九％は死に票になるではないか、というご議論です。しかし、死に票という言葉は、世界のどこにあるか。日本の国の中にだけ、存在している言葉であります。あるイギリスの国会議員に訊きましたところ、死に票などという人を侮辱したような言葉などあるはずがない、といいました。五一対四九であったとした場合、五一にしたがうことが民主主義のはずであります。それが、民主主義のルールであります。しかしながら、五一を国民が選択し、その党が政権をとったとしても、四九に対してまったく顧みず、独裁的な政治をおこなっていけば、その党はかならず政権を失うでありましょう。四九％の票は、五一％に対する明確な反対の意思表示なのであって、死に票などとはまったく失礼な話だ。それは議会制民主主義に対する侮辱だと考えますが、いかがでしょうか」

すさまじい怒声と怒号の中で、石破が質問席から離れると、ようやく静かになった。


それから三日後の九月三十日午後二時四十分、小此木委員長は理事会を開き、冒頭でいきなり宣言した。

「それでは、政治改革三法案は廃案といたします。口頭ではなんですから、紙を配ります」

まったく突然の、廃案宣言であった。会期末は十月四日である。まだ四日を残しての廃案宣言は、異例中の異例であった。

自民過半数割れの中で、石破トップ当選

平成五年六月、自民党は、選挙制度改革を中心とした政治改革法案をめぐり、推進派と慎重派が激しく対立していた。

六月十七日正午過ぎ、渡辺派の派閥総会がひらかれることになった。石破は、悲壮な決意を胸に秘め、平河町にある砂防会館に向かった。

〈おれにとって、今日は、最後の派閥総会になるかもしれない。言いたいことは、言ってやろう〉

石破は、野党が提出した宮沢内閣不信任案の決議がおこなわれれば、いささかもためらうことなく賛成票を投ずることを心に決めていた。党の意志に逆らえば、派閥除名どころか、党除名もまぬかれない。むろん、そのことは百も承知であった。

会議室に入ると、一番後ろの席に座った。

石破も、発言を求めた。

「わたしは、渡辺会長が好きで、ここまでついてきました。『勇気と真心をもって、真実を語るのが政治家の仕事だ』という会長の言葉は、本当に大好きな言葉です。会長についていきたい、という気持ちは、今も変わってはいません。いつ、どんなときにあろうとも、会長を総理総裁にすることだけは努力します。ただ、わたしに良心という言葉を使う資格がないかもしれません。が、しかし、今回は、良心に従って行動させていただきます」

宮沢内閣不信任案に賛成する、と言明したのである。

総会終了後、石破は、議員会館の自室にもどった。

ソファーに深々と腰をしずめると、セブンスターに火を点けた。窓から外の景色を見つめながら、士気を鼓舞させた。

〈羽田派の議員が内閣不信任案に賛成するのは当然だ。だが、それだけなら小沢一郎と梶山静六の「一・六戦争」になってしまう。政治改革レベルの話ではない。羽田派以外の議員が賛成票を投じることに意味があるんじゃないか。もし、わたしが否決する側にまわってしまったら、以後、だれもわたしの言うことを信用しなくなってしまう。「石破は、欲得で動く人間だ」と、未来永劫いわれつづける。たとえ、わたしがどんなに偉くなっても、それは好きな生き方じゃない〉

六月十八日午後六時半、衆議院本会議がはじまった。

午後八時過ぎ、内閣不信任案の記名投票の採決に入った。

羽田派三十五人、さらに山口敏夫、笹川堯、簗瀬進、そして石破の四人が白票、つまり賛成票を投じた。

その結果、宮沢内閣不信任案は可決し、衆議院は解散された。

石破は、造反したという理由で自民党の公認を得られず、無所属で戦うことになった。

総選挙の結果、自民党は、過半数を割った。永田町は、自民党を中心にした連立政権か、あるいは非自民連立政権が誕生するかで揺れていた。

そんななか、石破は、地元鳥取全県区でトップ当選を果たした。

伊藤達也の初陣

石破派水月会のメンバーである伊藤達也が、国政に出馬する決意を固めたのは大学時代のことである。

その原点は、高校時代、母親が一万人に一人が発症するといわれる原因不明の難病「全身性エリテマトーデス」を患ったことがきっかけだった。何かの原因で体全体に自己抗体がつくりあげられてしまい、そのために全身の臓器に障害を引き起こす原因不明の難病に苦しむ母親を、この国の医療制度、この国の福祉政策は救いきれていないことに気づいた。母親のように辛い思いをする人は他にもいて、その人たちに救いの手を差し伸べられる国をつくりたい。伊藤のなかで生まれた信念が、政治家を目指す核となったのだった。

慶應義塾大学を卒業してからは、松下幸之助が創設した松下政経塾に入塾し政治家として磨きをかけた。それとともに、「政治を志すにあたり、自分と家族の生活費くらいは自分で賄えなくてはいけない」という、松下幸之助の教えを実践した。二十代のときに、東京都調布市で、宅配ピザのチェーン店「ピザーラ」調布店を営んだ。

しかし、政治家になるための選挙を勝ち抜くには、地盤（後援会組織）、看板（知名度）、カバン（資金調達能力）の、いわゆる〝三バン〟が必要と言われている。残念ながら、その三バンを一つも持ち合わせていなかった。

伊藤は、もっとも深い理解者で、もっとも心強い支援者に相談した。

その支援者は訊いてきた。

「現職議員に知り合いはいるの？」

「いえ、親しい方はいません」

「それじゃあ、知り合いを紹介するよ」

その支援者から紹介されたのが、石破茂であった。その支援者にとって慶應義塾大学の一年先輩で、昭和三十六年七月六日生まれの伊藤にとっても四年先輩にあたる。そのころ、国政でもっとも大きな課題であった政治改革の中心的な存在で、若手のホープとして注目されていた。

「ぜひ、紹介していただきたいです」

期待をこめて、石破に会った。

じつは、石破は、高校時代、伊藤の選挙区のふくまれる狛江市に長年住んでいた。自治大臣を務めた石破の父親の石破二朗が、以前、狛江市に家を購入し石破茂もそこで暮らしていたのだという。石破の姉は、今も狛江市に住んでいて、伊藤を支援してくれている。かつて教師だった石破の姉は顔が広く、地域での信頼も厚い。伊藤にとって心強い存在のひとりだ。

しかし、はじめて会った石破は、伊藤の話を一通り耳にすると、きつい口ぶりで言った。

「気は、確かですか？　三バンもなくて、いきなり国政に出るなんて、正気の沙汰ではありませんよ」

石破は、選挙での経験談を話した。その一言一言は、選挙戦を戦うことがどれほど厳しく、そのなかでも、多くのひとを巻きこむ国政選挙のハードルがいかに高いかを、伊藤の胸に打ちこんできた。

「選挙とは、勝たなくてはいけない。負けてしまえば、非常に多くの方にご迷惑をかけることになる。その覚悟はできているの？　ただ国政をやりたいから国政なんて、そんな甘いものではないんだよ。もう一度考えて、出直してきなさい」

伊藤は、打ちのめされた。

だが、あきらめなかった。当選するために何が足りなかったのかを洗い直し、出馬するチャンスをうかがったのだった。

伊藤は、平成五年七月四日に公示された第四十回衆議院議員総選挙で、日本新党の候補者として東京都十一区から出馬した。

政治改革関連法案の不成立により、四十年近く、政権の座を我が物としてきた自民党への不満が全国的に噴き出していた。政治改革実現に向けての期待感が、いわゆる、新党ブームという形で沸き起こった。それは、羽田孜、小沢一郎率いる新生党、武村正義の新党さきがけ、そして、細川護熙が立ち上げた日本新党へ向けられた。地盤、看板、カバンの〝三バン〟を持たぬ伊藤にも大きな追い風となった。

伊藤は、初めて挑んだ国政選挙で、なんと二一万五二四七票を獲得。自民党の伊藤公介、社会党の山花貞夫といったベテラン議員を抑えてトップ当選を果したのである。

石破から連絡があったのは、当選が決まった直後のことだった。石破は、伊藤に当選したことを祝う言葉を伝え、政治改革実現にむけて力を合わせようと口にしたあと、思いがけない言葉を口にした。

「偉そうなことを言って、すみませんでした」

自分の非は非として認められる。それはできるようでいて、なかなかできるものではない。伊藤は、率直で潔い石破の人柄に好感を抱いた。

渡辺美智雄、総裁選に敗れる

この総選挙で無所属で当選し三回生となった石破は、渡辺美智雄のもとに赴いた。

宮沢総理の退陣にともない、七月三十日に自民党総裁選がおこなわれる。石破は、派閥の領袖である渡辺をなんとか総裁にしようと懸命に動いていた。

渡辺は、七月二十三日に発表された日本新党、さきがけとの連立政権協議のためのたたき台案の提示に、すぐに反応した。原稿は、石破が書いた。その原稿を、渡辺側近の伊吹文明が渡辺のところに持っていった。渡辺は石破の原稿の内容に、ためらいなく乗ってきた。

「よし、これでいこう」

それまで小選挙区比例代表並立制に反対であった姿勢を、即座にあらため、呑むことにしたのである。その原稿に百二十点、という点数までつけた。

石破のところにも、その話は伝わってきた。が、このままにしておくと小選挙区制導入に反対の議員が何を吹き込むかわかりはしない。そこで、石破は、渡辺に直接会うことにしたのである。

渡辺は、ちょうど石破の書いた原稿に赤線を引いているところであった。

渡辺は、石破の顔を見るなり言った。

「いやあ、この通りに言えばいい。やってますよ」

渡辺は、七月二十六日、小選挙区比例代表並立制を呑むと発表した。

七月二十九日夜、石破は、渡辺派の会長室をのぞいた。渡辺をはじめ派閥幹部が、票読みをしていた。

総裁選には、河野洋平官房長官が名乗りをあげた。

渡辺と河野の一騎打ちとなった。同じ宏池会で河野とライバル関係にある加藤紘一ら反河野派の票も渡辺に集まるのではないか、という意見も出た。

渡辺は、石破に声高に叫んだ。

「おい、おめぇ、勝てっかもしんねえぞ！」

渡辺は、自分は勝てるのではないか、と最後まで、そう信じていた。

その後、石破は、伊吹らとともに票読みをした。四〇票差で渡辺が負ける、ということでまとまった。が、読みには、石破も自信はなかった。

ただ、勝つためには、明日の午前中までに二〇票ひっくり返さなければならなかった。一番痛かったのは、二十九日の午前中に後藤田正晴が河野の後押しをしたことであった。

七月三十日、自民党総裁選の投票がおこなわれた。その結果、渡辺は、一五九票を獲得した。新総裁に就任した河野が、二〇八票である。わずか四九票差で敗れさった。しかし、河野は、総裁にはなれても、総理にはなれなかった。なぜなら、前日二十九日、過半数の勢力を持つ非自民七党一会派が日本新党の細川護熙代表を首班指名候補として推すことを決めていたからである。

自民党を離党

平成五年十一月十八日午後一時、衆議院本会議が開会された。

自民党提出の政治改革関連五法案を自民党などの賛成二二五票、連立与党、共産党などの反対二七八票で否決。つづいて政府案を修正した政治改革関連四法案を連立与党などの賛成二七六票で可決された。

自民党から政府案に賛成した議員は、石破をふくめ一三人であった。

十一月二十四日午後、自民党は党本部で党紀委員会をひらいた。党議に反した一三人の処分を諮った。一三人に弁明書の提出を求めたうえで、二十六日に再度、委員会をひらくことを決めた。石破は、なぜ自分たちが処分されなければならないのか、おおいに疑問を抱いていた。

〈政府案に賛成したのは党議違反だとおっしゃるが、政治改革を今国会で実現させるというのもまた党議決定ではなかったか〉

もっと遡れば、平成元年六月にできた政治改革大綱は、党議決定ではなかったのか。この政府案は政治改革大綱の選挙制度改革案に比べ、それほど、恥じた法案なのか。海部内閣のときにまとめあげた政府案は、政治改革大綱に則ってできたものだ。この政府案は、あの海部内閣時の法案と類似しているではないか。今国会で政治改革を実現させるという党議決定がある以上、われわれこそ正しい行動を取ったのではないか。石破は、さっそく、そんな思いを弁明書に綴った。

十一月二十六日、二度目の党紀委員会がひらかれた。新井将敬をのぞく一二人が提出した弁明書が読み上げられたうえで、議論に入った。その結果、党として団結していく以上、処分はやむをえないとの意見が多数をしめ、三十日に最終結論を出す方針を固めた。

十一月三十日、党紀委員会がひらかれ、十三人に対する処分が検討された。出席者は、十三人の名がずらりと書かれたペーパーに、一番、罪の重い順にA、B、Cの三段階方式で無記名投票をおこなった。石破と笹川堯は、宮沢内閣不信任案に賛成したこともあり、党除名に次いで重い、三年間の役職停止処分が下された。石破は、激しい怒りをおぼえた。

〈宮沢内閣不信任案の処分については、総選挙で自民党の公認をえられなかったことで済んでいるではないか〉

無所属候補として当選してきたことで終わっているはずだ。それなのに、不信任案に賛成したから今回の処分も重いというのはどういうことなのか。除名なら、まだ、はっきりしていい。しかし、除名すれば勲章となり、英雄をつくってしまう。だから、飼い殺しという処分をとったのであろう。そもそも、なぜ、無記名なのか。じつに卑劣な手だ。なぜ、世間に対し、自分はこう思っていると明らかにしないんだ。自分らを除名にしろと堂々というと、世間から嫌な奴だと思われる。それが怖くて無記名にしたんだろう。自民党は、なぜ、これほど陰湿な党になってしまったんだ。

石破は、再弁明書を携えて、党本部に出向いた。河野総裁、森喜朗幹事長は、あからさまに不愉快そうな表情を浮かべた。

「おれたちが、こんなに苦労しているのに、おまえたちはなにを勝手なことをしているんだ。これだけ苦労してまとめようとしているのに、少しもわかっていない」

そういう表情が、ありありとうかがえる。

河野が、甲高い声をあげた。

「石破君、あなたがちょくちょく発言なさっていることに対し、わたしがどれだけ神経を尖らせて聞いているのか、まったくわかっていないんですか」

石破は内心思った。

〈あなたのリーダーシップがないから、自民党がまとまりきらないんじゃないか〉

その後、総務会がひらかれた。

石破、笹川の二人は、役職停止三年間が確定した。

連立与党は、十二月十四日、翌十五日で切れる国会の会期を平成六年一月二十九日までの四五日間延長する方針を決めた。ただちに衆参両院議長に申し入れた。

だが、自民党執行部はこれに反発。本会議をボイコットする方針を決めた。

石破は、メンバーに名を連ねているものの、対応を協議した。

「改革議連」は、さっそく会合をひらき、〝新生党から送りこまれた破壊工作員〟というレッテルを貼られている。そのため、これまで極力発言を避けていた。

しかし、このままでは政治改革法案が廃案になってしまう。石破は、意を決して発言を求めた。

「会期を延長しなければ、法案は廃案になってしまいます。延長しないということは、即ち法案を葬りさることになるんですよ。改革議連は、八月の段階で、年内に政治改革法案の成立をはかることが目的だと、はっきり明示しているではないですか。よもやそのことをお忘れではないでしょうね」

石破は、一言一言を噛み締めるようにつづけた。

「もしここで、『延長しなくてもいい。それでも細川内閣の責任を問わない』となれば、大変なことになりますよ。細川総理は、会期延長は重大な失点であるにも拘らず、延長させてほしいと言っています。それができなければ、責任を取るとまでいっているではないですか。自民党が会期延長を呑めば、自民党の主張を無碍にできない最高の場面がつくれるじゃないですか。なぜ、それを放棄するんですか！　延長すら応じないというなら、自民党は今後、発言するチャンス、そして権利を失うことになりはしませんか。

『おまえらは、会期の延長を反対したじゃないか』と必ずあげ足を取られることになります。それでも、よろしいんですか」

石破は、さらに訴えつづけた。

「ここは、会期延長に賛成すべきです。本会議ボイコットなど、もってのほかです。それでは、議員の職場放棄じゃないですか。いま国民は、この改革議連しか期待していないんです。海部会長以下、みんながそろって本会議で賛成することが、政治改革の正否を左右するのではないですか」

だが、この石破の訴えに、だれ一人として賛同してくれるものはいなかった。石破は、ひどく虚脱感をおぼえた。

翌十五日、ふたたび党本部で「改革議連」の会合がもたれた。中川秀直が発言を求め、昨日の石破とまったく同じ意見を主張した。その様子を腕組みをしながらじっと耳を傾けていた海部が、あいさつに立った。

「改革議連の目的は、今国会で政治改革を実現させることです。本会議ボイコットなど、とんでもありません」

なんと、石破の意見に同調してくれたのである。そうこうするうちに、執行部の方針に反して本会議に出席することを決議しようということになった。

石破はうれしかった。

〈自民党も、なかなか捨てたもんじゃないな……〉

だが、石破のそんな思いも、一瞬にして吹き飛ばされた。改革議連に所属する北川正恭副幹事長、今津寛国対副委員長が、その決議に待ったをかけたのである。

「それでは、自民党が分裂する」

すると、さきほどまであれほど盛り上がっていた気運が嘘のように引いていった。海部も、決議することを取り止めてしまった。石破は、その瞬間、政治改革推進派の居城といわれた改革議連を見限った。総選挙のときには、『祈必勝自民党総裁宮沢喜一』よりも、『祈必勝改革議連会長海部俊樹』の必勝ビラのほうが、はるかに値打ちがあった。党内には、「改革議連」に入っておけば、何かの魔除の札になるだろうといった程度の議員もたくさんいた。しょせん、改革議連の正体は、こんなものだったのである。

石破は、虚しさをおぼえた。

〈巷間言われるように、小沢さんが海部さんを見限ったというのは、こういうことなんだろうか……〉

十一月十五日におこなわれた細川と河野のトップ会談決裂後、総務会にもどってきた河野は、慎重派の議員から、「よくぞ蹴っ飛ばしてきた」と万雷の拍手を受けたという。

しかし、政治改革法案をまとめなければ自民党が崩壊するという信念があれば、総裁の座をクビにされようが、慎重派の議員になじられようが、妥協すべきではなかったのか。

十二月十五日、連立与党の賛成多数で会期延長が議決された。自民党執行部は、本会議ボイコットの方針をとったが、石破、西岡武夫、笹川堯、大石正光の四人が出席し、会期延長に賛成した。

翌十六日、石破、大石、笹川の三人は、離党届を提出した。八日後の二十二日、党執行部は離党届を受理した。

石破は、決意を新たにした。

〈自民党にこだわりがないといえば嘘になる。しかし、宮沢内閣を信任することは絶対にできなかった。政府案に反対することも、会期延長に反対することもできない。自民党にとってよかれと思ってやってきたことが、ことごとく自民党によって否定されてきた。これ以上、自分がベストを尽くしても党はよくならない。残念だが、仕方がなかった〉

短命に終わった羽田内閣

平成六年四月二十五日、衆参両院の本会議で新生党党首の羽田孜が首班に指名された。石破はうれしかった。自民党を離党した石破は、政治改革行脚をともにし、いつの日にか総理大臣に……と惚れ込み、四月二十日に新生党入りしたほど羽田に肩入れしていた。

〈良かった……〉

だが、羽田政権は長くは続かなかった。統一会派「改新」騒動で社会党が連立政権を離脱し、羽田政権は少数政権に追い込まれてしまったのである。

会期末を六日後に控えた六月二十三日午後九時から、総理官邸で羽田は社会党の村山富市委員長と会談をおこなった。村山は、羽田に総辞職を要求した。

六月二十五日午前十一時二十分、羽田総理は、記者会見で内閣総辞職を表明した。

六月二十九日、首班指名選挙がおこなわれ、自社さきがけの推す社会党の村山委員長が首班に指名された。

石破は、その後、新生党、公明党、日本新党、民社党などが結集し、十二月十日に結成された新進党に参加する。

新進党党首選

平成七年十二月、野党となった新進党の党首選がおこなわれることになった。平成六年暮れの党首選に次ぐ二度目の党首選であった。前回、海部俊樹に敗れた羽田孜が、今回も立候補した。羽田孜を担ごうとしていた石破茂は、党首選について、こう思っていた。

〈投票総数は、百万票くらいだろう。できれば、自民党総裁選の投票総数を上回りたい。そのうち、羽田さんは五十五万から六十万票取れれば勝てる〉

後援会の基盤を考えれば、断然、羽田陣営が有利であった。

ところが、選挙中盤に入ると、雲行きが怪しくなった。当初予想されていた海部でなく、小沢一郎が立候補したことで、投票総数が百万票を軽く突破する勢いになってきたのである。危機感をおぼえた石破は、強く主張した。

「各議員にノルマを課すべきではないでしょうか。強権的といわれるかもしれないが、個々の議員を呼び、何万票集めたかをチェックして積み上げないと勝てません」

しかし、羽田陣営は、旧新生党、旧日本新党の混成軍である。旧日本新党出身議員は、ノルマを課されることを嫌った。それでも、石井一が孤軍奮闘し、船田元と二人で各議員をチェックしていった。

羽田陣営は、当初から小沢陣営に後れをとっていた。

小沢陣営は、早い段階で「百万人を突破した」と陣営名簿を発表した。が、羽田陣営は、なかなか陣営名簿を発表できずにいた。なにしろ、小沢陣営には、小沢幹事長をはじめ、二階俊博選対局長、藤井裕久財務局長がいる。そのため、羽田に好意を寄せていても、態度を鮮明にするのが怖いという議員が多かった。かれらを説得するのに四、五日も費やさざるをえなかった。

投票の結果、石破が当初予想したとおり羽田は約五七万票を集めた。しかし、小沢はそのはるか上をいき、なんと一一二万票あまりを集めて当選した。

その夜、羽田陣営の幹部が顔をそろえた。すでに、小沢の当選は決まっていた。だれからともなく、羽田グループを結成することが決まった。が、石破は思った。

〈平成六年暮れ、平成七年暮れと二度も党首選で敗れた羽田は、もう党首になる目はほとんどなくなった……〉

正直いって石破自身も、ひどく疲れていた。しかし、どうしても本人がもう一度チャレンジしたいというのであれば、負け戦を覚悟で支援せねばなるまい。

新進党、離党

平成八年九月、衆議院の解散がささやかれているなか、石破茂は、毎日のように頭を痛めていた。石破は、新進党が公約として掲げようとしている「二十一世紀まで消費税率三パーセント据え置き」を、どうしても容認することができなかった。

〈空理空論で、選挙対策の人気とりでしかない。二十一世紀まで消費税率を上げないなどということは、とても政治家の良心として有権者に主張できない。そんなことをしたら、国が絶対に潰れる〉

石破は、そのことは党税制調査会の席でもはっきりと主張していた。税制調査会は、週に一回程度おこなわれ、参加者は、多いときで三十人、少ないときで十人ほどしか集まらなかった。

「わたしは、どうしても納得いきません。二十一世紀まで消費税率を据え置くということが、どうして決まったのか。二十一世紀まで三％据え置きにしたとき、直間比率はどうなるのか。二四〇兆円もの国債は、どうやって返すのでしょう。景気は、どうなるのか。金利だって、いまみたいに〇・五％がつづくわけではない。金利が上昇すれば、利払いだってものすごく増える。そういう場合は、どうするおつもりなのか。きちんと説明してもらわないと、とても選挙区で話ができません」

石破は、「消費税率一〇％」や「憲法改正」など、国民の嫌がることを、あえて言おうという小沢一郎の姿勢にたまらない魅力を感じていた。それこそが新生党のやろうとする政治なんだ、という主張に魅かれて新生党に参画した。ところが、小沢は、三％据え置きを認めてしまった。石破は、小沢に失望した。ついに、離党の意志を固めた。思い悩んだ末の結論であった。

〈これまで、政党政治、政策による政権選択といってきた以上、自分の党の政策に納得できない、政策を有権者に語れないとするならば、その党から出馬してはいけない。わたしの公約は、すなわち新進党の公約であるということでなければ、小選挙区制にした意味がない〉

衆議院解散の九月二十七日朝、石破は、午前十一時に全共連ビル内にある羽田の個人事務所で面会することになった。石破は、前夜から一睡もしていなかった。離党を前にして、熟睡できるほど図太い神経をもちあわせていなかった。

午前十時過ぎ、ふいに電話がかかってきた。電話の主は、羽田本人であった。

石破は、しんみりとした口調で言った。

「じつは、わたしには、どうしても有権者のみなさんに、『消費税は三％に据え置きます。小沢党首を総理にしてください』とは言えない。だとしたら、新進党の公認候補として出馬してはいけないのではないかと考えています。大変申しわけないのですが、今日離党届を提出します」

十一時から、石破は、羽田と会い話しあった。

石破は、羽田に慰留されたが、首を縦に振らなかった。

羽田は、ぽつりと言った。

「おまえの気持ちは、もう動きそうにもないな。仕方ない……」

正午過ぎ、衆議院本会議がひらかれ、衆議院が解散された。十月八日公示――二十日投票の第四十一回総選挙に向けた選挙戦がスタートした。

石破は、西岡武夫幹事長に電話を入れ、離党の意向を伝えた。

「党と自らの政策の違いが大きいので、離党させていただきます」

最終便で地元の選挙区に帰った石破は、支持者から責められた。

「我々は、これまで新進党が好きだから代議士を応援してきたわけじゃない。代議士が好きだから、新進党を応援してきたんだ。自民党を離党したときだって、みんなから叱られながら、応援してきた。『石破がいるから、新進党に票を入れてほしい』と呼びかけてきた。それなのに、なぜなんの説明もなく、いきなり離党するんだ！」

石破は、事前に離党の決意を後援会に伝えていなかった。相談すれば、反対されるに決まっていると考えていたからだ。

石破は、町村の後援会ごとに離党の釈明をして歩いた。これまで熱心に応援してきてくれた支持者ほど怒りをあらわにしていた。なかには、殺気だっている支持者もいた。

「相談もなしに決めるなんて、ひどいじゃないか。小選挙区制で政党政治といっていたおまえが、なんで無所属なんだ。こんな矛盾がどこにある。後援会は、解散だ！」

石破は観念した。

〈たしかにそのとおりだ。殺されても仕方がないな〉

それでも、理解を求める努力はつづけた。

「わたしが、小選挙区制導入を推進したきっかけは、平成二年の消費税選挙でした。自民党でありながら、消費税反対、といって当選し、当選後は、言ったことをコロリと変えてしまう人がいた。中選挙区では、三人も四人も自民党から立候補します。だから、好き勝手なことを言わないと当選できない。それで、許されていた。しかし、一人区の小選挙区では、党の方針と違うことを主張したら、機能しなくなる。わたしは、絶対に二十一世紀まで消費税三％据え置きなどとは言えなかった。次の世代に、負担を残してはいけないんです。それに、わたしは、集団的自衛権行使は合憲であり、それを使うか使わないかは主権者たる国民が判断するべきだと思っています。新進党公認では、それが主張できないんです。党の政策と違うことをいって選挙することは、自己否定になってしまう。ですから、新進党を離党しました」

釈明をして歩いたことで、公示三日前には、ようやく選挙ができるという目処がたった。

鳥取一区からは、四人が立候補した。社民党の知久馬二三子、共産党の岩永尚之、新社会党の山田篤、そして無所属となった石破である。自民党の平林が単独比例区にまわったことで、石破の勝利は揺るぎないものになっていた。

だが、宮沢内閣不信任案に賛成し、自民党を離党して無所属で出馬した三年前の選挙に比べると有権者の反応には雲泥の差があった。三年前は、いわばヒーロー的な感覚で、どこにいっても有権者に温かく迎えられた。が、今回は他に入れる候補がいないから仕方がない、という冷ややかな反応であった。

石破は思った。

〈わたしのなかでは、論旨は一貫しているつもりだ。ただ、自民党が社会党と連立を組んだり、新進党が突然消費税三パーセント据え置きなどと言ってみたり、まわりがあまりにも変わっていく。だから、筋の通ったことを言おうと思うと、あっちにいられない、こっちにもいられない、となってしまう。しかし、有権者の眼には、自民党を出たり、新進党を出たり、石破はひどい奴だ、という印象に映る。やむをえないことだ〉

十月二十日の総選挙の結果、石破は、九万四一四七票を獲得し、圧勝した。二位との差は、じつに六万五〇〇〇票あまりであった。

十月三十日、石破は、無所属で当選した船田元、新井将敬、望月義夫、土屋品子とともに院内会派「21世紀」を結成した。

石破は、翌年の平成九年の三月に自民党に復党した。この時期、政党を渡り歩いた政治家は多い。なかには政権与党や時の権力者にすり寄るためだけに離党を繰り返す輩もいる。だが、石破はそれらの議員とは決定的に異なっている。「憲法改正」という自らの核になる政策を実現するためには、党を変わらざるを得なかったのだ。

鴨下一郎の予感

石破派の「水月会」の会長代理であり医学博士の鴨下一郎は、平成五年七月十八日の衆院選で、日本新党公認で旧東京十区から出馬し、公明党の山口那津男に次ぐ二位で初当選した。

その年十二月十日、新進党結党に参加した鴨下は、この時から石破との付き合いが始まった。

平成九年七月に新進党を離党した鴨下は、この年の十二月に自民党に入党。自民党に復党した石破茂と合流した。

鴨下と石破は、同じ新進党という縁でつながりがあったため、「同じ派閥に行きましょう」という話になった。そこに、やはり同じ新進党の小坂憲次と伊藤達也も加わって、四人で平成研究会（旧経世会、小渕派）へ参加。ここから鴨下一郎は、石破と濃い繋がりを持つようになる。

鴨下は、この頃から漠然と思っていた。

〈石破さんは、いずれ自民党のリーダーの一人になるだろう〉

が、当時の平成研究会には、小渕内閣で内閣官房副長官に起用された額賀福志郎や、石破とほぼ同期の将来有望な議員たちが何人も揃っていた。その中で石破が頭角を現すのは大変なことである。鴨下がひいき目に見ても、石破がトップになれるという確信はこのときにはまだなかった。

鴨下は、石破に言った。

「お互いに、助け合ってやっていきましょう」


石破らと平成研究会に加わった伊藤達也は、この間細川連立政権を支える与党の一人として、政治改革関連四法案の成立にむけて力を尽くした。伊藤は、野に下った新進党に所属。平成八年十月、はじめて小選挙区制度を導入した総選挙で東京二十二区から出馬。再選を果たした。

が、平成九年七月には、新進党を離党。無所属クラブを経て平成十年一月に民政党に属したものの、この年四月二十七日に民政党が二大政党制の一翼を担うために結成した民主党には参加しなかった。民主党には、同じ選挙区で雌雄を決しなければならない山花貞夫がいるからであった。

そのような伊藤に、自民党の有力議員二人が入党の誘いをかけてきた。梶山静六と橋本龍太郎であった。伊藤は、二人の説得を受け、平成十年七月、自民党に入党し、平成研に入会した。自民党に復党していた石破も、平成研に所属していた。

伊藤は、石破に連れられ酒を飲みにいき、カラオケで石破の好きなキャンディーズの曲をいっしょに歌うこともあった。そのようなことを通じ、伊藤より四歳年上の石破は、伊藤にとっては兄のような存在となっていった。石破を中心として、小坂憲次ら、のちに石破を支えるメンバーとも親しくなった。

第四章　初入閣　防衛庁長官に就任

防衛庁総括政務次官に就任

石破は、平成十二年十二月に防衛庁総括政務次官に就任した。総括政務次官とは、平成十三年におこなわれた中央省庁再編にさきがけて置かれたポストだ。省庁再編で政務次官ポストは廃止され、副大臣に移行する。第二次森改造内閣の政務次官は一カ月後、副大臣になることが決まっていた。このため、従来の政務次官より権限の強い「総括政務次官」とされたのだ。

石破の防衛総括政務次官就任は、本人の強い希望によるものだった。安全保障政策に一家言を持つと目されてきた石破にとって、防衛庁での仕事は願ってもないことだった。

石破が軍事や兵器に興味を持ち始めたのは、少年時代のことだった。もともと乗り物や機械が好きだった石破少年は、やがて戦艦のプラスチックモデルを好んで組み立てるようになる。当時の少年雑誌では頻繁に戦記物語や戦記マンガが掲載されていた。

鳥取大学付属小学校五年生のときには、県内の陸上自衛隊・航空自衛隊を見学した。六年生のときには「体験航海」に参加している。当時の海自の最新鋭護衛艦「やまぐも」に乗り込み、半年をかけて境港市から舞鶴市までを航行した。石破はこのような体験航海を今でもおこなうべきだと考えることもある。だが、訓練のスケジュールを考慮すれば、現実的とはいえないようだ。

「やまぐも」に乗った石破少年は、大きな感動を覚えていた。

〈日本も、とうとうほかの国に伍するような船を持つことができたんだな〉

「やまぐも」型の対潜護衛艦は昭和四十一年から五十三年にかけて建造された。それまでの護衛艦の装備は、第二次世界大戦当時の水準にとどまっていた。「やまぐも」は当時の世界的一級の兵装を実現した自衛隊初の艦船として登場したのだ。石破少年はそのことを知っていた。

その後、中学、高校を卒業し、慶應義塾大学法学部に学び、三井銀行に入行する。石破の頭の中に常に国防のことがあったわけではなかった。

ただ、石破の父・二朗は防衛と奇妙な縁で結ばれていた。二朗は、内務官僚でのちに建設事務次官を経て鳥取県知事、参議院議員、自治大臣、国家公安委員会委員長などを歴任している。戦時中は陸軍司政官としてスマトラに赴任している。当時のスマトラは日本軍による軍政が敷かれていた。二朗は軍に籍を置いてはいたものの、行政官として実務にあたっていた。

戦後は官僚として自衛隊の前身である「警察予備隊」の創設に深く関わった。警察予備隊は昭和二十五年、連合国軍最高司令官総司令部（GHQ）の政令で作られた組織だ。「警察」という名はついているものの、小銃や戦車などの装備を持ち、実態は限りなく「軍隊」に近い。

日本は終戦とともにGHQによって武装解除された。昭和二十一年に公布された新憲法には「戦力不保持」が謳われている。しかし、昭和二十五年に起きた朝鮮戦争で状況は一変する。在日米軍の大半は朝鮮半島に出動。日本国内の治安を守り、警察力の不足を補う目的で警察予備隊を作れとマッカーサーが指示したのだ。当時の時代情勢から、共産主義革命をおそれたとの見方もある。

予備隊創設の実務にあたったのは、石破二朗たち、内務官僚だった。彼らのほとんどは戦時中の軍部の横暴に嫌悪感を抱いていた。警察庁長官から政治家となった後藤田正晴はその典型といわれている。二朗もその一人だった。彼らが作った警察予備隊の性格がかなり抑制的になったのも無理はない。あくまでも軍隊ではない、という位置づけだったからということもある。

二朗は息子・茂に自分の政治信条について語ることはほとんどなかった。「戦争反対」とも「戦争賛成」とも言わない。まったく話さなかったのは今から考えると不思議だと思うこともある。中学一年のころ、吉村昭の『零式戦闘機』を「読め」と薦められたことがある。石破はあまりに面白い本だったので、二晩ほどで読み終えた。今度はやはり吉村昭の『戦艦武蔵』を買ってきた。特に感想を聞かれた覚えもないし、内容を二人で語り合った記憶もない。その後、『諸君』や『正論』といった右派オピニオン誌を、「こういう考え方もある。読んでみろ」と渡されたこともあった。このときも自分の価値観については一切語らなかった。

石破はこうした父の背中を見ながら、自分なりの戦争論や安全保障観を培っていった。まさかそれを仕事にすることになるとは思いもよらなかった。

石破の大臣観

平成十二年十二月、石破防衛総括政務次官の上司である防衛庁長官は斉藤斗志二は、昭和六十一年当選で、石破とは同期だが、離党を経験していない分、斉藤のほうが出世は早かった。

副大臣並みの権限を持つ総括政務次官とはいえ、国務大臣とは仕事の性格がまったく違う。石破がかねて思い描いていたような政策に直接触れるのはなかなか難しかった。

森内閣にとって安全保障がメインテーマでなかったことも大きい。平成十二年といえば、生保や流通の大手企業の破綻が相次ぎ、東証株価も史上五番目の急落を記録するなど、長期不況の真っただ中。政治は景気対策をはじめとする経済政策に力を割かざるを得ない時期だった。

政務次官時代を振り返って、石破には二つの思い出がある。

一つは、平成十三年一月、通常国会の施政方針演説で「有事法制の検討開始」を明言したことだ。この発言を現実のものにするにあたっては、石破も陰ながら尽力している。国民世論からすれば、決して人気があったとはいえない森内閣だが、石破はこの演説はもっと評価されていいと感じている。

もう一つは、やや細かい政策論だ。平成十二年末の予算編成で「空中給油機」を計上しようと石破は方々を説明に駆け回っていた。今まで何度もトライしてきたが、実現していない。石破には「何としても自分の手で」という強い思いがあった。

石破の防衛政務次官・副長官としての在任期間はわずか五カ月にすぎない。森内閣が支持率低迷を続け退陣。熱狂の中、小泉純一郎総理が誕生するまでの間だ。政策的に「あれをやった」「これをやった」と誇れるほどのこともない。ただ、外から見た防衛庁と中に入って見る防衛庁の像がまったく違うことはよくわかった。

得意の安全保障政策を生かせる政務次官を経験したことで、「次は長官」という気持ちが強まったことも事実だ。だが、いきなり大臣になっても力は発揮できない。担当する役所はどんなところで、どんなスタッフがいて、権力構造はどうなっているか。そうしたことが頭に入っていてこそ大臣が務まるのではないか。副長官の五カ月が長官としての二年間を支えたと石破は今でも確信している。

石破の大臣観は自民党議員の中でもかなり特殊だ。当選一回だろうが、十回だろうが、「大臣をやってみたい人、手を挙げて」で挙げさせればいい、という。手を挙げた人間は総理の前で十分間、担当省庁の現状の問題点とその解決策を話す。これで十分間語れないような人物は大臣になるべきではない——これが石破の大臣論である。以前の自民党では年功序列人事がまかり通っていた。「当選五回」を迎えた所属衆議院議員は、無条件に大臣の椅子に座れたのだ。それを考えれば、時代は少しずつ石破の考えに近づいているのかもしれない。

石破は日本の官僚の実力を条件つきで高く評価している。「条件」とは、前例があり、法律がすでにある案件については、というものだ。前例がなく、法律もまだない分野では官僚は驚くほど無力だ。

冷戦体制崩壊後の世界は、まさに前例のない事案にあふれている。法律にしても、縦割りで個々の法律だけを見ていればいい時代ではない。法を一つの体系としてとらえる発想が欠かせないのだ。

防衛関連の例でいうと、テロ特措法をつくるとしよう。自衛隊法、日米安全保障条約、日米地位協定、防衛庁設置法、警察官職務執行法、ＰＫＯ法、周辺事態法。少なくともこの七つの法律・条約を理解していないと、特措法の条文は書けない。こうした知識を十分に準備していないと、防衛大臣はとても務まらない。官僚の言いなりになるのが落ちだ。大臣を一年から二年の期間、全うしようと思えば、相当な準備期間が必要になるというのが、石破の考えだ。

石破は、平成十三年一月から四月までの四カ月間、防衛庁副長官をつとめる。

拉致議連初代会長に

石破は平成十四年四月、「北朝鮮に拉致された日本人救出をめざす超党派の議員連盟（略称・拉致議連）」の発足とともに初代会長に就任した。安倍晋三のすすめにしたがっての決断だった。安倍は当時、官房副長官として小泉内閣を支えていた。北朝鮮による日本人拉致問題には強い関心を持っていたものの、立場上、表立った活動は控える必要があった。

拉致問題解決をテーマとする議員連盟の歴史は、平成九年四月、「北朝鮮拉致疑惑救援議員連盟」（旧拉致議連）の結成により始まっている。会長は自民党の中山正暉衆議院議員。だが、旧拉致議連は北朝鮮に対し融和的な対応をしなければならないと考えるメンバーが一部にふくまれていたといわれている。旧拉致議連の活動で中核的な活動をしていた議員は米田健三をはじめ、安倍シンパとみられる人物が多かった。彼らも安倍の意向とは異なる旧議連の体質に不満を抱いていたといわれている。旧拉致議連を一度解散し、再スタートを切ろうとする機運が高まり、新拉致議連の結成につながった。

石破は政治家として拉致問題に強い関心はあったが、旧議連で中枢を占めていたわけではない。だが、ある日、米田から会長就任の要請を受けた。

「あんたに会長をぜひやってもらいたい」

「誰が、そんなことを言ってんの？」

石破は思わず問いかけた。あまりに唐突な申し出だったからだ。

「安倍官房副長官だよ」

自民党のなかでも拉致問題への取り組みでは最も積極的とみられる安倍が自分に新議連の会長を要請している。石破の脳裏には新たな疑問がすぐに浮かんだ。

「なんで、わたしが会長なの？」

米田の回答はまたも明確だった。石破が会長にふさわしいと考える理由には三つあるという。一つは、「ある程度の当選回数があること」。石破は当時、衆院当選五回だった。

次に、「安全保障政策に知識があること」。石破は、平成十二年七月から防衛庁統括政務次官、翌年一月からは防衛庁副長官を務めている。自民党防衛族の実力者の一人だ。

三番目は、「あまり右だと思われていないこと」。石破は防衛問題に一家言はあるものの、保守政治家の最右翼ともいえる対外強硬派とは異なる見解を持つ、ユニークな存在だ。総理の靖国神社参拝には否定的だし、満州事変以降の日本の戦争に「侵略」の面があったことは否定できないと認識している。米田が挙げた三つの条件を石破がすべて満たしているのは間違いない。

石破はこれまで安倍と特に親しかったわけではない。ほとんど初めての接点といってよかった。

石破は会長就任を受諾する。官房副長官からの要請とはいえ、よろこんで引き受けたわけではない。新議連が結成された平成十四年四月は、小泉純一郎総理の電撃的な第一回平壌訪問の約半年前。政府は拉致問題の解決には消極的な姿勢をとっていた。「拉致問題を政策課題として取り上げろ」という声は、与党のなかでさえ大きなものとはいえなかった。むしろ、拉致問題にのめり込むことは、出世を考えれば、得策ではないと思われていた。

石破は、腹をくくった。そのころは小泉内閣で閣僚を務めるはずがないと思っていた。何しろ平成十二年、小泉旋風が吹き荒れた自民党総裁選では石破は橋本龍太郎を推している。石破の地元である鳥取県連は、橋本の地元である岡山などとともに予備選で小泉が一位にならなかった少数派である。冷や飯を食わされることは覚悟していた。

「拉致問題に真剣に取り組んでみよう」

政治家という稼業は何が幸いするかわからないところがある。石破のこのときの決断と会長としての拉致問題解決への情熱が、平成十四年九月の内閣改造での防衛庁長官就任へとつながっていく。

石破が会長に就任したころ、拉致議連の活動はいたって地道なものだった。拉致問題を政府にいかにして理解してもらうか、国際社会に向けてどう広めていくか、それが当面の課題だった。

拉致問題を解説するパンフレットは自民党が一部つくったきり。ほかには宣伝の材料は何もない。議連のメンバーでお金を出し合い、そのパンフレットの英訳、フランス語訳、中国語訳をつくった。それらを手分けして、各国の駐日大使館に届ける。大使のアポイントメントをとり、必死で「ここが問題なんです」と訴えた。政府からは一銭の援助もない。議連に参加する政治家の完全な手弁当による活動だった。

最初は冷たい反応しかなかった。拉致問題の存在が当たり前のように受け止められている現在では想像しにくいが、当時の世相はそうだったのだ。

情勢が一変するのはその年、小泉総理の訪朝が発表されてからだ。九月十七日の日朝首脳会談で調印された「日朝平壌宣言」で北朝鮮政府は初めて拉致問題の事実を認め、謝罪する。拉致をめぐる世論は一気にヒートアップしていった。

拉致議連は今度はある意味で「火消し役」に回ることになる。拉致被害者の家族が、「政府の対応は生ぬるい」と感じ、当局との間に溝ができてしまってはまずい。この運動が「反政府運動」になっては、真の解決が遠のくばかりだ。石破ら議連メンバーは被害者家族のもとを訪れ、政府の対応を説明し、理解を求める努力を重ねた。

いっぽうで福田康夫官房長官には、「お願いですから、訪朝前に総理と家族を会わせてください」と要請した。だが、これは小泉の「北朝鮮に行く前に家族と会えば、心が乱れる」という鶴の一声で却下される。

〈大仕事を前に「情に流されずやりたい」という総理の心情はわかる。だが、「心が乱れる」という言い方はないんじゃないか。第一、これでは家族の納得が得られない〉

石破が小泉の決断を伝えると、家族は大変に怒った。当然のことだ。だが、ここが拉致議連会長のつらいところでもあり、踏ん張りどころでもある。政府と家族の一体感を損ねてはならない。石破は「政府は一生懸命やってます。どうか怒らないでください」と家族をなだめた。

官邸には拒絶され、家族には怒られ、思えば損な役回りだ。だが、これが拉致議連会長の仕事だと石破は信じていた。「北朝鮮から総理が戻られたら、家族とお会いになってください」と官邸に要請するのも忘れなかった。議連の働きかけもあり、これは実現する。

拉致議連の活動のなかで石破は北朝鮮という独裁国家と向き合うことになった。そこで得た経験はなにものにも代えがたい。防衛庁長官を務めるにあたっても、大きな影響を与えたことは間違いない。

とはいえ、石破は初めからバリバリの防衛族だったわけではない。石破の選挙区、鳥取一区は鳥取市を中心とする第一次産業がさかんな地域だ。石破の関心はもともと農林水産業振興にあった。

石破の見た北朝鮮

平成元年のリクルート事件後、永田町には「政治改革」の嵐が吹き荒れる。石破は若手を中心とする自民党改革派議員の急先鋒だった。その一方で平成四年末には農林水産政務次官になった。農水族としてのキャリアを順調に重ねていくかと思われた石破に、同じ年、転機が訪れる。

平成四年、自民・公明・社会の三党の超党派議員団が北朝鮮を訪問した。「金日成生誕八十年をお祝いに行こう」というのが趣旨だ。石井一を団長とし、野中広務、野田毅らも加わったそうそうたる顔ぶれだった。石破は自ら手を挙げ、一員に加わった。

石破は北朝鮮に親しい感情を持っていたわけではない。むしろ逆だった。子どものころ、石破が住む町には「怪しい人を見たら警察へ」という看板があった。大人たちからは「海の向こうに怖い国があるんだよ」と教えられた。密入国者の噂もよく聞いた。だが、「見もしないでよその国の悪口を言うのはおかしい」という気持ちが石破にはあった。金日成が好きなわけではない。それでもとにかくあの国を見てみたい――そんな動機で、「祝賀団」に加わったのだ。

初めて訪れた北朝鮮の印象は強烈だった。石破たちはまず十万人を収容する金日成競技場でマスゲームを見せられた。マスゲームと聞いて、「高校野球の応援団みたいなものか」と高をくくっていた石破の予想は大きく裏切られる。応援団の何倍もの統制と規模、精密さが議員団の目の前で展開していた。色鮮やかな「動画」によって、物語が繰り広げられる。日本で見るマスゲームとはまったく違うものだった。確かに兵隊が動き、ミサイルが飛び交う。

始まって三分ほどで、ようやくストーリーが理解できた。悪逆非道な日本軍を勇猛果敢で正義感あふれる金日成将軍がいかにして打ち破ったか。北朝鮮の建国神話だった。それをマスゲームで日本から来た議員団に見せるのだ。一行が辟易したのもうなずける。

石破は当時、当選二回ではあったが、バングラディシュやベトナムなどへの外遊の経験はあった。それらの発展途上国では、経済大国日本から来た政治家は大歓迎を受ける。飛行機のタラップを降りれば赤絨毯が敷かれていて、日の丸の小旗が振られる。そんな光景を当たり前のものとして受け止めていた。

北朝鮮ではすべてが違っていた。祝賀団が乗っていたのは、日本航空のチャーター機。だが、平壌の空港のメインゲートには止まらなかった。なんと一番端である。だれも迎えには来ない。メインゲートを使えるのは、国交のある国から来た飛行機だけなのだ。国交がありさえすれば、たとえアフリカの小国であろうと、歓迎を受ける。国歌が吹奏され、お互い抱き合う姿を石破は空港で目にした。新鮮な驚きとともに、石破はあらためて肝に銘じた。

〈そうか。ここは徹頭徹尾「反日」の国なんだな〉

北朝鮮で石破が得た貴重な経験はほかにもある。最も大きかったのは、二年後には死去した「動く金日成」を間近に見られたことだ。ただし、それが「本物」かどうかはだれにも証明できない。金日成には「影武者」説もあり、その出生にはあまりにも謎が多いからだ。石破が見た金日成からは少なくとも「凶暴な独裁者」の雰囲気は感じられなかった。

夜は大夜会が催される。オペラの上演がメインだ。お話はここでも勧善懲悪。極悪日本軍を正義の北朝鮮が懲らしめるという筋立てだ。いいかげん、うんざりしてくる。とはいえ、石破は感心してもいた。朝鮮民族の作劇のうまさに、だ。見る者の心の琴線に触れるような喜怒哀楽をちりばめた起承転結のはっきりした物語。それが叙情的なメロディーにうまく乗せて語られる。お話そのものは別にして、オペラといい、マスゲームといい、なかなかの腕前だ。

翌日は、工事現場の視察に出かけた。ダムやビルの建設や河川改修など、いくつかの現場をまわった。どこでも案内役は決まって、「日本人妻」だった。彼女たちのセリフはいつも同じだった。

「この工事は予定よりもはるかに早く完成しました。一人のけが人もいません。すべては偉大なる金日成将軍様のご指導のおかげです」

「日本人妻」とは、昭和三十四年から五十九年にかけて、「帰還事業」で日本から北朝鮮に渡った在日朝鮮人の妻のことだ。おそらく北朝鮮では身を守るために、祖国・日本のことを「民衆が堕落しきったとんでもない国だ」とでも言わざるを得ないのだろう。

その後、「少年宮殿」を訪れた。ここは一種の「英才教育センター」だ。国中から歌や踊りが上手だったり、暗算が得意だったりする子供を集めて英才教育を施している。

いくつかの部屋を見て回る仕組みだ。ある部屋では、十二歳くらいのかわいい女の子が二十人ほど踊っている。入っていくと、二十人全員が振り向いて同じ顔でほほ笑んだ。石破は、背筋に冷たいものを感じた。

〈これはマインドコントロールだな。何と恐ろしい国だろう〉

自分がいかに金日成に忠誠を誓っているかを示さなければ、どんな目にあうかわからない。石破が見た北朝鮮の実態は、「反日国家」「個人崇拝国家」であり、何よりも「マインドコントロール国家」であった。石破は政治家として価値観が逆転する思いを抱え、帰国した。

あとから考えてみれば、思い当たるふしはあった。平成十五年に韓国・大邱でユニバーシアード夏季大会がおこなわれた。このスポーツの祭典には北朝鮮も参加し、「美女軍団」もやってきた。全員が同じ表情、同じ作り笑顔の集団だ。彼女たちが乗り込んだバスがある地点を通りかかった。「美女軍団」は我先に飛び降りる。そこには「歓迎北朝鮮選手団」と書かれた金正日の肖像画入りの垂れ幕が木と木の間に掲げられていた。「おいたわしや、将軍様。こんな木に吊るされて」とばかりに、それまでニコニコだった軍団の面々は垂れ幕を引き下ろしにかかる。これもまたマインドコントロールだと石破は思う。

北朝鮮で見たこと、感じたことが、安全保障政策通としての石破の原点である。当初、石破の支持者たちはびっくりしたものだ。

「先生、どうしちゃったの？　今まで『農水』『農水』って言ってたのに、突然、『北朝鮮』って言い始めて」

あのとき訪朝していなければ、石破は今でも農林水産政策だけに熱心に取り組む議員でいたかもしれない。だが、石破は国防の専門家になったことを悔いてはいない。今となっては自分の認識が間違っていなかったと言える。

訪朝後、石破はある韓国人からこんな話を聞かされた。

「あの親父（金日成）の代のうちはまだいい。彼は少なくとも自分が神なんかじゃないってことを知ってる。北朝鮮の金王朝は事実上、ソ連の傀儡政権だ。金日成もソ連から送り込まれた人物で、実際は『金日成』なんて名前じゃない。どこの誰かもわからん男なんだよ」

金日成がソ連共産党から朝鮮半島に送り込まれた工作員ではないかという噂はあった。昭和二十年九月十九日、金日成は退却していたソ連から元山港に帰国した。帰国直後から、このとき姿を見せた人物は抗日パルチザンとして名を馳せた「金日成将軍」とは別人ではないか、という噂があった。風貌が歴戦の勇者にしてはあまりに若々しかったことがその理由と言われている。むろん、今では事の真偽を確かめることはできない。

韓国人の話に戻ろう。

「親父の金日成は、自分の正体を知ってるんだよ。だが、あのせがれは違う。生まれたときから『神の子だ』と周囲に言われて大きくなった。ひょっとすると、本人もそれを疑っていないんじゃないか」

石破はこの話に耳を傾けながら、訪朝のときに案内された「金正日様がお生まれになった家」を思い出していた。その家は北朝鮮の名山・白頭山の森の中にある。

それは不思議な光景だった。まるで映画のセットである。とんでもなく粗末な丸太小屋が石破たちの前に建っていた。金正日はこの家で生まれ、少年時代を過ごしたと公式には喧伝されている。だが、実際に金が生まれたのはソ連の極東地方の軍事教練キャンプだと言われている。

生家を訪れた際、石破は金正日生誕にまつわる伝説を聞かされた。これも奇怪な話だった。「金日成様がお生まれになったとき、天は輝き……」といった類のまさに伝説だ。石破にはキリスト生誕とモーセの十戒の話を足して二で割ったようにも思えた。

こうした経験から石破なりの北朝鮮観が形作られている。拉致議連会長を引き受けた際にも、「これは容易な相手じゃないな」という思いを強くしたものだ。

それはそうだろう。日本人を拉致した国のトップリーダーは生まれたときから「神の子」として育てられ、周囲の人間は何を命令されても従わなくてはならない。常にはべらせている「喜び組」は何かといえば歌い踊り、酒びたりの日々を送っている。事実とすれば、こんな環境に身を置いている人間がまっとうな判断を下せるはずがない。政治家として石破はそう考えていた。

十七年目の初入閣

拉致議連会長として政府と被害者家族の橋渡しの役割を懸命に務める日々のなか、自民党国会議員としては当たり前の出世欲は石破のなかからきれいに消えていた。

ところが、事態は意外な方向に転がっていく。小泉が日朝首脳会談から帰国しておよそ二週間後、第一次小泉内閣改造にともない、石破は防衛庁長官に就任した。昭和六十一年七月に衆院鳥取全県区（当時の衆院選は中選挙区制）から初当選して以来、議員生活十七年目にしての初入閣であった。入閣と同時に拉致議連会長を辞任。後任として中川昭一が新会長に収まった。

石破は、平成十四年九月三十日、総理官邸で、小泉総理に命じられた。

「石破さん、防衛庁長官をお願いします。有事法制をきちんと仕上げるようにしてください」

石破は、その瞬間思った。

〈えらいことになったなあ〉

小泉内閣にとって有事法制の成立は悲願に近い。防衛庁にとっても長年の懸案であった。昭和四十三年、第三次朝鮮戦争の勃発に備え、防衛庁内で極秘に有事法制の研究がおこなわれた。社会党の岡田春夫により、この事実が国会で暴露されると、事実を把握していなかった佐藤栄作総理は防戦一方となった。このときの防衛庁長官が小泉の父・純也である。結局、有事法制の研究自体は違法ではないとしながらも、早期の法制化は断念せざるを得ない結果となった。何やら因縁めいた話である。

平成十四年の通常国会で小泉内閣は有事法制関連法案を仕掛け、審議が始まった。当時の防衛庁長官は中谷元。石破は有事法制を審議する委員会の委員として、また自民党国防部会の幹部として法案のとりまとめにあたる立場にあった。石破は政府が出した法案に厳しい態度で臨んでいた。

「こんなものでは駄目だ。国民保護法制についてもっときちんと書かないと。確かに実際に北朝鮮が日本に攻めてくることもあるかもしれない。でも、今はテロやゲリラの時代だ。そういう攻撃から国民をどう保護するのかをもっと明確に書かなければ駄目だよ」

石破の見解は明確だった。場合によっては政府案を撤回し、法案を出し直す必要があるかもしれない。そこまで考えていた。

「党としてこの法案を出すことは了承する。だが、いろいろと問題の多い法案であることも認める」ということで一応の折り合いはつけた。野党は法案の問題点を次々に指摘し、国会での委員会審議は混乱を続けていた。

難航する委員会での論議のさなか、石破はある戦術を用いていた。政府側が野党の質問に対する答弁に窮したとき、野次ることで示唆するのだ。

野党の委員が質問する。

「こういう事態に陥ったら、どうするんですか？」

すると、石破がすかさず、

「そんなの自衛隊法〇条を適用するに決まってるじゃないか」

と野次を飛ばす。委員会ではこういうシーンが何度か繰り返された。小泉はあるいはこのときの石破のやり方を見ていたのかもしれない。

石破には今もって、なぜ自分が長官に任命されたかの理由はわからない。ただ、小泉が当時の自分を「使える」人材と踏んだのだろうとは思っている。小泉は政治家を才能で評価する人物だ。使えるうちは使う。用が済んだら捨てる。こういう小泉の姿勢を、「一国の宰相として立派な態度だ」と石破は評価している。

有事法制法案の審議が難航した理由を、石破はそもそも論で考えていた。「そもそもなぜこの法案が必要なのか」についての説明が決定的に不足し、理解されていなかったからだというのだ。根幹の部分の説明さえきちんとしていれば、あとは技術的な問題にすぎない。どんな質問がきたところで、法案と現行の法律が頭に入ってさえいれば、いくらでも答弁はできる。

だが、このときの政府の説明は明らかに不足していた。なぜこの法案が必要なのかについて充分な理解が得られないままの審議だから、野党の質問はどうしてもピンポイントで重箱の隅をつついてくる。そこで答弁が混乱する。これの繰り返しだった。

石破は自民党国防族きっての政策通である。有事法制が必要な理由についても明確な見解を持っていた。主に二つある。一つは、いざ有事が起こった際に自衛隊を迅速に動かさないといけないから。もう一つは、有事の際に民間人が戦場にいてはいけないからだ。

石破防衛庁長官は、平成十五年三月二十七日の衆議院安全保障委員会で「北朝鮮の脅威に対し、敵基地攻撃能力の保有を検討すべきだ」と主張する民主党の「次の内閣」安保担当の前原誠司の質問に対して、答弁した。

「昭和三十一年に、鳩山（一郎）総理が国会で答弁したように、他に取るべき手段がない場合、座して死を待つことが憲法の予定していることだとは、とうてい思われない。検討に値する」

そのうえで、日本が他国の攻撃を受けたとき、自衛隊は防衛に徹し、他国への「打撃力の行使」はアメリカに委ねる、という従来の政府方針を説明した。

いずれにしても、日本が自衛権の行使として敵基地を叩くということは法理上、可能である。石破は、これは、憲法に反するものでも何でもないと思っている。そして、アメリカに「打撃力の行使」を委ねているのであれば、常にアメリカのプレゼンスがこの地域にあるということの検証は必要ではないか。

この問題は、まったく検討せず、はなから思考停止的に「駄目だ」「駄目だ」という話ではない。ただし、仮に敵基地攻撃能力を保有するにしても、そう簡単なことではない。バスやトラックを購入するようなわけにはいかない。注文すれば、すぐに届くわけではない。敵基地を攻撃するには、相手国のレーダーサイトをすべて潰さないといけない。それでもまだ残っている可能性もあり、敵基地のレーダー波を避けて飛べる能力をもつ飛行機が必要だ。そして、敵基地を叩くためのミサイルも必要となる。なによりも、その攻撃に練達したパイロットが必要だ。

この四条件をそろえるのは、簡単なことではない。日本の防衛力は、それを前提としてつくられてはいない。そのためには、相当な年月、相当な費用がかかるということを理解したうえで発言しなければならない。

また、敵基地攻撃能力を保有しないという結論なら、アメリカとの信頼関係をきちんと築かなければならない。日本とアメリカは、ＡＣＳＡ（物品役務相互提供協定）を結んでいる。訓練のときには、物品・役務を提供することができる。ところが、当時はまだいざ有事が起こったときのＡＣＳＡは結んでいなかった。いうなれば、消防訓練のときには助けるが、いざ火事のときには何も手助けをしない、ということだ。このような状況で、いいのかどうか。

日本とアメリカの信頼関係をより高めていくには、「日本を守らなければアメリカの国益に反する」ということを確立していかなければならない。

小泉総理は、こう発言している。

「日本は、アメリカを信頼しています。しかし、アメリカに信頼される日本なのか、ということも大事なんです」

石破も、小泉総理の考えは当然のことだと思う。どの国も、自国の国益にならないのに、ほかの国を守ったりはしない。石破は思う。

〈日本がアメリカを信用するように、アメリカも日本を信用するという関係を構築していかなければならない〉

三月二十八日、日本初の偵察衛星となる情報収集のための光学衛星とレーダー衛星を搭載した大型ロケットＨ２Ａ５号機が種子島宇宙センターから打ち上げられた。しかし、この衛星では、仮に弾道ミサイルが発射されたとしても、それを確認することはできない。それには、赤外線の感知能力のある静止衛星が必要となる。だが、日本は、そのような衛星は持っていない。なにしろ、今回はじめて情報収集衛星を打ち上げたのだ。それに、静止衛星を持つことは、宇宙の平和利用決議に抵触するという意見もある。打ち上げるには、宇宙の平和利用決議の解釈を変えないといけない。

石破は、そこはきちんとした議論が必要だと思っている。ただし、国会決議は生きている。行政府が、それを尊重するのは当然のことだ。相手国の衛星をレーザービームで打ち落とす衛星となれば、たしかに攻撃的な利用である。が、防衛的にとどまる場合も、宇宙の平和利用の決議に反するとは言えない部分もあるはずだ。その議論は必要だと思う。

四月一日午前、北朝鮮は二月二十四日、三月十日につづいて黄海方面に向けて地対艦ミサイルを発射した。マスコミは報じた。

「韓国の新政権発足や米韓合同軍事訓練に合わせるようにおこなわれた過去二回と異なり、日本の情報収集衛星の打ち上げや、敵基地攻撃能力の保有を『検討に値する』とした石破長官の発言などを牽制する狙いがあると見られる」

石破は、苦笑いした。

〈別に、わたしの発言に反応したわけではないだろう〉

小泉政権での二年の長官生活

平成十六年九月二十七日の第二次小泉改造内閣発足まで、石破は、およそ二年間、防衛庁長官を続け、大野功統にバトンタッチする。長官離任にあたり石破は、課題を二点挙げた。

ひとつは、防衛参事官制度をふくむ組織の見直し。もう一つは、在日米軍再編における「抑止力の維持」の再検討だった。

防衛参事官とは、防衛政策について防衛庁長官に対して全体的かつ多面的に助言することを主務とする役職だ。それまで背広組のみ任用されてきたことに、制服組からをはじめとして疑問が呈されていた。

石破は、防衛参事官に各幕僚長を加える、あるいは、民間人を登用するなどの改革案を検討し、成案を得るよう指示した。つまり、制服組と背広組の縦割弊害の解消を狙ったのである。

石破が、自らにも課したもう一つの宿題は、米軍再編のプロセスにおいて「抑止力の維持」の内容を再検討することだった。

当時の日米間の懸案には、在日米軍再編にともなう「負担の軽減」と「抑止力の維持」があった。石破は、米側が防衛庁による「負担軽減」優先路線に懸念を抱いていることを憂慮していた。というのも、米当局者は、石破にこう不満を漏らしたことがあったからだ。

「日本は、負担の軽減ばかり言う。一番大事な抑止力を、どのように維持するかについては何も言わない」

その点では、石破は米国側の発想に同感だった。つまり、基地があることによる騒音などの「負担」は眼に見えるが、「抑止力」は見えない。「抑止」が利いている状態とは、一見なにも起こらない平和な状態である以上、その効果は眼に見えないわけである。

石破は、抑止力の中身を、「核抑止力」「通常兵力」「ミサイル防衛」「国民保護」と分類する。例えば、国民保護の面から、「抑止力」を突き詰めていくと、北欧や台湾、韓国のような核シェルター整備という選択肢もある。それらの国では、警報が鳴るや、十分以内にシェルターへ避難する訓練もする。この点について日本では、いかなる選択肢を採用するか明確ではない。

また石破は、「通常兵力」の充実も説く。なぜ米軍は、青森県の三沢基地にF－16戦闘機を配置しているのか、沖縄県の嘉手納基地にF－15戦闘機を配備しているのか。それはすべて戦略と戦術に基づいている。

これから自衛隊も、どの基地に、どの装備を、どれだけ配備すべきかについて、全体を通じた戦略が必要だ。日本側に確たる戦略があれば、こちらから米側に主張することができる。

石破は、防衛庁職員に対し、その共通認識に立ったうえで装備や兵力の「要・不要」や強化の議論をすべきだ、と言い残していた。

さらに石破は、長官時代すでに、「抑止」の要である装備品の「調達問題」にも切り込んでいた。そもそも装備品の価格なるものは一般的に知られていない。たとえば、F－15戦闘機一機が、およそ一〇〇億円、90式戦車が、一輛およそ八億円、イージス艦一隻が、およそ一二五〇億円である。高額な調達においては、それまでにも不正事件がいくつかあった。装備品に通暁する石破は、調達の仕組みを改善すべく、問題提起し続けていた。

「たとえば、なぜ、商社をかならず入れなければならないのですか？　直接買う方法もあるでしょう」

このような問題提起は、のちに大きな防衛省改革に結びついていくが、当時庁内に、石破の話に耳を傾ける者は少なかったという。

有事法制とイラクへの自衛隊派遣

小泉は石破を長官として二期にわたり起用した。一期目は有事法制を仕上げ、二期目はイラク戦争における自衛隊派遣を手掛けることになった。石破は有事法制を重視していた。有事のときに、民間人が戦場にいるような事態は絶対に避けなくてはならない。確実に避難させることが政治の役割だ。

太平洋戦争の沖縄戦では十万人もの民間人が戦場で命を失った。二度と過ちを繰り返してはならない。石破は有事法制を研究するうえで沖縄戦の文献もたくさん読んでいる。なぜ沖縄で数多くの民間人が死ななくてはならなかったのか。石破なりの理解はこうだ。

民間人を犠牲にしないためにはいち早く知らしめて、避難させることだ。だが、当時、沖縄の人たちはまず本土に行けなかった。そのための船がすべて沈められていたためだ。米軍は沖縄の南部から上陸して来ると予想されていた。ならば、次善の策として北方に逃げればいい。だが、これも実現しなかった。「兵隊さんといれば大丈夫だ」との判断から、なんと日本軍と行動をともにしてしまったのだ。

東京大空襲にしても、避難していたのは学童疎開の子どもたちだけ。全東京市民のわずか十五％にすぎない。女性や老人、病人といった非戦闘員はほとんど東京に残っていた。

石破は鳥取で過ごした少年時代、社会科の授業でこんなことを教わった思い出がある。広島に米軍は事前に爆撃する都市を予告する内容のビラを撒いた。だが、これらのビラは憲兵隊がすべて回収してしまい、一般の市民の目にふれることはなかったというのだ。実際に確認したわけではないが、鳥取には撒かれたビラの一部が今も残っている。石破はこれに近い状況があっただろうと考えている。

これらの事例はまさに当時の政府・軍部が有事法制とは何かがまったくわかっていなかった証拠だ。国の指導者がすべきなのはとにかく民間人を戦場に置かないこと。これがまったく徹底されていなかったことになる。

当時も有事法制的な法制度がなかったわけではない。例えば防空法など、民間人を避難させるための法律もあった。ただ、主管がどこにあるのかが曖昧だった。国民を避難させる主管官庁は内務省なのか、陸軍省なのか、ほかの役所なのかがはっきり規定されていなかったのだ。これではせっかくの法律もうまく機能しない。官僚がすることは当時も今も変わりはなく、事前にきちんと役割を明確化していなければ、権限争いが起きるだけだった。

戦争が終結したあと、占領軍によって「なぜこんなにも多くの非戦闘員が犠牲になったのか」を検証する調査がおこなわれた。占領軍にしてみれば、事前に警告は充分にした意識がある。それにもかかわらず、多くの国民が死亡したことを疑問に思ったらしい。「いくら日本の家屋が紙と木でできているといっても、ひどすぎる」というわけだ。ドイツの場合、日本よりも多くの爆弾が連合国によって投下されたが、一般の被害者数は日本とさして変わらない。この点も占領軍に疑問を抱かせた。

調査の結果は分厚い『戦略爆撃報告』としてまとめられた。ここに書かれていることは何か。「日本政府は防空法という法律があったにもかかわらず、その所管を明らかにせず、国民を保護する思想にまったく欠け、その結果、こんなたくさんの人が死んだのである」というのがその主旨だ。結果としてあれほど多くの民間人が犠牲となった。沖縄、東京、大阪、広島、長崎……その他の都市でもそうだ。こうした歴史への反省がある国なら、真っ先に有事法制を手がけるべきではないか。石破はそう考えた。

戦争の現場は日常とはまったく異なる。一種の狂気が支配する世界だ。そこに民間人がいれば、あるいは作戦に利用しようと考える将校がいても不思議ではない。そういう常軌を逸した世界に無辜の民を巻き込んではいけないからこそ、避難のための有事法制が必要なのだ。

いざ戦闘となれば、軍の目的は民間人を守ることではない。百％の力を発揮して敵を殲滅することだ。それ以外のことにかまう余裕はない。はっきり言えば、足手まといになるということだ。民間人の存在ゆえに軍が充分に戦えないようでは、犠牲者は増えるわ、戦には敗れるわでさんざんなことになる。

だから有事の際には強制的に民間人を退去させる必要がある。具体的には政府が命令を出し、避難先も指示し、輸送手段も確保することになる。

昭和五十三年七月、こんな事件があった。時の統合幕僚会議議長・栗栖弘臣が週刊誌上で、「現状の自衛隊法は充分とはいえない。突発的な侵略を受けた場合、総理の出動命令を待たなければ、部隊は動けない。第一線の指揮官が超法規的な行動に出る可能性もある」との発言をおこなった。これを知った当時の防衛庁長官・金丸信は激怒する。「超法規発言」は政治問題化するが、栗栖は記者会見の場でも自説を曲げることはなかった。文民統制上不適切であるとの観点から長官による事実上の栗栖解任によって事態の収束がはかられた。

だが、その後、福田赳夫総理は閣議で国防体制の再検討を防衛庁に指示している。この発言を機に有事法制に関する禁忌が破られ、論議が活発化することになった。

栗栖発言の直後、防衛庁の内局官僚のなかには「けしからん」と考えるものもいたのだろう。通常、統幕議長が退任するときは、陸海空すべての自衛官が見送ることになっている。だが、栗栖は解任されたので、陸上自衛隊の陸将なみの退任行事にとどまったという。陸上自衛隊の隊員しか出てこなかったのだ。

石破はこのとき大学生だった。事件のことは今でも鮮明に覚えている。栗栖発言は、石破の「有事法制を今まで作ってこなかったのは国家として大変なことだ」という認識にも大きな影響を与えた。

石破に言わせれば、金丸長官は有事法制がまったくわかっていなかったと思わざるを得ない。栗栖の本意は、「ミグ25が奇襲で飛んできたとき、現行の法体系ではとても対処できない。どうか有事法制を整備していただきたい」ということだ。「超法規的に動かざるを得ない」という片言隻句をとらえ、首を切るのは筋違いではないか。石破は防衛の仕事に携わるようになってから、いつかは栗栖の汚名を晴らしたいと願ってきた。

有事法制が通る前は、戦車も赤信号でストップしなくてはならなかった。冗談のようだが、本当の話だ。阪神・淡路大震災のときに、こんなことがあった。パトカーや救急車、消防車はすべて信号を無視して走っていく。だが、自衛隊のトラックやジープは赤信号で止まっている。なぜか。道路交通法では緊急車両に指定され、赤色灯を点滅させていなければ、赤信号を突っ切ることはできないが、当時自衛隊にはその指定がされていなかったからだ。

では、有事の際に戦車であっても赤色灯をともし、サイレンを鳴らして走らない限り、いちいち赤信号で停止しろというのか。役所に聞くと、

「自衛隊の車両の前と後ろに赤色灯を点滅させた車を走らせればいいのです」

と答える。そんなことを現実にいちいちやれるのか。馬鹿も休み休み言ってほしいと石破は思う。ただ有事法制がなければ、法律では確かにそうなっているのだ。

あるいは敵の上陸を受けて、野戦病院を建設するケースを考えてみる。この場合も有事法制以前は、通常の病院建設の許可と同じ手続きを踏まなければならないと言われていた。広さはどれくらいなのか、医師や看護師の人数は何人かなど事細かな文書をつくり、厚生労働大臣の了解をとるのだ。このほかにも河川を使うなら国土交通大臣の許可が必要だし、民家を借りたり壊したりするときは所有者の許可が必要など、挙げていけばきりがなかった。日本で自衛隊ほど「法律を守れ」と徹底して教育されている組織はな

い。

日本の国土を侵略してくる敵がいちいち自衛隊と同じ行動を取るだろうか。そんなことは絶対にない。信号無視して勝手に走り、河川には無許可で入り、民家はどんどん壊す。これが戦争だ。いちいち許可を得ていて勝てるはずがない。

石破は、事あるごとに同じフレーズを繰り返した。

「いざというときに自衛隊が迅速に動けず、国民は避難できない。この事実を侵略者の側から見たら、どういうことになりますか。『なんだ、そんな国なら、一つ攻めてみるか』と考えたとしても不思議ではない。有事の際に自衛隊が速やかに動き、国民を退避させられる法律を整備しておくことが抑止力になるんです。国際社会では当たり前のことです」

これに反論する側の意見は、いつも決まっていた。

「有事法制は、要するに戦争準備法案です。国民を戦に駆り出すためのものじゃないですか」

石破は、こうした紋切り型の反論にも丁寧に答えるよう努めた。

「それは違います。こういう法律が無かったから、先の大戦でも大勢の人が死んだのではないですか。そういうことを防ぐための有事法制なんです」

石破はこうした文言を答弁の随所にちりばめた。誰も再度反論はできなかった。石破の地道な説明も功を奏してか、与野党修正協議を経て、法案は可決・成立する。平成十五年六月六日のことだった。本会議では共産党、社民党を除く全員が賛成で起立した。その光景を閣僚席から眺めながら、石破は、感慨を新たにしていた。

〈こんなことが本当に起こるんだ〉

有事法制の整備をおこなうと国会で明言した総理は小泉の前任者、森喜朗だった。平成十一年一月の通常国会冒頭の施政方針演説でのことだ。それまでは有事法制といえば、研究に限定されていた。

森は人気のあるリーダーとは言われなかったが、この点を石破は率直に尊敬している。有事法制の萌芽はすでに森内閣のときにあり、四年半の時を経て小泉内閣で実を結んだ。小泉には有事法制の何たるかを理解する柔軟さがあった。有事法制を整備したことは小泉内閣の大功績だと石破は今も思っている。

欲をいえば、もっと早く成立させておくべきだった。米国での同時多発テロに始まり、北朝鮮による拉致問題やミサイル問題も浮上した時代状況の影響も大きかったのだろう。国民にも「有事」が絵空事ではなく、イメージしやすいものになっていたのかもしれない。

歴史に「イフ」は禁物だという。だが、小泉総理が「有事法制をやれ」と命じた防衛庁長官が石破でなかったとしたらどうか。防衛政策にそれほど明るくない長官でも成立させられていただろうか。そこまではわからない。石破より優秀な政治家はたくさんいる。だが、有事法制に関わるあらゆる法律を理解していなければ、国会での答弁は無理だった。有事法制関連法案だけ理解していればいいのではない。自衛隊法や周辺事態法、日本国憲法、刑法などの体系的な知識があって初めて務めをこなすことができた。

その意味では組閣で石破に白羽の矢を立てた小泉の読みが当たったわけだ。石破の一期目の大きな功績である有事法制の成立はこうして現実のものとなった。

「防衛計画の大綱」の改訂を手掛ける

難航した有事法制を成立させた石破だったが、ここで以前から考えていた「防衛計画の大綱」の改訂に手をつけることにした。「基盤的防衛力整備構想だけは変えたい」との思いが密かにあったのだ。紆余曲折を経て、「基盤的防衛力整備構想」は石破長官によって「多機能で実効的な防衛力の整備」という表現に変わる。「基盤的防衛力整備」という発想から完全に脱却するのは、その次のいわゆる22大綱を待たねばならないが、石破長官の手掛けたいわゆる16大綱において、冷戦構造を前提とした防衛力整備構想からの脱却の萌芽が見られたのである。

民主党の前原誠司ですら、国会での質問で「多機能で実効的な防衛力」について、

「費用対効果の面で疑問のあるF－2戦闘機の生産をストップし、旧来の北方重視だった自衛隊の部隊配置を見直し、テロ等への即応体制、機動性を高める方向に改善し、また尖閣や日本のEEZ問題もあって、南方重視に転換していった。那覇基地の戦闘機もF－4を最新のF－15に変えた。これは実に見識のある決断だ」

と賛辞を贈っている。

遠い将来、『防衛省百年史』が書かれることがあったとする。平成十四年～十六年は石破の任期に当たる。ここで特筆されるのはおそらく「有事法制」と「イラクへの自衛隊派遣」だ。この二つとも、地下茎で「基盤的防衛力整備構想の転換」につながっている。

基盤的防衛力整備構想を一言で言うと、「日本は、特定の国の脅威に備えるのではなく、防衛力整備を怠ることによって、周辺に力の空白が生じ、この地域の不安定化を招くことのないよう、独立国として必要最小限の防衛力の整備に努める」というものだ。これでは何のことかわからない。この構想が生まれたころのことから振り返ってみることで、もう少し噛み砕いてみることにしよう。

この構想が初めて明らかにされたのは、昭和五十二年の『防衛白書』のなかでのことだった。当時の国際社会は冷戦構造の真っただなか。ソ連は超大国として絶頂期を迎えていた。「いつ、北海道にソ連軍が

攻めてくるかわからない」と本気で考えられていた時代でもあった。

そんなころに、基盤的防衛力整備構想は「特定の国の脅威に備えるのではなく」と言い切っている。石破はこれだけでも相当に異常なことだと考えているが、なぜこのような構想が採用されたのか。

背景にあるのは、「相互確証破壊」と呼ばれた状況だ。冷戦構造下で米国とソ連の軍事力はバランスを保っており、核兵器という人類全体を滅亡させるほどの破壊力を双方が有しているため、なんらかの要因でこのバランスが崩れれば確実にお互いが壊滅的な被害を受ける。ゆえに大きな戦争は起きない、ということだ。

この状況を前提として考えたとき、日本は西側つまり米国の同盟国の一角であり、単独で脅威に備えるというよりも、西側陣営としてどうあるべきかが問われる。もし日本だけが防衛力の整備を怠り、日本の周辺に力の空白（エアポケットのようなもの）ができてしまうと、超大国間の微妙なバランスが壊れてしまうかもしれない。したがって、「基盤的防衛力構想」はこの冷戦下のバランスを崩さないことを目的に定められたものだ。

では、どんな防衛力を整備するのか。「独立国として必要最小限」という文言に積極的な意味はない。おそらく当時の政治家や官僚に聞いたとしても、だれもまともに答えられなかったはずだ。石破に言わせれば、この言葉には何の方向性もない、ということになる。

この構想を採用するということはつまり、「何のために戦闘機を何機買うのか」「何のために戦車を何両買うのか」といったことをいちいち考えないでも防衛力整備ができた、ということでもある。まさに冷戦下だったからこそ通用した構想だった。

だが、その冷戦もやがて終わりを告げる。平成三年、ソ連は崩壊した。二大国のバランスによって戦争は起こらない、と言える時代も同時に終わった。日本はいかなる国のいかなる脅威に対して何を持つのかということを自ら考え、国民の前に明らかにしなければならない。そういう時代に入ったのだ。ならば、「特定の脅威に備えるのではなく」と謳う基盤的防衛力整備構想もやめにしなければならない。これが防衛庁副長官当時からの石破の考えだった。長官時代にそのきっかけが作れたのは大きなことだったと、石破は今でも考えている。

「新しい防衛計画の大綱」（いわゆる16大綱）という政府文書をまとめるのは、防衛庁にとってかなり大きな作業だった。石破が加わった会議だけでも五十回ほど開かれている。石破の入る会議の前には、防衛庁の内局官僚や幕僚監部の制服組がその何倍も会議をしている。

日本はどんな国のどんな脅威に備えるのか。北朝鮮なのか、中国なのか、ロシアなのか、国際テロリストなのか。備えには北海道に戦車が何両、潜水艦は何隻、哨戒機は何機必要なのか。すべてに理屈の裏づけがないと認められない。これだけの大問題を徹底的に議論するのだから、そのエネルギーたるや相当なものだ。

一連の会議にあたっては、情報能力や分析能力を駆使しての緻密なすり合わせも日常的におこなわれていた。相手が何を考えているのか、というところから脅威は始まる。まず、相手を知らなければ、何も始まらない。

石破以前の大臣は、「何のために防衛力を整備するのか？」などというとんでもない質問をすることはまずなかった。決まった通りの装備を購入するのが当たり前だったのだ。石破が、「脅威を正確に見積もって防衛力を整備する」と言いだしたとたんに、庁内は大騒ぎになった。

「敵国」を想定していない主権国家。思えば、不思議な存在である。だが、それが通用したのが冷戦という不思議な時代だった。「脅威がない」ことを防衛庁は国民に向かってアナウンスし、本音のところでも信じていたのだ。

石破の改革の最も大きな点は北方重視から南方重視への転換である。つまり、少なくとも見通し得る将来、ロシアが上陸して攻めてくる可能性は相当に低いということだ。石破が長官になるまで、日本の防衛は一貫して北方重視の姿勢を崩さなかった。「仮想敵国」という言葉は適切ではないかもしれないが、事実として陸上自衛隊第七師団をはじめとする大規模な防衛力が北海道に配置されていたのだ。これはソ連を脅威であるとする冷戦構造時代の名残だ。

石破に言わせれば、冷戦下のソ連脅威論にもおかしな点は多かった。確かに当時のソ連はアメリカに匹敵する軍事大国だった。だが、冷静に考えてみたとき、膨大な陸上戦力を北海道に上陸させるだけの艦船をソ連は持っていただろうか。答えはノーだろう。それは現在のロシアも変わらないし、中国にも同じことが言える。当時のソ連にとっての正面はあくまでもヨーロッパ。極東の島国・日本を占領すると現実の問題として考えていたかは極めて怪しい。

確かに、当時のソ連軍は強かった。では日本とどう戦うのか。ミサイルを搭載した戦闘機が飛来して、北海道を混乱に陥れることはできる。だが、本当に占領しようと考えるなら、戦車をふくむ陸上部隊が上がってこなければ話にならない。それを運ぶ輸送船が極東には配備されていなかった。

冷戦時代にも「ソ連が北から攻めてくるなんてことがあるのか?」と考える自衛隊幹部はいたという。だが、構えとしての北方重視は一貫していた。

石破は防衛庁長官として決定的な方針転換をおこなった。現実にロシアが侵略してくる可能性は限りなく低くなっていた。第一、経済的な余裕がない。当時のロシアには北海道に上陸して侵攻する理由も、能力もないと石破は考えたのだ。

見方を変えれば、冷戦当時そのままの構えを変えずにいたのは、国防上、日本が遅れていたということにもなる。そこには戦略とは別の実際的な理由もあった。現に北海道に配備されている隊員に「明日から沖縄に転属してください」とあっさり言って動かせるほど、自衛隊は小さくもなければ軽くもないのだ。

また内地には、訓練に適した場所が充分に無い。何といっても広大な北海道は訓練にはもってこいなのだ。戦車も思い切って走らせられるし、ミサイルも発射できる。訓練しやすいから部隊を北海道に置いておきたいという理由も確かにある。

では、現実の脅威は南にあるとして、いざというとき、北海道の部隊をどうすれば内地に早く展開させられるか。今度は輸送能力が問題になってくる。陸上自衛隊の設備や隊員を運ぶのは海上自衛隊の艦船であり、航空自衛隊の航空機だ。北海道に部隊をとどめておくなら、国内の輸送能力を高める必要がある。当たり前の話だ。だが、この当たり前が手つかずだった。

石破は、大型の輸送機と輸送船の増強を提案した。

結果として輸送能力向上のために海上自衛隊と航空自衛隊の予算は増えたが、陸上自衛隊は減ることになる。陸自からは「予算が減らされるなんてとんでもない」と不満の声がもれた。石破は、部隊の統合にも踏み切った。

石破はいまだに陸自の恨みを買っているだろうと考えている。陸自幹部の説得には何度もあたった。だが、当時、十八万人と言われた陸上自衛官すべてと話すことはできない。

自衛隊に限ったことではないが、一部分の利益を実現しようとすると、全体の利益が損なわれることがある。陸自・海自・空自それぞれの主張をすべて受け入れるわけにはいかないのだ。予算削減について、一人ひとりの自衛官レベルではきちんとした問題意識を持ち、「これでは駄目だ」と考えている人たちはたくさんいるだろう。だが、ひとたび組織の形を取ると、そうした理性的な判断は後ろに追いやられてしまう。「とにかくこれが結論」「ここから一歩も動かない」といった硬直的な意見に変質する。

石破は「こういうときのために政治家はいるのだ」と常々思っている。最終的には陸自の不満を長官が抑え込む形で決着せざるを得なかった。

F－4ファントムをF－15イーグルに

F－2戦闘機の開発は航空産業に携わる多くの日本人が「いつの日か国産の戦闘機をつくりたい」という夢を抱き続けたことに端を発した。戦後の十年ほど、米国の占領行政によって航空産業は一切その活動を停止させられ、ようやくF－1という戦闘機をつくるに至ったが、いまだ多くの課題があった。当たり前のことだ。戦時中の国産戦闘機はなぜ優秀だったのか。驚くほど多種多様な戦闘機を複数のメーカーが競ってつくったからだ。なかには失敗作もあった。だが、それらが淘汰されるなかで初めてゼロ戦や隼などの傑作機が出てきたのだ。

F－2は「F－1の教訓を糧にさらにいい戦闘機を作る」という悲願のもとに、三菱重工業が主製造責任者として開発・生産した戦闘機だ。しかし、この悲願も、多くの人が望んだ形では達成されなかった。

昭和五十年代後半から六十年代にかけての当時ですら、アメリカ政府は日本が国産戦闘機を作ることにいまだ大きな懸念を示していた。かつてゼロ戦に苦しめられた経験から、将来アメリカの脅威になるに違いないというのだ。

この米国の政治的な思惑と、国内で「国産」との意志統一を迅速にできなかった混乱とがあいまって、結果としてF－2はアメリカのF－16戦闘機をベースとして改造するという「日米共同開発」となった。

F－2には確かに最新の技術がいろいろと盛り込まれ、世界中の多くのF－16派生形のなかでも秀逸な出来となった。だが、もともと軽戦闘機である機体に多くの機能を詰め込んだため、それ以上の発展の余地のない機になってしまった。一般に「拡張性がない」と評される。

それに加えて価格が異常に高騰してしまった。F－16が一機五〇億円なのに対し、それをベースに開発したはずのF－2はなんと一二〇億円。主力戦闘機であるF－15が一〇〇億円だから、支援戦闘機のF－2のほうが高いことになる逆転現象が起きた。

石破は頭を抱えた。

〈この戦闘機をこのまま調達し続けたら、防衛予算が持たないことは明らかだ。さらに改造し、機能を付け加えていくことも考えられなくはないが、この機体ではそれには限界があるだろう〉

石破が下した決断は「調達中止」だった。

もちろん、これから先、国産戦闘機を開発・製造しないということではない。とりあえず現在のF－2はストップするという意味だ。

石破のこの決定に対し、疑義を唱える向きもある。

「戦闘機の研究開発、製造は、継続してこそ国力となる。このまま技術を停滞させて、いざ有事となって対応できるのか？」

しかし、生産を中止しても、メンテナンスによってある程度の技術力を維持することはできるはずだ。そう遠くない将来にF－4戦闘機の後継機も考えなければならない。全体として航空産業の力を維持していくことは可能なはずだ。

石破が目標としているのはむしろスウェーデンのようなケースだ。スウェーデンはもともと国産の兵器開発に積極的な国だった。戦車や潜水艦、フリゲート、戦闘機……すべて国産でまかなっていた。先進工業国としての面目躍如たるものがあった。

だが、そんなスウェーデンを高齢化の波が襲う。福祉国家を標榜するなか、開発に回す資金が不足し始めたのだ。間もなく戦闘機を残し、ほかの兵器は国内でつくらないことを決める。

スウェーデンは、それまでに培った技術力をこれまでとは違った形で生かす道を模索し始めた。例えば、戦車。ドイツが誇るレオパルドを導入する。だが、スウェーデンが導入する新しいレオパルド戦車にはスウェーデン独自の重装甲や地雷防御機能が搭載され、やがて「スウェーデンの装置を積んでいなければ、レオパルドはありきたりの戦車と変わらない」という評判が広がっていく。ついにはスウェーデンはドイツに対して常にバーゲニングパワー（交渉力）を持てるようになった。国内ですべての兵器を調達しなくても、技術力をうまく使う術はあるのだ。

〈日本もこのスウェーデンの経験に学ぶべきだ〉

石破も、できれば兵器は自前で作りたい。戦闘機、哨戒機、輸送機のすべてがメードインジャパンだったら、こんないいことはない。だが、現実にはそんな開発費はとても負担できないのだ。

それならむしろ、傑出した技術を大事にしたほうがいいのではないか。例えば、個々のレーダーや主翼の素材、射撃管制装置……どんなものでもいい。「この技術は日本にしかないものだ」と認められるような技術をアメリカに輸出する。

日米関係が万が一悪くなるようなことがあれば、その技術はアメリカに提供しない。そういう選択肢を持つことがアメリカに抗する力になり得る。日本の技術開発はそうあるべきではないか。

石破のこうした主張に注目する人もいる一方、「あいつには愛国心が足りない」といった批判もよく耳にする。「日の丸の飛行機に反対するとんでもないやつがいる。あいつはアメリカのスパイじゃないのか」などというそれこそとんでもないことを言い出す輩までいた。

防衛装備品の生産はそのほとんどが、防衛産業と言われる大手重工業に委ねられてきた。それに加えてこれまで開発に携わってきた人たちのメンツの問題もある。石破は既得権益とメンツの両方と戦わざるをえなかった。ここで試されているのは真の政治主導である。

政治家としてリーダーシップを発揮し、自らの信じる国益を実現できるか。石破にとって試金石であった。道路やトンネル、橋といった予算の無駄遣いには世論もずいぶん敏感になった。公共事業費も抑えられていた。だが、こと防衛装備品となると、まだまだ世に知られていないことが多くあると石破は考えている。

大多数の国会議員にとって、防衛予算は関心の外にある。選挙区の有権者の利益につながらないからだ。「素晴らしい戦闘機をご覧ください」「素晴らしい戦車をご覧ください」「素晴らしい艦艇をご覧くださ い」「これらはいずれも世界第一級の性能を持つものでありまして」と説明された議員は、素直に「すごい」と感じてしまう。

石破はこうした説明には根本的に欠けている点があると考えている。石破はF－2戦闘機や90式戦車などの国産兵器も相当に評価している。ただ、それは納税者の負担に値するものなのか。諸外国の兵器と比肩しうるだけの性能を持つものなのか。そこを判断することなしに、ただ「素晴らしい」「素晴らしい」だけを繰り返していても仕方がない。防衛装備の値段がいくらで、どれだけの性能を持っているか。その基礎知識を蓄えておくことは政治家の義務だと石破は思う。「軍事マニア」「おたく」と批判されることがあっても、石破はこの点で譲るつもりはさらさらない。

平成十八年六月、防衛庁首脳は航空自衛隊沖縄基地所属のF－4ファントム戦闘機を十九年度中にF－15イーグル戦闘機に更新する意向を明らかにした。これは石破の年来の主張がようやく実現したものだ。

F－4は、もともとベトナム戦争の頃に使っていた主力戦闘機だ。F－15の前の世代に当たる。沖縄の基地にF－4が置いてあるのは、県民感情への配慮もあったのではないかと石破はみている。最新鋭の機を配備すれば、「また最前線として沖縄を利用するのか」という声が高まったかもしれない。

しかしもし、わざと一時代古い機を置いておき、「こんなものしか持ってないんだから、攻めに行くことはありえません」という、そんな倒錯した理屈があったのだとしたら、それは間違っていると言ってきた。

「最前線だからこそ、最新鋭の飛行機を持ってこなければいけない。当たり前の話だ」

防衛庁内でこうした政策転換を実現するのは容易なことではなかった。石破も大変な思いをしながら、ようやくこぎつけた。潜水艦についても大きな方針変更をした。それまで、海上自衛隊の潜水艦はほぼ一六年で役目を終えていた。だが、国際的にはこのサイクルは異例のことだ。普通の国では潜水艦は二五～三〇年は使うのが常識になっている。

なぜ、日本でだけ一六年なのか。答えは「大綱で十六隻と決まっているから」。十六隻しか持てない決まりだから、一年に一隻ずつ廃艦にしていく。すると、耐用命数は一六年ということになる。

石破は、長官時代、防衛庁の官僚に聞いたことがある。

「なんで一六年なんだ？　そんなに日本の潜水艦はちゃちなのか？」

言うまでもなく、持たせようと思えば、日本の潜水艦も外国と同様に二五年は充分働いてくれる。これを少し伸ばすことで、保有する潜水艦の隻数を少しずつ増やしていく、という方策を採ったのだ。

当然、異論はあった。しかし、石破は、関係者にこう言った。

「いいんだ。何も、きみたちのためにやってるんじゃない。国家のために必要だと思うからやってるんだ」

なあなあで済ませられれば楽だっただろう。だが、石破はそうできなかった。少なくとも役人の説明を鵜呑みにして「こんなもんかな」と受け止めるだけでは、自分が長官でいる意味はないと思っていた。

基本的に保守の立場にある政治家は自衛隊にシンパシーを抱いているのではないか。石破はそう考えている。自民党であれ、民主党（現・民進党）であれ変わりはない。国防軍に関わっている人にはなんとか報いたい。そんな純粋な気持ちが甘さにつながってしまうおそれがある。石破にもそういう傾向があることは否定しない。

陸自・海自・空自はまったく別の文化を持った組織だ。それぞれの性格を表す言葉がある。陸自が「用意周到・頑迷固陋」、海自が「伝統墨守・唯我独尊」、空自は「勇猛果敢・支離滅裂」。食べ物に例えることもある。陸は「日の丸弁当」、海は「海軍カレー」、空は「ハンバーガー」だという。長官としてそれぞれの隊員と接してきた石破には「言い得て妙な表現だ」と感心してしまうところがある。

このようにまったく違う性格を持つ陸海空の自衛隊だが、石破はどういうわけか海自に共感を覚えることが多かった。

しかし、石破の好きな海自に対しても論争はあった。対潜哨戒機・P－3Cの後継機をめぐり、石破長官と海上幕僚監部は激しく対立した。

Ｐ－３Ｃは傑作の誉れ高い名機である。一機あたり一四〇億円もするといわれる。果たして導入当時、一〇〇機も必要だったのかどうかは疑問だが、結果としてソ連の潜水艦に対しても、中国の海洋進出に対しても、多様な能力を発揮している。潜水艦を狩る能力は世界一、「冷戦を終わらせた一番の立役者はＰ－３Ｃだ」と評する人もいるくらいだった。

しかしこのＰ－３Ｃもそろそろ代替の時期を迎えることになった。

「そろそろ新しい飛行機をつくりたいと思いまして」

「何だ、新しい飛行機って？」

「よくぞ聞いてくださいました。国産ジェットエンジンを開発し、これを四つつけた我が国初のジェット哨戒機であります。長官、素晴らしいでしょう」

先にもふれたようにＰ－３Ｃはアメリカ製だ。「もうアメリカ製はいやだ」という気持ちもよく分かった。

「世界一の哨戒機となることでしょう。長官、ぜひご支援をお願いします」

しかし、石破には、納税者の代表としてのコスト意識が強くあった。

「なんでエンジンが四発も必要なんだよ？　今どき旅客機だって二発で太平洋を横断してるよ。四発もあったらメンテナンスコストが倍かかるだろう。そもそもなんで新規開発なんだ。イギリスの哨戒機なんて、戦後間もなく世界初のジェット旅客機といわれたコメットを改造したもんだぞ。今でも英軍は使ってるじゃないか。なのに、なんでわざわざ世界で一番高くて新しい機を持たねばならんのか。おれにはよくわからん。理由を教えてくれ」

新しい哨戒機の値段は一機当たり二〇〇億円は下らないとみられた。海幕も負けてはいない。

「長官、お言葉ですが、エンジンが二つしかありませんと、二つ止まると機が落ちます」

「そりゃ当然そうだろう」

「しかし、四発あれば、二発止まってもまだ飛ぶんです」

「比べるところはそこじゃないだろう。双発機はエンジン一発止まっても飛べるんだから、じゃあ、双発機のエンジン一発が止まる確率と、四発機のエンジン二発が止まる確率を比べて、出してみてくれ」

微妙な空気が漂った。「また長官が妙なことを言い出した」と内局官僚や海幕の自衛官たちが考えているのは明らかだ。だが、これでひるむような石破ではない。報告を待つことにした。

数日後、コンピューターによる試算の結果が上がってきた。なんと「ほとんど変わらない」というものだった。

「なら、二発でいいだろう」

だが、相手は「四発のほうが安全だ」という前提で話を始める。

「対潜哨戒機でありますから、非常に過酷な飛び方をするのであります。四発のほうが安全であります」

「そうかなあ。よくわからんなあ」

以前、石破がまだ防衛庁副長官の頃だ。庁内の様々な研究所を見学したことがある。そのとき、あるエンジン開発の技術者が、「一生懸命作りましたが、このくらいのエンジンが今の最大出力です」と説明しているのを聞いたことがあった。「これ以上エンジンの出力が上がらない」というのだ。

つまり、新対潜哨戒機にエンジンが四発必要なのは、どうしても国内開発したエンジンを使いたいが、二発では出力不足だから四発にして補おうとしているのではないのか。石破はそうした疑念を拭うことができなかった。

「初めて開発した飛行機というのはだいたい事故を起こすだろう。そんなものに乗せられるパイロットの気持ちになって考えてみたのか」

「いや、そんなことはありません。この機は、絶対に安全です」

「絶対に安全な飛行機なんてないよ」

「そんなことはありません」

「そうかなあ。だいたい二発であれば、メンテナンスが簡単だ。四発だと、四つすべてをメンテナンスしなきゃいけない。そのための人員も機材も必要になる。本当にそれがベストなのか。アメリカだってP－3Cの後継機を考えてるところだろう。共同開発の道はないの？　それはおれだって、国産がいいとは思うよ。だけど、世界で最も値段の張る哨戒機をわざわざつくらなければならないほどの必要性が認められないって言ってるんだよ」

石破と幕僚の議論は一年以上にわたって続いた。これでもか、これでもか、というほどの火の出るようなやりとりだった。結局、石破が押し切られる形で終結することになった。議論を終えるにあたって、石破は居並ぶ幕僚たちにこう釘を刺した。

「もういい。そこまできみたちが言うんだったら。そっちは専門家だし、おれは所詮素人だ。そのきみたちが『絶対にいい』と言うんだから、信用するよ。だがな、言っておくが、間違ってもきみらの利益を優先したりしてないだろうな。国益を損なっていないか？　きみたちにその自信があるというなら、おれはこれで結構だ」

前述のF－2の生産中止ともあいまって、この頃から「石破は国産の技術に冷たい」「愛情がない」といった陰口が横行することになる。

当時、多くの国の国防担当の閣僚が共通に頭を悩ませている課題があった。軍改革だ。アメリカのゲーツ国防長官、ロシアのイワノフ国防大臣、フランスのアリヨマリー国防大臣、イギリスのフーン国防大臣……。石破はどの大臣と話したときも、軍改革に関してだけは「お互い苦労するね」と共感できた。石破は直接会談しなかったが、ドイツでの軍改革は大変だったと聞いた。「そんな改革を実行するのであれば、わたしは辞めます」と、陸軍参謀長が辞表を提出した。制服がまったく言うことを聞かないので、業を煮やした政府は、「おまえたちがそこまで言うんだったら、外にやらせる」と、改革を民間のシンクタンクに外注してしまったというのだ。石破の認識では問題意識の強い防衛大臣ほど、幕僚からの評判が悪いという面もあったように思われた。

ラムズフェルドとの会談

石破は平成十四年の十二月初め、防衛庁長官としてワシントンを訪れた。日米安全保障協議委員会（2プラス2）に出席するためだ。この会議は日本側から外務大臣と防衛庁長官、アメリカ側から国務長官と国防長官が参加する。石破はラムズフェルド国防長官と一対一で話し合うことになっていた。

会議の初日、ラムズフェルドは風邪を理由に欠席した。代役はアーミテージ副長官が務めた。石破は、〈あれ、ラムズフェルドとは会えないんだ〉

と少々残念に思った。ところが、急転直下、「翌日の会談は朝七時からおこなう。国防長官室でお待ちする」との連絡が入った。

石破は指定された時刻に長官室に入った。石破もラムズフェルドも、持って回ったような話は嫌いという性格は似ているところがあった。まず石破が日本側の意見を述べた。次にラムズフェルドがアメリカ側の考えを伝える。次に相違点を探し、お互いどう考えるかの意見を交換した。結論からまず入り、予定された時間どおりに必ず終える。石破・ラムズフェルド会談は、まさにアメリカ式のスタイルだった。

具体的な議題としてまず挙がったのは、MD（ミサイル防衛）についてだった。石破の長官就任以前、MDについて日本は「アメリカと共同研究をする」というスタンスにとどまっていた。それ以上の具体的な動きはなかったということだ。ちょうどこのタイミングで、アメリカは平成十六年からのMDシステムの配備開始を決定した。これを受けて石破は、「日本も導入を検討する」と一歩踏み込んだ。

そして共同研究は将来の次世代システムのためのものとして継続することとした。国内ではいきなり配備をすると受け止められ、マスコミにも叩かれた。だが、石破は動じなかった。ともかくこの会談で日本がMDに本気で取り組むことが確認されたわけだ。

次にラムズフェルドが尋ねてきたのは、日本の防衛大綱についてだった。

「日本の防衛大綱は、いつのものだい？」

「七年前のものだ」

「よく、そんな古いもの使ってるね」

当時、日本の「防衛計画の大綱」は七年間改訂していなかった。石破は続けた。

「いや、冷戦も終わったし、9・11もあったし、防衛計画は全面的に見直そうと思ってる」

「そりゃその方がいい」

周囲にいたスタッフも思わず唖然とするほど、二人の話はいいテンポで進んでいった。ラムズフェルドはまた、後に大きな問題となる米軍再編の提案を初めて切り出した。

石破は答えた。

「自衛隊が基盤的防衛力整備構想から転換するということは、日米同盟における自衛隊の役割も変わるということを意味する。それが米軍再編とセットになるはずだ」

会談は、実りあるもので終わった。

石破はラムズフェルドと「軍を改革するためにおれはここにいる」という使命感を共有できていたと思う。基本的な価値観にも重なる部分が多かったのだろう。石破は今でもラムズフェルドは魅力的な人物だったと感じている。

平成十五年十一月十五日、ラムズフェルドは石破との会談のために日本の地を踏んだ。ラムズフェルドが在任中に日本に来たのは一回だけだ。六年間在任していて、たった一度しか来なかった。

ラムズフェルド訪日時の会談は、石破にとって楽しい思い出の一つだ。話題は2プラス2の続き、もっぱらイラク戦争への対応が中心だった。石破は、ここでも率直に言った。

「日本としてやるべきことはやる。でも、できるのはここまで。ここから先はできない。だけど、こういう法律をつくってこういうことをやろうと思う」

ラムズフェルドは、理解を示してくれた。二人の関係は良好なものだった。

イラク人道復興支援特措法
イラク人道復興支援特措法は、自衛隊を派遣する地域が危険であることを正面から認めた法律であると言っていい。派遣当時のイラクは法的には「非戦闘地域」だが、実際上の危険はあった。だからこそ自衛隊が行かなければならなかったのだ。

「イラクに自衛隊を派遣するなら、番匠幸一郎一等陸佐に指揮を」

陸上自衛隊の幹部の間では早くからこのことは決まっていたといわれる。石破は番匠とは副長官になる以前から面識がある。つき合いはもう二十年以上にもなる。石破の番匠評は「余人を持って代えがたい」の一言に集約されている。自衛隊の中でも何年に一人、出るか出ないかの逸材だと思っている。軍事の才能に恵まれ、バランス感覚に優れ、人柄もよい。

〈派遣の可否は、番匠の判断に任せよう〉

石破の腹は決まっていた。

「長官、これなら行けます」

と番匠が言うのであれば、派遣命令を出そう。

「これでは行けません」

と言われたら、だれが何と言おうと出さない。石破の番匠への信頼の強さがうかがえる。

イラク特措法には武器を使用する権限は明記されているが、何を持っていくかは書かれていない。具体的な装備に関しては基本計画で定めることになっている。

番匠が「権限」「装備」「訓練」という三つの条件すべてにおいて納得のいくものにできるか。陸上自衛隊のイラク派遣の可否のポイントはここにあった。

航空自衛隊の派遣についても、大臣室に航空幕僚長を初めとする空自幹部を集めた。イラクに派遣される輸送機はＣ－１３０である。それほど速い機ではない。

ゆえに、陸上からの脅威を低減するため、スパイラルアプローチと呼ばれる旋回しながらの離着陸を行うことになる訓練で離着陸の技術を向上させるとともに機体にも様々な装備をつけた。想定し得るあらゆる脅威に対応できるよう、打てる手はすべて打った。

特措法の審議の過程では様々な意見が飛び交った。特に装備については「いろいろ持って行け」という声もあった。

舛添要一は、「戦車を持って行け」と言っていた。舛添の防衛論には石破も一目置いており、「大は小を兼ねる」というのが石破の軍事に対する見識の基本でもあった。

だが、イラクには戦争をしに行くわけではない。いくらなんでも、戦車は要らない。

ただ、自衛隊の海外派遣では初めて装輪装甲車を持って行った。この装甲車にはタイヤが六つつき、ある程度の被弾にも耐えられる頑丈さを持ち合わせている。

イラクでの自衛隊の行動に関しては様々なマニュアルが作られた。

「こういう状況では、こういうふうに対応せよ」

と幾多の事例について書かれている。これらのマニュアルは頭で覚えるものではない。訓練を通じて体で覚えるものなのだ。イラクに向けての訓練は、徹底的に行われた。

番匠はさらに訓練のなかで、イラクの文化や宗教、シーア派の教えについて書いた「べからず集」「会話集」などを隊員に配布し、充分な配慮をしていた。派遣時には、これが現地のイラク人とのコミュニケーションで物を言う。反感を買わないことも大事な仕事のうちだ。一方で「手は必ず銃にかけておけ」という教育も施している。

「べからず集」には、例えばこんなことが書かれていた。イラクで部族に呼ばれてごちそうを振る舞われました。日本人なら「いやあ、こんなうまいものは初めて食ったなあ」と一つ残らず食べてしまうのが当たり前の礼儀だ。おかわりをする人もいるかもしれない。

だが、これはイラクでは完全なタブーである。「よくもおれにこんな恥をかかせたな」と部族長は激高、大変なことになってしまう。全部食べてしまうのは、すなわち「足りない」という意思表示になってしまうのだ。もてなしが気に入らないのかと思われてしまうおそれすらある。日本で普通に暮らしている限りはまず理解できないコミュニケーションの基本が番匠の配布した「べからず集」には書かれていた。隊員はこうしたことを学んだうえでイラクの土を踏んだのだ。

イラク派遣についてよく聞かれた批判の一つに、

「正当防衛・緊急避難のときにしか銃を撃てないのか？　それでは、自衛官をわざわざ死にに行かせるようなものではないか？」

というものがあった。

石破は、この批判にはいつも真正面から応えてきた。

「それは違います。正当防衛とは相手が撃たなければ成立しないものではありません。最高裁判所の判例を、よく読んでいただきたい。こちらを撃とうとして、銃を手にした時点で反撃しても正当防衛は成立するんです」

正当防衛でも、相手が攻撃すると信じるに足る合理的な理由があれば、発砲できるのだ。

石破が最もおそれていたのは「自爆テロ」だった。いかにもそれとわかる風体であれば、撃つだけだ。だが、「日本人、大好きです」と言いながら、日の丸を振りつつ近寄ってきた笑顔の女性が自爆テロ犯だったら。自衛官の制止を振り切って接近してきたとき、撃てるだろうか。

この場合にも、正当防衛は成り立つ。マニュアルには「撃て」と書いてある。これも頭に入れるだけでは駄目だ。体で反応できる段階まで訓練を積まねばならなかった。

石破は、しばしば尋ねられた。

「長官、自衛隊はいつイラクに出すんですか？」

石破の答えは、いつも同じだった。

「権限・装備・訓練。この三つがすべて納得できるレベルに達したときです」

番匠の了承はなかなか得られなかった。六〇〇名もの隊員の生命を預かるのだ。そう簡単にゴーサインは出せなかった。

政府からも、特に派遣を急がせるような声はなかった。だが、外務省の本音は「一日も早く」だったのではないかと石破は今にして思う。アメリカの意向は遠巻きに伝わってきた。こちらも急いでいるのは間違いない。だが、拙速で派遣するのはなんとしても避けたかった。仮に早期に派遣が実現していたとしても、犠牲者を出しては元も子もない。石破自身が自信を持って「出せる」と言えるタイミングまで待つ。この点は小泉総理と福田官房長官にも理解が得られていた。石破にとっては、これは本当にありがたかった。

これらの経緯を経て、石破は長官として海外に部隊を出す決断をした。法律上の「非戦闘地域」であっても、危険なことにかわりはない。

イラク特措法は石破に言わせれば、一部分「不思議な法律」だった。その第九条に「長官は、派遣される隊員の安全に配慮しなければならない」と定めている。長官の安全配慮義務が条文としてある。そんな法律はあまりない。

しかしむしろこの条文こそが、「危険な地域だからこそ自衛隊を出した」ことの責任を明確化したものだと石破は考えている。

この条文によってたとえイラクで何が起ころうと、現場の指揮官に責任を負わせないことが明確に担保される。あらゆる責任を防衛庁長官が負う。

その意味では、石破の職責はとても重いものになっていった。

小泉総理の胆力ある決断

平成十六年一月二十二日、空自派遣航空隊本体、クウェートへ出発。二月三日、第一次イラク復興支援群出発。二月九日、海自派遣海上輸送部隊、クウェートへ出発。

それに先がけて平成十六年二月一日、イラクに派遣される陸上自衛隊本体部隊への「隊旗授与式」が北海道旭川市でおこなわれ、石破は防衛庁長官として小泉総理に陪席した。

隊旗は石破長官の手から番匠の手へと渡された。派遣のこの日を迎えるまで、様々なことがあった。その間、二人の信頼関係がいささかも揺らぐことはなかった。石破と番匠の胸を、熱いものが去来していた。

式が終わり、石破が駐屯地を出ようとしたときだ。番匠が、手を振っている。

「長官、サマワでお待ちしています」

そう叫んでいた。

石破も手を振りながら、

「必ず行くから」

と応えた。

この式での小泉総理の訓示も石破には思い出深いものだ。事前に草稿がチェックのために防衛庁の石破のもとにも回ってきた。石破は通読して思った。

〈この「諸君は自ら志願してイラクへ赴く。その気持ちをわたしは、とても大事にしたい」というくだりはどうなんだろう?〉

石破は熟慮を重ねた結果、小泉と福田官房長官に時間をセッティングしてもらった。訓示の草稿について意見を具申するためだ。

「総理、この箇所だけ、ご再考願えないでしょうか。『命によりイラクへ赴く』に替えていただきたいのです」

イラクへ派遣する隊員については、確かに志願に基づき選考をおこなった。行く意志のない者はそもそも選ばれていない。だが、志願したが選ばれなかった隊員も多くいる。石破は、

〈この任務もまた国益のために国家の命令で派遣される。この事実が一番大事だ〉

と考えていた。普通なら、総理が了解した文書に部下である防衛庁長官が異議を差しはさむなどないことだ。だが、石破はどうしてもそれだけは伝えたかった。

小泉総理の反応は、予想に反したシンプルなものだった。

「そうか、わかった」

旭川での訓示では、石破の進言通りの言葉が小泉の口から隊員に発せられた。

石破は小泉のこういう胆力を率直に尊敬している。

石破には、長官としてできることはやったのではないかという実感がある。イラクへ自衛隊を派遣して以来、石破の生活時間帯は、日本時間に加えてイラク時間にも配慮を迫られた。

必然的に睡眠時間は削られ、平均四時間程度になった。どんなにタフな人間にも限界はある。無理が続くと、身体の弱いところに症状が出てくる。まず最初は歯に来た。石破は鎮痛剤を用量の三倍飲んで抑え

た。その次は目。最後に腸に出た。大腸憩室炎と診断された。

あまりの痛みで答弁席に立てないほどだった。委員会の大臣席から答弁席まで歩けばほんの五歩。だが、本当に気力を振り絞らないとたどりつけない。国会が終われば、役所に戻って次の日の答弁の打ち合わせをおこなう。庁内の決裁を終えると、そのまま病院に直行し、翌日は何食わぬ顔をして国会に出席する。その連続だった。

石破は憩室炎を患っている間、点滴の管をつけたまま国会に出ていた。ぱっと見ただけではわからないようにはしてあったものの、完璧に隠せるわけでもない。議場で民主党のある議員に見破られてしまったことがあった。

その議員は、石破にこう告げてその場を去った。石破の胸には今もその一言が残っている。

「長官、大変なんだね。立場は違うけれど、お大事に」

イラクで起きた意外なデモ

石破が自衛隊をイラクに送り出してから数カ月後、最もおそれていた報告が届いた。

「長官、大変です。イラク現地でデモが発生しました」

「ついに来たか。『自衛隊は日本へ帰れ』というデモが……」

「違います。デモ隊は『自衛隊はもっとイラクにいてください』と言ってるんです」

笑い話のような事実である。石破は思わず、「それはヤラセじゃないのか?」と問い返していた。

間違いなく自然発生のデモが、自衛隊の長期派遣を要望していた。石破は思った。

〈派遣前は自爆テロの対象になることも覚悟した。兵舎に入る人たちの身体検査も徹底した。それが今で

は「もっといてくれ」というデモまで起きている。これほど地域住民に歓迎されている他国の軍隊があるだろうか？〉

たまたまこのデモと同時期に、東ティモール民主共和国初代大統領、シャナナ・グスマンが来日した。国家元首として天皇陛下と会見し、小泉総理とも会談におよんだ。このクラスの要人としては異例の防衛庁への訪問も実現している。グスマンが防衛庁を訪れたのは、

「東ティモールのＰＫＯへの自衛隊部隊派遣について一言お礼を言いたい」

という強い思いがあってのことだった。

グスマンはもともとポルトガルやインドネシアの植民地支配に対する抵抗運動に加わってきた経歴を持つ。東ティモールに様々な国から軍隊が入ってきた歴史をつぶさに見てきた証人でもある。そのグスマンの目に自衛隊はどう映っていたのだろうか。

「わたしたちのことを上から見下ろさなかった軍隊は日本の自衛隊だけです。ほかはすべて『これをやっておけ』と命令する軍ばかりだった。わたしたち東ティモールの住民とともに活動し、泣き、笑ってくれる軍隊組織が世界にもあるのだと、自衛隊に接して初めて知りました」

グスマンは東ティモールを代表して、石破に礼を述べた。当日、防衛庁は前例のあまりない国家元首の訪問に上を下への大騒ぎだった。

「自分たちと同等の立場に立ってくれる組織」。イラクや東ティモールの民が自衛隊をそうとらえてくれたとすれば、関係者全員の努力の賜物だろうと石破は思う。イラク一国への復興支援のための派遣ということで、これだけの集中力が発揮できた。今後、日本の国際的なプレゼンスが高まるなか、自衛隊が世界各地に同時展開することも充分あり得る。そのときも同じ集中力を保てるかが課題となってくるだろう。

平成十七年七月、自衛隊のサマワの宿営地に迫撃砲が撃ち込まれた。石破はその第一報を聞いても、動じることはなかった。

〈撃たれたのか。でも、大丈夫だな〉

迫撃砲は撃ってから届くまでに時間がかかる。「ヒュル、ヒュル、ヒュル」と聞こえる音を立てながら弾は飛んでいく。防御は充分に可能だ。自衛隊員は体を伏せていた。立っていたのなら、相応の被害も予想されたが、伏せていればほとんど被害はない。

ただし、マスコミに「危機感が足りない」などと批判されぬよう、「万全の配慮を」とだけは伝えるようにした。「万全の配慮とは何だ？　長官」と聞かれたこともあったが、石破は「それはわたしからは言えない」と応じた。

この事件の後、「ロケット弾が飛んできたら、どうするのか？」という議論があり、ロケット弾が落ちてきても耐えうるよう兵舎を改築した。新兵舎は改善に改善を加え、安全性にも配慮はしている。だが、何しろ危険な場所のことだ。被弾にも完璧に耐えうると簡単に言い切ることはできない。そのためにも、サマワでは、上空で常に無人ヘリを飛ばしていた。「いつも警戒を怠っていない」というアピールを周囲に向けていたわけである。

イラク派遣が無事に終わったのは、こうした日常的なたゆまない努力があってのことだった。

陸上自衛隊、イラクから撤収

平成十八年六月、政府の安全保障会議で陸上自衛隊のイラクからの撤収が決まった。七月十七日には全面撤収が完了する。一人の犠牲者を出すこともなく、任務を終了したことに対し、「奇跡のようなものだ」「とてもラッキーだ」といった評価がある。だが、石破は必ずしもそうした見方に与していない。「天は自ら助くるものを助く」という。石破をはじめ、防衛庁の制服も背広もありとあらゆる手立てを講じて、イラクへの派遣に取り組んできた。ここまでやったうえで、もし何か不測の事態が起こるようであれば、よほど日本国に運がないのだと考えるしかない。石破はそこまで言い切れる。

この国を守る覚悟

石破はできることなら「自衛隊」は「軍」に変えるべきだと考えている。自衛隊は軍隊のようで軍隊でないとされる。ヌエのような存在だ。その理由の一つは、現行の自衛隊のままでは「軍法会議」が設置できないからだ。一般に軍隊において、

「死ぬのは嫌だ、怖い、僕そんな命令聞けません」

と上官に逆らったらどうなるか。軍法会議にかけられ、厳罰に処される。一般には「抗命罪」と呼ばれる罪だ。これは良い悪いの問題ではない。軍隊という組織の現実だ。

では、自衛隊ではどうか。同じように命令に逆らったら、「懲役七年」。しかも、命令に従いたくなければ、自衛隊を辞めることもできる。

確かに自衛隊法五三条には「服務の宣誓」の規定がある。その内容は、

「わたしは、我が国の平和と独立を守る自衛隊の使命を自覚し、日本国憲法及び法令を遵守し、一致団結、厳正な規律を保持し、常に徳操を養い、人格を尊重し、心身を鍛え、技能を磨き、政治的活動に関与せず、強い責任感をもつて専心職務の遂行に当たり、事に臨んでは危険を顧みず、身をもつて責務の完遂に務め、

もつて国民の負託にこたえることを誓います」

というものだ。石破はもちろん自衛官の崇高な宣誓を信じている。だが、人間、だれしも死にたくはない。妻や子のいる隊員も多いだろう。もちろん、可能な限り犠牲の出ない作戦を立案し、隊員を無事に帰すのは当然のことだ。石破もそのことは政治の責任として痛感している。

そして命令されれば、ほとんどの隊員が死地に赴くことも厭わないであろう。だが、ギリギリの局面で、「命令に逆らってでも生きたい」と思わない保証はない。

軍隊であれば、命令に逆らうことは厳罰を意味する。「行け」と命じられれば、行かざるを得ない。そうしなければ、戦争をするための軍隊という組織は成り立っていかないからだ。

一方で、軍隊をもつ国のほとんどが、軍人に社会で最も高い名誉を与えている。死ぬかもしれない、最も辛い任務を課される彼らの魂に報いるうえで当然のことだ。このような制度がないまま、自衛隊は、個々の自衛官の「服務の宣誓」に対する責任感によって支えられている。

石破にとっては、防衛庁の看板を防衛省に書き換えるよりも、自衛隊を「軍にする」ことのほうがはるかに重要なテーマだ。

これは、自衛隊だけの問題ではない。日本国として、あるいは日本国民として、「なぜ国に命を捧げるのか?」という問いに、答えを用意しているのだろうか。日本は本当に命を懸けて守るに値する国なのか。あるいは、国民は命を懸けてこの国を守るということに対して覚悟があるのか。これは根源的な問いだと石破は考える。

第五章　初めての総裁選

郵政解散の衝撃

平成十七年五月二十三日、郵政民営化特別委員会が開かれた。二階敏博委員長と、運営を協議する理事八人のうち与党側から自民党の山崎拓、石破茂、柳沢伯夫、松岡利勝、公明党から桝屋敬悟の五人が互選された。ただし、民主、社民両党は欠席し、委員の名簿の提出も拒否した。

五月三十一日夕方、与野党五党の国対委員長が会談し、六月二日に小泉総理が出席する衆院予算委員会を開き、郵政・外交・経済をテーマに質疑することと、三日に衆院郵政民営化特別委員会で総括質疑を行うことで合意した。

五月二十日に衆院本会議を欠席して以来、審議拒否を続けていた民主、社民両党が審議入りに応じたことで、六月三日、後半国会の最大の焦点となった「郵政民営化関連六法案」は、衆議院郵政民営化特別委員会を舞台に、本格的な審議をスタートさせた。しかし、本質論は交わらなかった。

郵政民営化反対派は、「田舎の郵便局は、どうなるのか」「ハゲタカ・ファンドに乗っ取られるだけだ」という話を何度も繰り返した。

さらに、野党が法案潰しの手として考えた戦略は、竹中平蔵内閣府特命担当大臣のスキャンダルであった。問題の発端は、竹中担当大臣と演出家のテリー伊藤が郵政民営化について対談する形式の政府広報であった。この政府広報を、竹中担当大臣の秘書官の知人が代表を務める広告会社「スリード」が、内閣府政府広報室から随意契約で受注した。だが、この広告会社は、政府広報受注の実績もなく、他社では実現不可能な独創的な広告でもなかった。本来なら随意契約対象外となる案件だった。

このため、「この契約は、竹中担当大臣の秘書官による口利きであり、竹中担当大臣がこれを見逃していた」との疑惑が高まり、特別委員会で質問が集中した。

政府は、六月二十一日、いったん答弁した内容六件を訂正。六月二十二日には、政府広報の契約書の作成日を「一月十二日」から「二月八日」に訂正した。

しかし、民主党は、答弁の内容が二転三転することに反発し、特別委員会の審議はストップした。六月二十三日、細田博之内閣官房長官が、「国会で虚偽の答弁をすることは断じて許されないのが当然であり、今後このような疑惑を招くことのないよう十分監督する」と陳謝し、審議が再開した。

石破は、やはり理事の松岡と、この問題処理を担当した。石破が怖かったのは、電子メールであった。たとえば、「竹中大臣から、こういう指示がありました。これについて、どのように計らいましょうか」「竹中大臣から××秘書官を通じてこのように指示されましたが、こんなことはとてもできません」といった政府部内のメールのやりとりが、どういうわけかすべて野党に流出していた。政府のなかに、内通者がいたとしか思えなかった。

石破が防衛庁長官を務めていたとき、防衛庁が外務省に送ったファックスとされる文書が、共産党に流出したことがあった。石破は、国会で共産党議員に追及された。

「長官、このファックスは、いったい何だ！」

石破は答弁した。

「出所不明のものについては、お答えできません」

「ここに、あるじゃないか！」

「そうおっしゃいましても、どうやって手に入れたかもわからないものについて、コメントできません」

そういって押し通した。結局、共産党は、それ以上、追及してこなかった。

石破は、与党理事懇談会で、その経験を紹介し、提案した。

「野党に『このメールは、何だ！』と追及されたら、そうやって押し通してはどうか」

ところが、困ったことに野党に流出した電子メールの本数は、一本や二本ではなかった。数十本にものぼった。野党は、そのたびに竹中担当大臣を追及した。こうなると、「お答えできません」ではもたない。

竹中担当大臣は、答弁した。

「そのようなメールは知りません。ただ、そのことが事実であるかどうか、いつ誰がどういうような決裁をしたのか、それについては明日の朝までにお答えします」

特別委員会終了後、石破と松岡は、すぐに問題点を整理した。夜中の十一時ぐらいまで協議し、役所に指示した。

「この点について指摘されている。だから、こういう資料を用意してほしい」

役人たちは、徹夜で作業をこなした。

翌朝六時、石破は、国会に登院した。国会議員のなかでは、だれよりも早く、登院ランプを押した。与党理事懇談会は、毎朝八時から開かれる。それまでに答弁書を用意しておかなければいけない。役人が徹夜でまとめた答弁書を添削し、一部書き直しを命じた。役人も、石破らの要求に懸命に応えてくれた。

そのような日々が、約一カ月も続いた。

野党が「この件について資料の提出を要求する」と言ったものが、翌日には、すぐに用意されている。不誠実な対応をすれば、それを口実に「審議には応じられない」と審議拒否にもちこむつもりが、石破らの迅速な対応に文句のつけようがなかった。

野党は、攻め手の一つを失ってしまった。

「石破理事と松岡理事は、本当に誠実に対応してくれた」

そう言って、石破らを労った。

石破は苦笑いした。

〈我々は、防火係と火消し係みたいなものだな……〉

七月四日、郵政民営化関連法案は、衆議院郵政民営化特別委員会で採決がおこなわれた。その結果、法案は、一部修正のうえ自民、公明両党の賛成多数で可決した。

特別委員会の審議時間は、なんと一〇九時間二五分におよんだ。昭和三十五年の安保特別委員会以来、長時間にわたって審議がおこなわれたケースも多いが、一〇〇時間を超すことはめったになかった。

石破は、ほっとしたのと同時に、特別委員会を取り仕切った二階俊博委員長の手腕に敬服した。石破と二階は、ともに自民党を離党した経験がある。石破は、平成九年に自民党に復党したが、二階は、自由党、保守党、保守新党を経て平成十五年に復党したばかりであった。

〈久しぶりに二階さんの下で仕事をしたが、やはり、この人は腹が据わっている。二階さんでなければ、おさまらなかったであろう〉

七月五日、衆議院本会議で郵政民営化関連法案の採決がおこなわれた。自民党から反対三七人、棄権・欠席一四人の計五一人の造反議員が出たが、五票差で可決した。造反議員の多くは、旧橋本派、亀井派であった。

石破は思った。

〈彼らの一部は、反郵政改革ではなく、反小泉だ。小泉さんのやることなすこと気に入らないというのであれば、しょうがない〉

郵政関連法案の審議は、参議院に舞台を移した。石破は、衆議院同様、反対派の参議院議員を説得することはなかった。が、さすがに参議院鳥取選挙区選出の常田亨詳、田村耕太郎の二人には声をかけた。

「大丈夫だよね」

二人とも、参議院での付帯決議を条件に郵政民営化に賛成の方向であった。

いっぽう、石破は、参議院で審議がはじまった段階で、総選挙の準備に入った。

〈準備だけは、しておこう〉

解散はあると考えて準備し、結果的に回避されれば、「ああ、良かったね」で済む。が、解散などあるわけがないとタカをくくり、まったく準備をせず、いざ解散となったら間に合わない。安全保障と似たところがある。

八月五日、郵政民営化関連法案は、八月八日午後一時開会の参院本会議で採決されることが決まった。この日、動向が注目されていた参議院亀井派会長の中曽根弘文は、反対票を投じる考えを青木幹雄参院議員会長らに伝えた。参議院亀井派で賛否未定の数人が行動をともにする見通しとなり、否決の可能性が高まった。

仮に解散・総選挙となれば、自民党は惨敗するとの見方があった。が、石破は、そうは思わなかった。

〈反対派の議員がテレビに出れば出るほど、国民はきっといい感情を持たないだろう〉

今回の郵政民営化反対派の行動は、かならずしも国民の共感を呼んでいない。小泉純一郎と亀井静香は、まるでイメージがちがう。あるいは、竹中平蔵と小林興起では、やはり竹中の言っていることが本当に聞こえる。反対派がテレビに出れば出るほど、国民感情は離れていくのではないか。

石破は思った。

〈選挙になっても、国民は、反対派を支持しないだろう。賛成派が勝利するのでは〉

八月八日、参議院本会議で郵政民営化関連法案の採決がおこなわれた。自民党議員の計三〇人が造反し、法案は否決。小泉総理は、ただちに衆議院を解散した。そして、衆議院本会議で反対した三七人を公認せず、いわゆる「刺客候補」を立てることを執行部に指示した。

石破は、首をひねった。

〈そこまでやるのか……〉

造反したといっても、郵政民営化法案に反対しただけである。例えば、自衛隊のイラク派遣の国会承認をはじめ、これまでのすべての法案には賛成していたのだ。非公認はやむをえないが、無所属で当選した後、次の国会で再提出する郵政民営化関連法案に賛成するという条件で追加公認すればいいのでは、と石破は考えていた。

石破は、郵政民営化関連法案に反対した静岡七区の城内実と付き合いがあった。城内の後援会が東京に来ると、石破はゲストとして呼ばれ、講演したりしていた。やはり、反対した宮崎三区の古川禎久の地元にも、講演会の講師として出向いていた。

彼らは、有能な人材である。単なる「反小泉」ではなく、彼らの論理で真剣に考えたうえで反対票を投じた。まさか、そういう人たちまですべて葬り去ろうとするとは思ってもみなかった。

しかし、小泉総理は、この「刺客候補」戦略を国民的人気に結びつけた。総選挙の結果、自民党は、なんと二九六議席と大勝したのである。

ただし、石破は、よろこんでばかりはいられなかった。総選挙後、石破が、議員会館の食堂で遅い昼食を取っていると、隣のテーブルに座った民主党の議員たちが声をかけてきた。

「いや、石破さん、日本の国民性って怖いね」

彼らは、小泉ブームが起こり、民主党が苦戦を強いられるなか、なんとか当選してきた。

「ムードに煽られ、一気に世論ができてしまう。戦争に突入したときも、こんなだったのかな……」

石破にも、内心密かにそれと似た思いがあった。

昭和十六年、まったく展望の開けない日中戦争を一方で戦いながら、なんと米英との開戦に踏み切るという、今考えれば無謀きわまりない判断がなされた。彼我の戦略や国力の相違も知らされないまま、国民は「神国日本、大和魂をもってすれば鬼畜米英恐れるに足らず」などという勇ましいムードに酔い、悲惨な結末を迎えたことが思い起こされてならないのだった。

日本人は、時として国民感情が右に左に大きく振れる。そういう国民性を持っているし、マスコミもそれを煽る。今回は郵政民営化がテーマだったが、対韓国や対中国などで国民受けはするがかならずしも国益とはならないテーマを掲げて大勝したら、それが国策となる可能性もある。

石破は、つくづく思った。

〈この小選挙区制による選挙は、本当に気をつけないといけない〉

石破は「麻垣康三」などと言われ、ポスト小泉として名前の上がっていた麻生太郎、福田康夫、谷垣禎

一、安倍晋三のうち、小泉内閣で共通分野でいっしょに仕事をした福田と麻生のことは、ある程度わかっていた。二人とも、「自分のため」という意識のまったくない、立派な指導者だと思った。谷垣も明断で人柄に優れた人物だと思っていたし、安倍についてもその明確なビジョンは優れたものだと思っていた。

結局福田は、自身と安倍の二人の出馬によって所属する派閥の清和会（森派）が割れることをおそれて、総裁選には出馬しなかった。そのため、総裁選は、麻生、谷垣、安倍の三人の争いとなった。石破は、誰からも強く頼まれていたわけではなかった。が、麻生を応援しようと思った。石破は麻生を一生懸命応援した。

石破派水月会のメンバーである後藤田正純は、平成十二年六月二十五日の衆議院議員選挙で、徳島三区から自由民主党公認で立候補し初当選した。石破茂との付き合いは、後藤田が初当選後に平成研究会（橋本派）に所属したことがきっかけで始まった。二人とも慶應大学出身で、石破の父二朗と正純の大叔父の後藤田正晴が親しかったこともあり、すぐに打ち解けた。

後藤田正晴は官僚時代、同じ内務省勤務だった石破の父親の石破二朗と懇意になった。政治家に転身後、第二次大平内閣で自治大臣を務めた後藤田正晴の後を引き継いだのが石破二朗だった。

そのような縁から、石破茂の結婚式では、後藤田正晴が乾杯の音頭を取った。

後藤田正純は、平成十八年九月の総裁選では、谷垣禎一を応援した。

谷垣は前評判があまり芳しくなかった。それでも後藤田にとって、谷垣の掲げる政策は納得できるものであったし、他の候補者よりも立派な人物であると確信していた。

が、後藤田自身はまだ若く、もともと周囲をうまく取り込めるような器用な性分ではなかった。

後藤田は、上の世代の政治家たちが総裁選で闘う姿を見て、つくづく思った。

〈やはり、権力を取りに行かない派閥はダメだ。それに、権力を取りに行かない政治家もダメだ。むろん、単にギラギラした権力志向でもいけない。しっかりした政策を掲げていなければ意味がない〉

九月二十日の総裁選の結果、安倍が麻生と谷垣を大差で破り、新総裁に選出された。得票数は、安倍四一六票、麻生一三六票、谷垣一〇二票、無効一票であった。

後藤田は、平成十九年九月二十八日、初当選以来所属していた平成研究会（津島派）に退会届を提出した。

核保有議論の陥穽

第一次安倍内閣時代、麻生太郎外務大臣や自民党の中川昭一政調会長の「核保有議論発言」が物議を醸していた。一連の発言に、日本のメディアの多くは「議論すらいけない」といった論調で批判している。

しかし、石破は、日本が核兵器を持つべきかどうかという論議はすべきだと思っていた。

〈核兵器を持つことによるメリット、デメリットを並べてみれば、あまりにもデメリットが多すぎて、核兵器を持つことがまったく国益にならないということがはっきりとわかってくるはずだ〉

安倍総理は「閣内、政府、党の正式機関において核を保有するという可能性の上での議論は一切しない」と言っていた。

石破は、「核兵器を持ったほうがいい」、あるいは、「核を持たず、つくらず、持ち込ませずという非核三原則は変えたほうがいい」と考え、それが日本の独立と平和にとって重要なのだと信じるのであれば、公の場で堂々と発言するのが国会議員の責任だと思っていた。

中川秀直幹事長は、「党内議論もしない」と会見で言っているが、議論しなければ思考停止に陥ってしまう。安全保障は常に論理的に突き詰めて考えなければ、かつての日本のように突然、精神論が幅を利かせて極端に振れかねない。議論しないということこそ、非常に危険なことではないか。せめて、自民党の場で議論するのが政権与党としての責任ではないか。そのために国会議員はいる。「タカ派だとか右翼だとか言われて票が減るのがいやだから言わないほうがいい」というのなら、国会議員として国民に対する責任を果たしていない。

安倍総理が何となく曖昧さを残しているのは、現時点で核の不保有を確定してしまうことに対して、国際戦略面からの躊躇があるのかもしれない。

石破は、「日本も核兵器を持つべきだ」という主張をする人の話を聞くかぎり、あまり現実味のある議論とは言えないような気がしている。戦略的というより衝動的な議論で、外国も危うさを感じるだろう。石破らいわば「安全保障屋」は、純然たるリアリストである。防衛の議論は、すべからく理念ではなく、実務たるべきなのだ、というのが、石破の信念だ。

日本の核武装というのは、国際的に見ても大変深刻な事態である。

まず日米関係において、日本が「核兵器を持ちたい」ということは、「アメリカの核の傘は信用できない」と言っているのと同じことになる。

もちろんアメリカにも、いろいろな人がいる。「日本も核兵器を持つべきだ」と言っている学者もいるし、役人のなかにも、オフレコなら、そういうことを言う人がいる。

しかし、太平洋において最も重要とまで言われる日米同盟の相手国たる日本がアメリカの拡大抑止（いわゆる「核の傘」）を信じないとなれば、いわんやその他のアメリカの同盟国は一斉に不信を表明するだろう。

そもそもアメリカ人にとって、日本は、自分たちアメリカと四年間も戦争した恐ろしい国である。潜在的には、まだ日本への恐怖心がある。それは中国も同じだ。

また、日本が核兵器を持つと言えば、NPT体制は無きに等しいものとなる。「唯一の被爆国たる日本が核を持ったのだから、うちも持とう」ということになり、あらゆる国がみんな競い合って核武装に走ることになるだろう。全世界が核兵器を持った状態というのは、今のNPT体制よりもずっと悪い世の中ではないのか。日本がそのような世界をつくる引き金を引かなければいけない理由が、石破にはまったくわからない。

「抑止のために核を持つ」ということを言う向きもあるが、それは、北朝鮮のロジックと同じだ。核兵器を開発・生産・維持するには膨大なコストがかかる。核兵器のために国民生活を犠牲にするなら、それは、現在の北朝鮮そのものではないか。「北朝鮮はけしからん」と言っている日本が、なぜ北朝鮮と同じロジックを展開するのであろうか。

もっと基本的なことを言えば、我が国は核兵器の燃料となるウランを産出しない。原子力発電所が稼働しているのであれば、その分を流用することも考えられなくはないが、NPTから脱退すればあらゆる原子力協定は破棄され、核燃料は入手できなくなる。それに、日本には核爆発をテストできるような場所もない。現実にはほぼ不可能と言っていい。核兵器の保有など考えずとも北朝鮮の恫喝に屈しないですむように、石破は防衛庁長官時代、どんな批判を浴びようともミサイル防衛システムを導入しようと奔走した。

平成十八年十二月に最初の地上配備システムが前倒しで導入された。平成二十三年度予算でひととおりのシステムは完成をみた。その迎撃精度はかなりのものである。

当時、石破が委員長を務めた自民党の防衛政策検討小委員会で、「集団的自衛権」について一連の議論が行われた。その後、非核三原則も含めて、いわゆる「国是」といわれている政策についても議論をした。

石破は、「核を持つべきではない」という人の主張も、結局そのほとんどが、情緒の世界を出ていないと思う。「唯一の被爆国である日本が」と言うばかりだ。賛成論にも論理がないし、反対論にも論理がない。そうすると、勇ましいほうが支持を得るに決まっている。あまり発展性のある話ではない。石破が好む清水幾太郎氏の著作の所論は、それなりに論理的だが、現実性には乏しい。だからこそ、事態をリアルに考える人たちがきちんと議論し、「核兵器は我が国自身の政策判断として持つべきではない」という結論を導き出しておくべきだと石破は思っている。

集団的自衛権をめぐる議論

平成十八年十二月二十日、自民党防衛政策検討小委員会の委員長をつとめていた石破は、集団的自衛権行使を認めた場合の国内法のイメージ案を小委員会に提示し、議論をおこなった。

石破は、集団的自衛権の行使について指摘した。

「内閣総理大臣が解釈を変更するとの宣言だけでは、行使する際の法的根拠がない」

また、集団的自衛権行使を認めた場合、行使の要件などを規定する「安全保障基本法」や、現行の「防衛出動」にくわえ新たに「集団自衛出動」（仮）の任務規定を定める改正自衛隊法などの国内法の整備が必要と説明した。

これらの法律のイメージ案を提示するとともに、日本が集団的自衛権を行使することになれば「日米安全保障条約の条文も変わる」と条文案を示した。

さらに、石破は「文民統制の最後のよすがは立法府」とし、集団的自衛権を行使する際には、国会の事前承認など一定のコントロールが必要との考えを示した。

石破は、「米国を狙った弾道ミサイルをMDシステムで迎撃できる」とか、「公海上の日米艦船が並走中に米国が攻撃された場合、自衛隊は反撃できる」、といった限定されたものについてのみ集団的自衛権の行使を可能とするという考え方には反対であった。

そもそも、集団的自衛権の概念は、「自国と密接な関係にある国が攻撃を受けたとき、それを自国に対する攻撃とみなしてともに反撃する」というものだ。これは、国連憲章五十一条によってすべての国に認められた権利である。

それゆえ、行使の態様で一部認めるというのは、いびつな議論だと考える。また、たとえば、オーストラリアであっても、韓国であっても、日本にとって密接な関係にある国が攻撃されたときに攻撃できないのもおかしい。アメリカだけに限定する必要はどこにもない。なぜ、日本だけが狭く、狭く、解釈しようとするのか。

もちろん、集団的自衛権を行使する場合には、国際法上も明確なルールが必要となる。例えば、アメリカは、一九六〇年に起こったベトナム戦争に介入し、南ベトナムを「同盟国」として支援した。しかし、実質的には、北ベトナムを支援するソ連や中国の共産主義勢力とアメリカなどの西側勢力が背後にあっての、いわば代理戦争であり、南ベトナムはアメリカの傀儡政権であった。このようなかたちでは、国際法上必要とされる「被攻撃国の支援要請」があったとは認められない。

あるいは、一九六八年、チェコスロバキアでは、のちに「プラハの春」と呼ばれる改革運動がワルシャワ条約機構軍の介入によって挫折した。ソ連は、この介入を「集団的自衛権の行使」と主張したが、チェコスロバキアは、支援の要請について否定した。

このように、実際に攻撃を受けた国が、「助けてくれ」と言っていないのに、勝手に助けに行くことはできない。

このような国際法上のルールをきちんと遵守しながら、どのような場合に行使するか、わが国の国益として判断し、政府が基本計画を書き、国会が承認すれば、たとえ、相手が安保条約を結んでいないオーストラリアであれ、インドネシアであれ、行使することを可能とすべきだと考えた。

それはまた、たとえ相手がアメリカであっても、行かないこともあるということだ。そういった、国際法上はじつに当たり前のことをまとめたのが、石破私案であった。

石破私案は、その後、国防部会、政調審議会、総務会の議論を経て党の案として承認され選挙の際の公約にも掲げられた。

平成十九年七月二十九日におこなわれた第二十一回参議院議員通常選挙において、自民党は獲得議席数三七議席と、平成元年の第十五回参議院議員通常選挙以来の歴史的大敗を喫した。さらに、昭和三十年の結党以来、初めて他党に参議院第一党の座を譲った。

石破は、郵政解散で自民党が大勝利をおさめた時から、この事態を予測していた。

自民党の足腰は、すでに郵政解散の時から弱っていた。小泉総理時代の負の遺産を背負い、数々の大臣スキャンダル、年金記録問題などで支持率が低下した安倍晋三内閣の支持率が上がることはなかった。

しかも、参議院議員は選挙区が広いこともあり、もともと衆議院議員に比べると日常の選挙区の活動というものをあまり緻密にしない傾向がある。

石破は思った。

〈今回の参院選は、起こるべくして起こった当然の結果だ〉

福田康夫の誠実

安倍総理は、平成十九年八月二十七日に内閣改造に踏み切るも、九月十二日に緊急の記者会見を開き、辞意を表明してしまう。

結局、わずか一年足らずでまた自民党総裁選がおこなわれることになった。今度は、麻生太郎と福田康夫の二人が立候補し、一騎打ちとなった。石破は、このときは福田を応援することにした。

石破は、小泉内閣時代、防衛庁長官を約二年間にわたり務めた際に、福田康夫の官房長官としての仕事ぶりを見て、思っていた。

〈福田さんは、立派な人だなあ〉

福田には厳しい一面もあったが、それは官房長官としての職務に全身全霊をかけていたからだった。石破は、その姿を尊敬していた。

九月二十三日、自民党総裁選がおこなわれた。福田が三三〇票を獲得、麻生が一九七票を獲得し、福田の勝利に終わった。

九月二十六日、福田康夫内閣が成立した。

福田総理は、第一次安倍改造内閣のメンバーをほとんど居抜きで引き継いだ。

石破には、引き続き裏方として党務を中心に新テロ特措法案を仕切りたいとの思いがあった。

翌二十四日には、自民党の党四役が決まった。伊吹文明が幹事長、二階俊博が総務会長、谷垣禎一が政務調査会長、古賀誠が選挙対策委員長に就任した。そして、細田博之が幹事長代理に就任した。細田の人事を知った石破は、自身の思っていたような人事にはならない予感を抱いた。それまで石破は、細田が官房長官になるに違いないと予想していたのである。そうなれば、外務・防衛の大臣人事は安倍改造内閣のままのはずだった。が、いざ蓋を開ければ、細田官房長官は無い。とすれば、組閣においては、町村信孝前外務大臣が官房長官になり、高村正彦前防衛大臣が、横滑りで外務大臣に就任するとイメージできる。すなわち、防衛大臣の席が空く。

石破の希望は、党に残って党の役職を与えてもらい、安全保障分野か農林水産分野で抜本改革につながるような案を作りたい、あるいは選挙のテコ入れをしたい、というものだった。農林水産については、意外に思われるかもしれないが、石破は、平成十二年七月四日に発足した第二次森内閣で農林水産総括政務次官、農水副大臣を務めた。当時、自身が敷いた農政改革路線を、後任の副大臣に就いた松岡利勝に否定された苦い思いも残っていたという。もちろん選挙区である鳥取県からも、石破の農林水産分野への復帰の期待があったという。

とはいえ、人事の常として、希望通りとはいかなかった。

九月二十六日の組閣にあたって、総裁になったばかりの福田から石破に電話があった。

「いろいろあるだろうけれど、防衛大臣を、あなたにお願いしたいんだ」

石破は、自身の希望を伝えた。

「わたしは、ぜひとも『新テロ特措法案』を成立させたいのです。そのためには、今回は、いわゆる主演女優ではなくて、脚本家兼演出家になりたいのです。全体を仕切って、政府に対しても『こういうような答弁をしてください。わたしが、こういうふうに訊きますから』と演出したいのです」

なぜ石破は、そこまで裏方にこだわったのか。石破には、自衛隊の海外派遣に関する「恒久法」成立への意気込みがあった。今回の「新テロ特措法案」のような「時限立法」ではなく、あくまでも「恒久法」への政治的潮流をつくりたかった。もちろん平成十九年九月時点での、政府最大の懸案は、「新テロ特措法案」の成立である。最優先は、言うまでもない。ただし、石破には「次は、恒久法だ！」との熱い思いが漲っていた。

そもそも二人は、小泉内閣時代に、かたや官房長官、かたや防衛庁長官として「有事法制」と「イラク特措法」を通したコンビでもある。ゆえに福田が、「新テロ特措法」成立において石破に寄せる期待感は大きかったのかもしれない。

しかし、石破は、福田にもう一つ懸念していたことも言った。

「総裁、お願いですから、わたしに党務をやらせてください。選挙対策もそうです。このままだと、自民党は次の選挙で大変なことになります」

が、福田総理は、石破をなだめた。

「まあ、きみ、そう言わないで、防衛のほうを頼む」

このとき、防衛省は、海上自衛隊が米補給艦への給油量を取り違えて報告していた問題と、守屋武昌前事務次官の接待疑惑によって激震に見舞われていた。福田としては、ここは経験と実績のある石破に任せたかったのだろう。

結局、石破は、防衛大臣に就くことを承諾した。

防衛大臣として再び入閣

福田内閣最大のテーマである「新テロ特措法案」の国会論戦にのぞむ石破にとっての大きな障害は、「給油問題」と「守屋問題」であった。

平成十九年十月十日、衆院予算委員会で民主党の菅直人代表代行が質問に立ち、インド洋上で海上自衛隊が米軍に提供した燃料のイラク作戦転用疑惑について追及した。石破は答弁で、平成十五年（二〇〇三年）二月二十五日にインド洋上で海上自衛隊補給艦「ときわ」が米補給艦「ペコス」に給油した燃料の供与を受けた空母キティホークが翌日にペルシャ湾に入っていたことを認めた。

また石破は、補給艦「ときわ」が二十五日午前六時半（現地時間）から十時半までの間に、インド洋上で米補給艦「ペコス」に燃料八〇万ガロンを給油。ペコスはその後ホルムズ海峡方面に向かいキティホークと合流し、午後八時までに六七・五万ガロンを給油したと公表した。当初、防衛庁（当時）は、給油量を「二〇万ガロン」としていた。それは、当時「ときわ」から打電されていた「八〇万ガロン」を、海上幕僚監部運用課が「二〇万ガロン」とパソコンに入力ミスしたことが原因だった。

委員会では、さらに菅直人が、当時官房長官だった福田の責任を問うた。平成十五年五月九日の記者会見で福田官房長官が「給油量はキティホークの一日の消費量にあたる二〇万ガロン」と発言していたからだ。

それに対し、福田総理は陳謝した。

「当時の知見に基づいて発言した。当初の発言は間違っていた。情報を間違えて入手したことにお詫びを申し上げる」

そうして、付け加えた。

「今後は情報開示を速やかに正確におこないたい」

菅はまた、防衛省が当時の「ときわ」の航海日誌を「破棄していた」としていたがその後、民主党に一部を提出したことを指摘した。石破は、陳謝した。

「文書管理が徹底していなかったのは、お恥ずかしい限りだが事実だ。お詫びする」

石破は、記載ミスの事実は知らなかったものの、省内における「制服組」と「背広組」の連携に不備があることは、かつて自身の長官時代から気づいていた。その後、航海日誌を破棄するなどの事実も、民主党の指摘で明らかになり、石破としては、中央と部隊との意思疎通にも問題があると認識していた。が、こうもいっぺんに出て来るとは予想していなかった。

大連立の舞台裏

平成十九年十月三十日と十一月二日、小沢民主党党首と、福田総理が党首会談をおこなった。

小沢代表は大連立へ意欲的な姿勢を示した。しかし、党執行部から強い反対にあい、代表の座から退くといったんは表明した。その後、党を挙げての慰留により、小沢は翻意し、代表にとどまることとなった。

国会運営に苦労する自民党の福田康夫総裁から民主党の小沢一郎代表に、政策レベルの「大連立」構想が示され、政界再編をもくろむ小沢代表は前向きに受けとった。が、「大政翼賛会になってしまう」との民主党内の猛反発にあい、提案は実現しなかった。

大連立騒動が一段落して、石破は党首会談を振り返った。

「あそこで大連立を組まなくて本当によかったと思う」

さらに石破は、会談の成否は、聞く耳を持つ福田と、聞く耳を持たない小沢とで評価が分かれたのではないかと指摘する。

福田は、相手が官僚であれ、政治家であれ、本音や真実を語る人を周りに持っていて、その話を聞く。これに対し、小沢が周りの意見を聞いているとは石破にはまったく思えない。「聞く耳」を持つ福田政権は、はるかに大人で成熟していたと思う。

福田総理、突然の辞任

石破は、尊敬する福田総理の下で働けるということが幸せであった。

が、在任中、平成二十年二月十九日に海上自衛隊所属のイージス護衛艦「あたご」と新勝浦市漁業協同組合所属の漁船「清徳丸」の衝突事故が発生し、漁船の乗組員二名が行方不明となった。石破は翌日に現場に赴き、家族をはじめとする地元の関係者に心から謝罪した。事故については、この後、司法における判断がなされることだろう。しかし国民を守るべき自衛隊の艦船によって国民が被害を受けるなど、あってはならないことだ。石破は防衛省・自衛隊を預かる身として、本当に申し訳なく思っていた。

その誠意は勝浦の多くの関係者にも伝わった。

石破は、この事件を受けて、一定のめどがついた段階で、防衛大臣の職を辞することを考えていた。そんな胸中をすでに察していたのか、関係者との数次にわたるやり取りの中、一通の手紙が石破に渡された。

「これで辞めないでください。辞めずに、防衛省がもう二度とこういう事故を起こさないように、改革してください」というものだった。石破は申し訳なさと有難さで熱いものがこみ上げてくるのを必死で抑え、なんとかその思いに報いようと防衛省改革に奔走する。

その後、省改革の方向性に一定のめどがついたことから、平成二十年八月二日の内閣改造を機に、石破は、防衛大臣の職を退いた。後任は、参議院議員の林芳正だった。

平成二十年九月一日、福田総理は、夜九時半からの緊急の記者会見で総辞職を表明した。内閣改造からわずか一カ月後の辞任表明は、非常に唐突な印象を与えるものだった。

じつは、石破は、福田が辞任を表明する直前の八月二十八日、林芳正防衛大臣、五百旗頭真防衛大学校長ら「防衛省改革会議」メンバーとともに、福田総理とディナーをともにしていた。

その場では、辞任の気配すら感じなかったという。

総裁選初出馬

福田総理の辞任表明により、また自民党総裁選がおこなわれることになった。三年連続となった自民党総裁選のスケジュールは、平成二十年九月十日告示、九月二十二日が投開票となった。

おそらく福田が総理辞任を決断してから、水面下では、次の総理総裁は麻生太郎だという流れはできていたのだろう。麻生は、福田の辞任会見を受けて、翌日、さっそく総裁選への出馬を表明した。

石破の所属していた平成研究会（津島派）でも、全体的には勝ち馬となる麻生に乗ろうという流れが優勢であった。が、派内の一部には、自前の候補者を擁立しようという声もあがっていた。平成研究会は、自民党内で清和会に続く第二派閥なのにもかかわらず、過去二回の総裁選に候補者を擁立していなかった。

伊藤達也は、この総裁選を平成研の存在を示す最大のチャンスと位置づけていた。麻生の勝利は見えていても、平成研には、麻生の後を引き継ぐ総理総裁候補がいる。そのことを、自民党内だけでなく、世に知らしめる。むしろ、ここで、平成研の誰かが手を挙げなければ、将来の総裁選レースで、認知されないとすら思っていた。

かつて新進党に所属していたことから親しくなり、自民党復党・入党後、揃って平成研究会に参加した石破茂、小坂憲次、鴨下一郎、伊藤達也の四人は、自民党総裁選の候補者について話し合った。

「勝ち馬に乗ってポストを狙うのではなく、独自候補を立てるべきだ」

彼らは、会合を開いて、候補者の擁立を模索しはじめていた。

「誰にする？」

「やはり、年次が上で実績もある小坂さんだろう」

「それなら、石破さんだって有力候補だ」

石破は小泉内閣で防衛庁長官、福田内閣で防衛大臣に就任しており、国民に広く認知されていた。

小坂は、長野県を地盤とする小坂財閥の創始者の小坂善之助を曾祖父に持つ名家の出身で、祖父の小坂順造、父の小坂善太郎、叔父の小坂徳三郎も政治家であった。小坂は、弁舌爽やかで正義感溢れる真っ直ぐな性格の持ち主で、石破とも親しく、慶應義塾高等学校、慶應大学の先輩でもあった。小坂は、第三次小泉内閣では文部科学大臣にも就任し、閣僚経験もあった。が、初当選は平成二年の衆院選で、石破のほうが当選回数は一期上であった。年齢は小坂の方が十一歳も上であった。

石破は、小坂に言った。

「今回は、小坂さんのほうがいいよ」

が、小坂は言った。

「何を言っているんだ。この世界は期数がすべてなんだぞ。石破さんは、わたしより一期上じゃないか」

どちらもお互いを推して譲らない。

しまいには、候補者の決まらない状況に対して、周りが怒りはじめる始末であった。

「いいかげん、決めてくださいよ」


福田からの連絡「ここで絶対に二十人を集めて、石破さんに手を挙げさせるべきだ」

世代交代という時代の流れの中で、福田総理と石破茂の関係は悪くなかった。また、福田内閣で鴨下一郎は環境大臣と厚生労働副大臣を、伊藤達也は総理補佐官をそれぞれ務めていた。

が、石破は派閥全体が選んだ候補者ではなかったし、与党の重鎮らから疎まれている部分もあった。その中で孤塁を守る状況は絆や結束力を生む。小坂、鴨下、伊藤の三人は、「石破茂は総理総裁にふさわしい人物」という確信を抱くようになっていた。

石破も、あまりに連日せっつかれる状況に押されて、つい言ってしまった。

「じゃあ、いいよ。そこまで言うんだったら、推薦人が二〇人集まるなら出るよ」

しかし、派閥で一致して応援でもしないかぎり、二〇人の推薦人を集めるのは難しい。実は石破自身、集まるとは思っていなかった。

伊藤が福田から連絡を受けたのは、福田が辞任を発表した翌日のことであった。

「ここで絶対に二〇人を集めて、石破さんに手を挙げさせるべきだ」

福田は、そう伊藤に伝えた。福田は、この総裁選の全体を見ていた。麻生に次期総理総裁の座を渡すとともに、麻生の次を担う候補者を育てる意味があると見ていた。

福田は、推薦人集めの困難さはよくわかっていた。

「二〇人集まらないのなら、率直に言ってくれ」

自分から口にして石破に手を挙げさせた以上は、絶対に出させないといけないと、いつでもテコ入れする用意をしていた。

すでに麻生が候補となるのがはっきりしていて、ほかにも若手が出馬を表明しているなかで、推薦人を集めることはなかなか簡単ではなかった。

平成研内でも、石破擁立に反対する声もあった。伊藤と同じように、いずれ石破を総理総裁にしようと考える笹川堯もそのひとりであった。笹川は、怒鳴りあげた。

「いったい、何を考えているんだ！　こんなところで、おれの大切な石破を担ぎやがって」

笹川が考える石破擁立の戦略は、伊藤とはあきらかに違っていた。あえて負けるとわかっている総裁選に出てもなんのメリットもない。それどころか、思っているほどの票がとれなければただ傷つくうえに、麻生からも目をつけられかねない。ここは麻生政権で重要なポジションを確保して将来に備えることこそ、いま石破のとるべき道である。笹川はそう考えていた。

派閥幹部のなかには石破と親しい笹川堯だけでなく、麻生太郎や与謝野馨を支持する者が複数出た。額賀も石破の応援には非常に消極的で、ついに推薦人に名を連ねることはなかった。

伊藤は、小坂、鴨下らとともに、推薦人二〇名を集めるために奔走した。

総裁選初出馬に加え、なかなか展望が開けぬ状況に、石破はひどく緊張していた。

鴨下は、石破を励ました。

「一回目だ。当たって砕けろ」

石破本人も応援者たちも、初戦で勝つ気はなく「まず手を挙げよう」という気概を抱いていた。小泉純一郎のような例もある。「永田町の変人」と呼ばれ異端視されていた人物も、二度三度と総裁選にチャレンジしているうちに、理解者が増えて勝利を手にしたのだ。

小坂は、説得を重ねて竹下亘からようやく推薦人の承諾を得た。「ヒゲの隊長」こと佐藤正久は当時まだ一期生で、自分の意志で動ける立場にはなかった。それでも推薦人に名を連ねたのは、本人の強い希望のほかに、参議院のドンとも言われた青木幹雄の差配があったようだった。

鴨下は、石破のために飛び回る仲間たちを見て感心した。

〈「寄らば大樹の陰」と保身に流れやすいこの時代に、みんな本当によく頑張ってくれている〉

表立った派閥の支援のないまま、鴨下らは政治的な貸し借りのなかで大汗をかき、ようやく推薦人二〇人をかき集めた。石破の予想に反して、推薦人はなんとか集まったのである。

石破の推薦人は、津島派から衆議院議員の小坂憲次、伊藤達也、鴨下一郎、今津寛、木村隆秀、林田彪、小渕優子、倉田雅年、竹下亘、岡下信子、岡本芳郎、西銘恒三郎、大塚高司、渡嘉敷奈緒美、橋本岳、原田憲治、平口洋、参議院議員の田村耕太郎、佐藤正久の一九人。それと無派閥で石破の隣の鳥取県第二区選出の衆議院議員の赤沢亮正の合計二〇人だった。

石破は、二〇人の推薦人名簿を目にして、覚悟を決めた。

大勢の流れはすでに決まっていて、麻生の勝利は明らかだった。が、そんななかで二〇人もの仲間が自分を推してくれたことに、石破は心から感謝した。

与謝野馨との縁

九月五日午前、石破は、派内の中堅・若手議員たちを前にして、自らの総裁選への立候補を表明した。鴨下が推薦人代表、小坂が選挙責任者となった。

九月八日に与謝野馨、九日に小池百合子と石原伸晃も出馬を表明したため、自民党史上最多の五人での争いとなった。

この総裁選を通じて、石破は、それまであまり親交のなかった与謝野馨と親交を結ぶ機会に恵まれた。

九月十日に告示して以降、投開票がおこなわれる九月二十二日までの二週間近く、総裁候補たちは連日各地をまわり、遊説をおこなう。

このときも、十一日の渋谷駅ハチ公前を皮切りに、大阪、高知、名古屋、新潟、釧路、札幌、出雲、岡山、秋田、一関、佐賀、熊本、鹿児島、さいたま、千葉、横浜と全国各地をまわった。そのため、候補者たちは、自然と行動をともにする時間が増える。

しかも、総裁選への届け出順が、石原、小池、麻生、石破、与謝野の順番だった。候補者の演説はその順でおこなう。石破は、自然と待っているバスの車内で与謝野と話をする機会が増えた。

それまで与謝野に対しては、政策通で非常に頭脳明晰、ゆえにどこか近寄りがたい人物、との印象を持っていた。が、言葉を交わすたび、石破は思った。

〈与謝野さんは、案外と親しみやすい人なんだな〉

与謝野と親しくなれたことは、石破にとって財産となった。

当時の平成研究会では、麻生に乗ることでキャスティングボートを握ろうという思惑が主流を占めており、石破への支持は全くと言っていいほど広がらなかった。

五位での敗北

九月二十二日、自民党総裁選がおこなわれた。結果は、麻生の圧勝であった。

一位の麻生が三五一票、二位の与謝野が六六票、三位の小池が四六票、四位の石原が三七票、五位の石破はわずか二五票であった。

鴨下は石破の結果に残念だった。

〈推薦人プラスアルファしか得られなかったか……〉

総裁選は、謀りに謀って、準備万端整えて臨まなければ、決して勝利できない。ただ石破への理解と支持を求めても、投票してくれる人は集まらない。鴨下らは、骨身にしみて根回しの大切さを学んだ。

〈だが、チャレンジした意味はあった〉

総裁選には敗れたものの、鴨下らの「いずれは石破さんを総理総裁にしよう」という思いは、いっそう強まった。

伊藤も、この結果を悲観してはいなかった。準備に時間がなく、そもそも出ることに意義のあった総裁選である。その選挙戦で、石破は全国的に注目された。ことに、立会演説会ではどの候補にも負けぬ素晴らしい演説で、総理総裁を狙える資質があることを十分にアピールできた。次の総裁選への足固めはできた。

ただし、この総裁選を通じて、伊藤は、石破のアキレス腱ともいうべき弱点にも気づいた。それは、石破が強く主張している派閥否定論であった。石破は、もしも自分が総理総裁になれるとすれば、それはあらかじめ固められた票によってその座につくのではなく、石破茂という政治家の政策、政治姿勢に共感し、政治をおこなうトップにしたいという党員、議員の意思が結集する。その結果が自分が総裁となることだととらえ、その形を理想としていた。言い換えれば、天命が自分に下った時こそ、はじめてその座に就くと考えていた。

しかし、数の力はそんなに甘いものではない。石破の歩もうとする道筋は、そんな理想的な政治手法ではたどることのできないきわめて困難で厳しい道である。伊藤は、そのことについては、石破と何度も話し合った。しかし、石破は譲らなかった。まわりがしっかりと支えて固めなければ、石破の総裁選での勝利はむずかしい。伊藤は、そのときから、覚悟を決めていた。

石破は、今振り返って思う。

〈負けたけれども、あの時の総裁選は、自分にとって非常に悔いのない清々しい戦いだったな。最下位に終わったが、総裁選という新しい場で、安全保障や農政などの自分の主張をアピールする機会を得たことは、わたしの政治家人生にとっては一つの転機だったかもしれない〉

農水大臣に就任

平成二十年九月二十四日、麻生内閣が発足した。

石破は、農水大臣として入閣し、与謝野も、財務大臣兼経済財政担当大臣として入閣する。

十月十六日、麻生内閣は、総額一一兆五〇〇〇億円の補正予算を組んだ。

予定では、補正予算を国会に提出した段階で解散総選挙をおこなうということであった。ところが麻生総理周辺に「もう少しやったほうがいい」と言う人々がいたのか、麻生内閣はズルズルと解散総選挙を引き延ばしていく。

鴨下は思った。

〈あの時解散に打って出ていれば、麻生内閣もずっと安泰だったはずだ……〉

十月初旬、「農林水産省改革チーム」が結成された。

チームは石破農水大臣の指示で発足したものである。「若手で、農水省を変えないといけないと思っている人で構成する」として、課長クラスを中心に職員一六人が選ばれた。

改革チームの使命は、ＢＳＥ問題に続いて事故米問題を抱えた農林水産省の根本的な問題点を洗い出し、それを払拭するための改革案を策定することであった。

つまり、事象として表れた事故米のような各事柄の追及ではなく、諸問題を生む農水省の体質についての問題提起と、改善のための工程を提言することが目的である。

十一月二十七日、改革チームは「農林水産省改革のための緊急提言」と題した四五ページの提言書を石破農水大臣に提出した。内容は、農水省のいわば〝ダメぶり〟を自己批判し、国民の視点に立った省になろうと呼びかける内容であった。問題点は、（１）国民のためにこそ存在するという使命感の欠如、（２）事なかれ主義の調整型政策決定、（３）縄張り意識が強く、身内の秩序を優先する組織風土、（４）健全な組織内競争が機能せず、緊張感を生かせない組織運営、（５）攻めよりも守りを重視する消極的判断の横行、であった。

十二月二十八日、石破は、テレビ番組の中で減反政策について語った。

「いろいろな角度から減反政策の見直しを検討したい。タブーを設けず、あらゆることを可能性として排除しない広範な検討としたい」

石破は福田総理の後継を決める自民党総裁選のなかで、すでに農政改革と減反政策の見直しについて言及していた。

「今までコメの値段を維持するために、全体の数を減らしてください、ということで減反をお願いしてきた。しかしこれは、基本的には社会主義的政策だ。これをずっと続けていけば、一方で農地は荒れていき、耕作放棄地が増える。他方で市場の『見えざる手』による適者生存の作用がないゆえに、高コスト構造が維持され、消費者の嗜好を無視したものが作られる。だから減反政策は見直すべきだと思っているが、もちろん好きな人が好きなだけ作っていいと突然言ったら米価は暴落することになる。ゆえに、ケースごとの精密なシミュレーションをおこないたい」

減反見直しは、石破の持論であった。

石破は、日本人の主食であるコメについて、これ以上統制を続けるべきではないと考えていた。価格は本来、生産者と市場とか作り上げていくもので、米価を政府が決定した時代をこれ以上引きずっていては、コメ自体を作る人がいなくなってしまう。だから、将来的には作りたい人はどれだけ作っても構わないという体制をつくりたいと考えていた。

問題となるのは経過措置だ。今まで、苦しくても悲しくても減反政策に協力し、政府の勧めに従ってきた「正直者」の生産者が、劇的に市場主義に転換することによって大損をするようなことは、政策の理念として決して許されない。

石破は当面の間、生産者がその方向性を選択できるようにしてはどうかと考えていた。好きなだけ大量に生産し、米の値段が下落するリスクをとるか。生産調整に応じて補償を受けるか。どちらを選ぶかは農家の方々の自由、という選択制を設ける。これをしばらくの間続ければ、ある程度の価格と生産量に落ち着いてくるはずであった。

規模を大きくしてコストを下げよう、と考えるコメ専業農家が出てきたとする。経営者としては正しい判断だ。しかし今の米価が市場の需給で決まっているものではない以上、いきなり米価の調整の手を緩めれば、せっかくの生産者の経営判断が裏目に出る可能性が高い。つまり生産者がその経営規模を大きくするよりも米価が下落するのが早くなることが予想されるため、収益を上げられなくなる。

答えは、自由に米を作れる環境と、生産調整の間のどこかに潜んでいるはずだ。

こうした石破の考えを説明すると、農林水産省の役人も、農協も理解してくれた。

「それは大臣のおっしゃるとおりだ」

平成二十一年二月、石破大臣が主導し、省庁横断の「農政改革特命チーム」を立ち上げた。そのチーム長は、石破大臣が林野庁林政部長から改革の本丸へと引き戻した農水省の針原寿朗・総括審議官が務める。

「針原が課長になる前から農政のあり方を論じ合った仲だ」と大臣自らが語るほど、信頼は厚い。

針原は、東京大学法学部卒業後の昭和五十五年四月、農林水産省に入省。食糧庁総務部企画課長、内閣官房内閣参事官、大臣官房予算課長、林野庁林政部長などを歴任した。

針原は、あまりにも正論を言い続けてきたために、疎まれるような存在であった。逆に言えば、石破が信頼するに足る人物である。

石破は考えた。

〈今まで、米の生産にかかる選択制を採用した結果どうなるのかという計算は一度もしたことがなかったな〉

石破は、農林水産省内の農業経済の専門職にシミュレーションを命じた。

内容は、生産調整に参加してもらうための適正な補償額、米の価格、自由生産者と生産調整参加者の比率など、非常に複雑なものである。専門家の手にかかっても、数ヶ月を要する作業である。

そこには、数理系のエキスパート官僚も揃っていた。かれらは、石破の依頼に喜んでシミュレーションに取り掛かってくれた。

平成二十一年四月、特命チームがまとめた「農政改革の検討方向」が、農政改革関係閣僚会合で決定された。減反に関しても、夏までに基本的な方向を定める計画となった。さらに、減反の「強化」から「廃止」まで五通りについて、米価や生産量のシミュレーション結果を示した。

ところが、自民党内の反対で議論は事実上先送りされることになった。

平成二十一年六月、麻生太郎総理が自らの手で衆院解散に踏み切るとの考えを繰り返し強調するなか、自民党内では「反麻生」の議員が「麻生おろし」を本格化させ、麻生による衆院解散を阻止する動きを見せていた。衆院議員の任期は残り二カ月余りとなっていた。平将明も、その「麻生おろし」の真っ只中にいた。

そもそも、平は麻生総理に懐疑的だった。相手の民主党は、どんどん新しい切り口の政策を出してくる。国民からの支持を失った総理が、何を言っても有権者には伝わらない。いくら良い政策を掲げても、その前に有権者が耳を傾けてくれる環境をつくらなければいけない。

石破は、与謝野馨とともに、麻生総理に直接、厳しい情勢を訴え、新総裁で選挙を戦うことを進言した。おそらく、麻生太郎元総理のなかには「自分が苦しいときに、石破は『辞めろ』と言った」という苦々しい記憶が残っているのだろう。実際、この件はいまだに尾を引いているという議員は少なくない。

鴨下は思う。

〈これは麻生さんと石破さんの間の話で、我々が余計な口出しをすべきことではない。だが、これから大きな仕事をするうえで、石破さんは麻生さんとの関係を修復しておくべきではないだろうか……〉

逆風の衆院選

平成二十一年七月二十一日、麻生総理は、衆議院を解散した。衆院選のスケジュールは、八月十八日公示、三十日投票と決まった。この衆院選での自民党への逆風は凄まじいものがあった。

石破には、自民党が惨敗することは最初からわかりきっていたことだった。

この衆院選で、自民党は大敗した。民主党が三〇三議席を獲得する一方で、自民党は一一九議席に終わった。多くの大物議員が落選し、伊吹文明や額賀福志郎のようなベテラン議員も辛うじて比例で復活当選するほどであった。石破は、この逆風の選挙でも圧勝した。鳥取県第一区で、石破は、得票率六二・〇％で、一一万八一二一票を獲得し、民主党の奥田保明に五万五〇〇〇票近くの差をつけて、圧勝した。当選確実が出たのも、全国でも一、二を争う早さであった。

凄まじい逆風のなか、この衆院選で、石破は、自らに三つのミッションを課していた。

一つ目は、自分自身が小選挙区で当選すること。二つ目は、相手の民主党の候補者の奥田保明を比例で復活させないこと。そして三つ目は、隣の選挙区の鳥取県第二区で、自民党の候補者の赤沢亮正を小選挙区で勝利させること。石破は、この三つのミッションを達成する。自身が勝利したうえ、奥田は比例復活せず落選、赤沢もわずか六二六票差ながら大激戦を制し、小選挙区で勝利した。

丸々二年間というもの、石破の教え通り、地道に選挙区を歩いた結果、ようやく手にした赤沢の勝利であった。赤沢のような選挙をしてこなかった新人議員たちは、その多くが敗退した。

自由民主党が記録的惨敗を喫したその日の夜、麻生総理は、選挙対策本部でのＮＨＫとの中継会見にて、事実上の退陣を表明した。

第六章　民主党政権との闘い

石破の葛藤

平成二十一年夏の衆院選後、当初自民党総裁選への出馬を検討していたのは、谷垣禎一と石破茂の二人だった。生き残った衆議院議員は、わずか一一九人。安倍晋三も不本意な退陣をして日も浅く、出馬どころではない。多くの議員が落選したことにより、派閥もあまり機能していなかった。

今回の総裁の役割は、政権を失った状況で火中の栗を拾う、いわば倒産した会社の管財人のような仕事である。谷垣禎一も石破茂も、出馬するか否か悩んでいた。

石破の参謀である伊藤達也と小坂憲次は落選し、参謀のうち現職議員として残ったのは鴨下一郎だけだった。いっぽう谷垣の側近には、日本新党で初当選して以来、鴨下の友人である遠藤利明がいた。遠藤も、比例復活で当選していた。

鴨下は、遠藤に訊いた。

「谷垣さんは、やる気あるの？」

「いや、まったくない。固辞している」

「石破さんも積極的にここで、という感じはない。相当くたびれている。どうする？」

「自民党は、もしかしたら十年以上政権を取り戻せないかも知れないからな」

当時、鴨下も遠藤も、本気で十年は野党の冷や飯を食う覚悟をしていた。今回の解散総選挙は、それほどの大負けであった。

九月の自民党総裁選を前に、現在石破派水月会のメンバーである田村憲久の耳にある声が聞こえてきた。

「石破さんを出馬させたらどうだ」

鴨下一郎や後藤田正純などから、そういう声が発せられていることを知った田村も同調した。

「そうだ！　石破さんを担ごう」

田村は、石破で勝てると思った。

〈今の自民党には、まったく元気がない。もう茫然自失だ。こんなときこそ、自民党の次のエースといわれる石破さんが総裁に立てば、自民党は変わったと国民に理解してもらえるはずだ〉

石破は若い。これからの自民党のためにも、石破が総裁になり、石破が自民党を救うべきだと、田村は信じていた。

しかし、このとき、石破は出馬しなかった。

九月十五日、谷垣禎一元財務大臣は、麻生太郎総裁の後任を決める自民党総裁選に立候補することを表明した。

石破は、谷垣といっしょに閣内でも仕事をしており、プライベートな「日本そばを愛好する会」などでも親しくしていた。石破は、谷垣の党再生にかける情熱、自ら捨て石となる覚悟、草の根の政党であらねばならないという気持ち、地方を本当に大切にしたいという政治家としての正しい心根などを感じた。

谷垣を嫌いだという人は、党内に誰もいなかった。嫌う人が誰もいない、ということは大変なことである。とにかく、谷垣に会えば、みんなが好きになる。「華がない、地味だ、決断力に欠ける」などと批判する人はいる。が、人柄だけは付け焼刃ではできない。人柄が良いうえに、財務大臣、政調会長、国土交通大臣など閣僚経験も豊富だった。

日程は、九月十八日公示、九月二十八日投開票となった。

結局、この総裁選には、谷垣禎一、西村康稔、河野太郎の三人が出馬した。

石破は思っていた。

〈今回の衆院選で、自民党は惨敗した。これから先は自民党にとって冬の時代だ。こんな時は、人心を集められる人がリーダーにならなきゃダメだ。この人ならとみんなが思って支える人…それは谷垣さんだ〉

石破は、自らは出馬せずに谷垣の支援にまわった。

九月二十八日、自民党総裁選がおこなわれ、谷垣が三〇〇票を獲得し、一四四票の河野、五四票の西村を退け、当選した。この時の谷垣もまた、まさか三年三カ月で与党に復帰できるとは夢にも思っていない。

票田守って水田滅ぶ

平成二十一年九月、この年四月に石破農水大臣が農業経済のエキスパートたちに命じておいた二次シミュレーションの結果が、約四カ月をかけてようやく上がってきた。政権交代により、石破が農林水産大臣を辞任する直前に完成するとは、少々皮肉なことであった。

平成二十一年九月十五日、退任を前日に控えた石破は、コメ生産調整（減反）改革へ向けた二次シミュレーション結果を公表した。この公表は、減反の義務は緩和する一方、米価下落による農家の減収を補てんする新制度を導入する案が最適との結論を示していた。ただ、民主党が掲げる「農業者戸別所得補償制度」にこれを反映させるかどうかは次期農水大臣に委ねた形にならざるをえなかった。

二次シミュレーションは、さらに条件を加え九通りで試算。（1）減反に参加しない農家に対し、より大きな減反目標を負わせるペナルティーは廃止（2）麦などへの転作助成金は拡充（3）米価が平均生産費を下回った場合、その差額を補てんする新制度を導入、などの組み合わせが、財政負担と消費者メリットのバランスから最適と結論づけた。その場合、米価は平成十九年産米の約一万五〇〇〇円から、十年後は一万三七〇〇円程度に下がるとした。
（3）の新制度は民主党が掲げる所得補償制度に近い。石破は「これを今後の糧としないことはあり得ない」と自信を示したが、政権交代前の前任者が退任間際に示した提言を、次期農水大臣がどう生かすかは不透明だった。
学術的にも、どこへ出しても遜色のない、素晴らしい内容であった。シミュレーションは、「農政改革特命チーム」の針原寿朗チーム長をはじめとするメンバーと、政策課の人たちが中心となって懸命にやってくれた結果、できたものである。石破がどれほど頑張ろうと、こうした優秀な人たちがいなければ、なしえなかったことである。

それでも、かつて、ここまで徹底してシミュレーションを実施した農林大臣は一人もいなかった。あと一年、石破が農水大臣を続けられていたならば、このシミュレーションをもとに、政策はかなり進んだはずであった。が、今となっては仕方のないことであった。

石破は、深いため息をついた。

〈とりあえず、農水大臣としてやるべきことは、この一年間でやった。民主党の農政も、おそらくこれをベースに進むだろう。どの党が政策をおこなうかは関係ない。誰でもいいから日本の農業のため、農業者

のために実施してくれれば、それで満足だ〉

が、石破にとって、民主党の選挙公約は、まったく納得のいかないものであった。

民主党は、「どうせ有権者にはわかりはしない」とばかりに、農業の戸別所得補償や、子育て支援、高速道路の無料化などのバラマキ政策をマニフェストに導入し、勝利を得たように見えてならなかった。

このような「実現不可能な人気取りの公約」は、かつて日本社会党しか言ってこなかったことである。が、今回、まがりなりにも政権を担おうという党が「何でもいいんだ、勝ちさえすれば」という、一種、政党として超えてはならない点を超えてしまったように石破には思えた。

〈恐ろしいことだ……〉

民主党が選挙に勝つために何でもやる、という考えならば、石破の農政に対する努力が水の泡となる可能性もある。

が、石破は、同時に思った。

〈しかし、日本の国民は賢明だ〉

民主党が唱えるばら撒き政策には、国民の半数以上が反対の意を唱えている。

「いくら何でも、そんなわけにはいくまい」

石破は、国民が正しい判断をしてくれると信じていた。

民主党の勝利の要因の中で、「農家への戸別所得補償」が決定的だったとは思わなかった。日本農業新聞や朝日新聞などの世論調査から、「石破の唱える農政改革」が徐々に支持を得つつあるとの感触もつかんでいた。

民主党の主張するエサ米や米粉用米作りの促進などは、自民党政権時代から進めてきたことで、本丸ではない。農業の持続的な発展と、農家の所得増大を実現するための答えは、本当に限られたものでしかない。

石破が農水大臣を辞任する前に提出した二次シミュレーションの中に、その答えはあった。

石破は思う。

〈戸別所得補償などやりはしない。おそらく、民主党はあのシミュレーションを取り入れるだろう〉

本当にマニフェストどおりの戸別所得補償などを実施したら、カネがいくらあっても足りない。石破は、選挙向けに言ってみただけの政策であると思っていた。

戸別所得補償政策は、おそらく先送りとなるだろう。平成二十二年の参院選まで先延ばしにし、再び選挙用の「宣伝文句」として使用し、その後になし崩すことになる。

民主党の中でも、農政を真剣に手掛けるある議員は言っていた。

「戸別所得補償など、できるはずがない」

が、民主党のトップは、そうした正論を封じ込めたのかもしれない。

「そんなことはいいんだ。どうせ国民にはわかりはしない。政権を取ってから考えればいい。まずは政権を取ることが先決だ」

石破は、そこが許せないと思った。

〈どうせ国民にはわかりはしない、勝ってから考えればいい、という考えは、わたしの政治的な価値観とはまったく違う。それはむしろ詐欺に近いものではないか〉

むろん、民主党にも、まじめに政策を考えている議員がいる。が、民主党が出した公約には明らかに『受け狙い』的なものが多かった。マニフェスト選挙と称して適当な政策を並べ、あとは勝ってから考えようというなら、詐欺と言われても仕方ないだろう。

石破は、決意を新たにした。

〈自民党は、徹底した現実路線でいく。当面は経済政策と外交・安保政策を中心に攻めていこう〉

石破は、日本の農業は、やり方によっては必ず良くなると確信していた。

日本は今でも、農業総生産額では、中国、インド、アメリカ、ブラジルに次ぐ、世界五位の農業大国である。が、これは現時点の話であって、担い手がどんどん少なくなっていく十年後も同じだとは限らない。今、農業に興味を持つ若者が急増している。が、思い立ったその日から農業ができるわけではない。スキルを身につけるまでには三年から五年かかる。農業をきちんと身につける間の支援は、政府がおこなうべきだ。

石破は、農水大臣時代からそうした政策をずっと続けてきた。

〈戸別所得補償より、将来を担う若者を育てたほうが、よほど将来性がある〉

石破が農水大臣だった時、党内からさまざまな批判が出て政策を進めにくかったことは確かであった。が、それは官僚が悪いのでも農協が悪いのでもない。政治家が悪かったのである。

一部の政治家は、「米価を守るぞ、下げさせないぞ」と主張することで、有権者からの支持を得ようとしてきた。

石破は思う。

〈〝票田守って水田滅ぶ〟とは、こういうことだ〉

しかし、自身の票田を守ることだけに躍起になっていた自民党議員は、今回の衆院選でほとんど落選した。

野党となった自民党は、官僚組織という巨大シンクタンクの助けを得ることができない。が、自民党のなかには、ベテランから中堅、若手に至るまで、役所の助けを借りず、自力で政策を立案してきた議員たちがいた。石破は、年功序列や派閥均衡にとらわれず、そういう議員をどんどん登用するつもりであった。

国会図書館から関連する文献を取り寄せて読めば、政策についての知識は十分得られる。石破は、たとえ大臣の職にあっても、懸案があれば、役所の説明を聞く前に国会図書館から関連する文献を取り寄せ、課題についての論説を併せて読むよう心がけていた。そのうえで官僚と議論を重ねて政策を立案する。政治家自身が勉強しなければならないのは当然のことであった。

〈国会図書館は国会議員にとって最大の財産の一つだ〉

さらに、自分が疑問に思ったことをすぐに質問できる専門家、学者をどれだけ持てるか、ということも大きいだろう。

シンクタンクや、学者、研究者との付き合いも非常に大切だと石破は思っている。

政調会長として抜擢人事をおこなう

平成二十一年九月二十八日、谷垣禎一が第二十四代自由民主党総裁に選出された。

石破は、考え続けていた。

〈この野党になった自民党の復活のため、自分は何をすべきなのか〉

以前から希望していた選挙対策か、あるいは、政策的な屋台骨の再構築か。

谷垣総裁は、そんな石破を政務調査会長に任命した。

石破は、改めて決意を固めた。

〈谷垣総裁の意に報いることができるよう、自民党の政策を錬磨し、与党と対峙することが、今、わたしがなすべきことだ〉

野党の政調として、民主党を攻めるネタはいくらでもあった。鳩山由紀夫総理の偽装献金問題、反米のみを加速するような外交姿勢、代替案なき沖縄普天間基地の「最低でも県外」発言、それに付随する安全保障問題、高速道路の無料化、輿石東参院議員会長による教育基本法を無視した「教育に政治的中立はあり得ない」発言など、世論も「こんなはずではなかった」というムードに傾きつつあった。

ただし、相手の政策について批判したり攻めたりすることは、誰でもできる。石破自身が常々批判してきたように、「それでは、あなたがた野党はどうするんだ」と、野党自身の姿勢や政策について、きちんと説明できなければならない。民主党を攻めるのは、その説明とセットですべきことである。

石破は思う。

〈まずは「自民党は変わった」と国民に認識してもらうように、努力しなくてはならない〉

自民党そのものが、変わらねばならない。石破は、政務調査会の部会長に思い切った新しい人材を登用することにした。

斎藤健を環境部会長に大胆起用

石破は、政調会長代理となった鴨下一郎と話し合っていた。

「とにかく能力主義でいこう」

自民党の政調には、内閣、国防、総務、法務など、一三の部会がある。

石破と鴨下は名簿を見ながら、即戦力となりうるような若手議員を探した。まず目に止まったのは、経産官僚出身の一期生、斎藤健だった。埼玉県の副知事を務めた経歴もあり、実力と実績のある貴重な人材と思われた。

「よし、斎藤健を引っ張ってこよう」

のちに石破派「水月会」のメンバーとなった斎藤健は、前職である通商産業省（現在の経済産業省）の官僚時代には、不思議と石破茂との縁はなかった。

斎藤は、平成二十一年八月三十日の第四十五回衆議院議員総選挙に千葉七区から出馬し、初当選を果たす。

同年十月の初旬、斎藤の携帯電話が鳴った。斎藤は、地元の書店で息子に本を買ってやろうと思い、レジの前に並んでいた。電話に出ると、石破の声がした。

「やあ、突然ですけど、環境部会長をやってください」

斎藤は、役人出身だから、部会長という職がいかに大変なものなのかをよく知っている。それを、当選して四十日ほどしか経過していない人間に任せようという。環境政策といえば、鳩山由紀夫総理が二十五％のＣＯ２削減を根拠もなく打ち出したばかりのころだ。それに対して、自民党がカウンタープロポーザルをするかどうか、という非常に大きな課題があった。それを担当するのが、環境部会だ。

「えー、わたしなんかで、いいんですか？」

「ぜひ、お願いします」

当時、斎藤は石破との面識はなかった。自民党への逆風が吹き荒れる選挙での初当選であり、斎藤をふくめ同期当選は四人しかいなかった。しかし、自民党自身に変化が求められている時期でもあり、ある程度、若い人間を使いたいという石破の思惑があったのだろう。

斎藤自身も感じたとおり、この人事はある意味で強引だった。

だから当然、党内からも「なぜ当選したての新人を、鳩山内閣の看板政策に対抗するために重要な環境部会に配置するのか」という不満の声もあったようだ。

しかし、そのようななか、あえて自分を登用してくれたことを、斎藤は非常に恩に感じている。

同じように、石破は次々と若手人材を登用していった。国防部会長には、〃ヒゲの隊長〃こと元陸上自衛官の佐藤正久参議院議員（一期）。文部科学部会長には〃ヤンキー先生〃こと義家弘介参議院議員（一期）。法務部会長には弁護士の資格を持つ森まさこ参議院議員（一期）。そして、経済産業部会長には平将明衆議院議員（二期）。

石破は、自分の頭でものを考え、自分の言葉で話をし、大臣クラスのベテラン議員とも論争できる人物、という基準で部会長を選んだ。そして彼らには、積極的にメディアへの登場の機会を作った。

民主党は、すでに原口一博、長島昭久、前原誠司、長妻昭などの〃若手スター〃を当選回数順に創り上げてきた。石破は、長老組が表に出ず、若い人材を育ててきたことを率直に評価すべきだと思っていた。

メディアは、「自民党には人材がいない」とよく言う。が、それは誤りだ。良い人材はたくさんいる。

斎藤は、環境部会長になったからこそ、当選してわずか二カ月後の十一月の初頭には予算委員会で質問に立つことができた。予算委員会は、ＮＨＫで中継される。斎藤の質問する姿はテレビでも放送された。

斎藤は、質問する際は必ず、揚げ足をとらずに、直球の質問をするので、答弁も直球で返して欲しいと要求して質問をすることとした。その姿勢がテレビを見ている国民や有権者にも好感され、人気につながった。それらは、すべて石破が、斎藤を部会長に選んでくれたからこそだ。

斎藤環境部会長は、一年で終了した。その後、石破政調会長が再任され、斎藤は、政務調査会の事務局長に就任した。前任者は、西村康稔衆議院議員だった。西村は、平成二十一年九月の自民党総裁選に立候補し、敗れた後に事務局長に就任していた。政務調査会の事務局長は、それまで一般的には、閣僚経験があるかないかレベル、当選五回くらいの議員が担当することの多い役職だった。それほどの重要ポストに、当選一期の人間を置いてくれたのだ。斎藤は、石破の大胆な人事に、まとも感謝することとなった。

その後、東日本大震災が発生する。石破を中心に、政調主導で、復興のための数多の法案を立案していくことになった。斎藤をふくめ、多くの登用された人材が復興関係の議員立法を矢継ぎ早に提出した。石破でなければ、このような体制を作ることはできなかっただろう。

異色の政治家　平将明

のちに石破派（水月会）広報委員長となり、この時二期生ながら経済産業部会長に抜擢された平将明と石破の出会いは、平成十七年ごろに遡る。

平は、当時、日本青年会議所（ＪＣ）の関東地区協議会会長を務めるなど、ＪＣの多くの役職に就いていた。その時、ＪＣの招へいで、石破が講演に来たことがあった。そこで、平は石破とあいさつを交わし、顔見知りになった。

平成十七年、日本青年会議所会頭選挙がおこなわれた。平は、この会頭選挙に出馬した。

当時のＪＣは、力を持ったＯＢが、現役メンバーの人事やイベントに口出しし、いつまでたっても旧態依然とした状態から抜け出せずにいた。初代理事長でもあるミツワ石鹸の三輪善兵衛やウシオ電機の牛尾治朗から、ＪＣを創立した意味や存在意義について話を聞く機会に恵まれた平は、この状況を憂慮していた。四十歳になったらみな一応卒業することになっている。しかし、「Keep young」という組織の最も大切なアイデンティティは、見失われたままだった。

〈本当に「若い」ＪＣを取り戻すため、ＯＢ支配を壊したい。そういう勢力を一掃したい〉

こうして、平は反旗を翻したのである。

この選挙はＪＣを二分するほどの激しい選挙になったが、平は僅差で敗れた。

七月にこの会頭選挙が終わり、それから二週間後。小泉純一郎総理大臣は、衆議院を解散する。いわゆる郵政解散である。

その日の夜、知り合いの自民党議員が、平に連絡してきた。

「平さん、会頭選挙は残念だったけど、今度は日本の改革をしよう。衆議院選挙に出る気はないか？」

平は、公募に応募した。四三倍の競争を経て公認候補となり、選挙に出馬。こうして九月十一日、初当選を果たす。八三人もの「小泉チルドレン」の一人が平であった。

国会議員になり、平と石破の関係はそれ以前より密になっていく。

特に、関係が深まったのは、平が二回目の選挙に当選してからである。

平成二十一年八月、自民党は選挙に大敗し、野党へ転落。自民党の初当選組は小泉進次郎、伊東良孝、橘慶一郎、斎藤健の四人のみ。八三人いた「小泉チルドレン」のうち、二期生となったのはわずか八人だった。

石破は野党自民党の政調会長に就任し、平は、その石破のもとで経済産業部会長に任じられた。平はまた、衆議院経済産業委員会の理事となり、自民党経済成長戦略特命委員会（塩崎恭久委員長）の事務局長として経済成長戦略策定にも参画する。

歴史的大敗を喫した自民党には大臣経験者ばかりが残り、実働部隊となる一期生、二期生は一二人のみ。二期生の平が、経済産業部会長に抜擢されたことに、平自身が驚いた。

〈わたしは、誰かとベタベタするタイプじゃない。石破政調会長ともベタベタ親しくしていたつもりはないのだが……〉

石破は、どうやら平に興味を持っていたようだった。


平は、自民党の議員の中でも、異色の経歴を持っている。サラリーマン生活を経て、平成三年、家業である大田青果市場の仲卸「山邦」に入社した平は、平成八年、三代目として後を継ぎ、いわゆる中小企業の社長に就任。専務と社長時代を合わせ一一年の間に、バブル崩壊、金融危機、貸し渋り・貸し剝がしという凄まじい嵐を経験した。

もともと東京・神田で事業を営んでいたが、平成元年に大田区の大田市場に移った。平が父親から会社を継いだとき、会社は赤字だった。年商は三十六億円ほどだったが、青果仲卸業は利幅が少ない。それを、いったん二十四億円まで縮小させ、利益を出すように体質を改善し、そこから百億円の年商を目指した。その結果、平が国会議員に当選したときには年商六十八億円ほどになっていた。

売り上げを伸ばすには運転資金が必要になる。当然、平も信用金庫や信用組合と取引していたが、平成十年、山一証券や北海道拓殖銀行の破たんで始まった金融危機の影響を受け、取引金融機関のメイン、準メインが相次いで破たんしてしまった。

二つの金融機関から七億円ほどの融資を受けていたため、その破たん後は、いくら売り上げを伸ばし、売掛金が増えても、手元の現金がない。新規の銀行と交渉しても「担保はありますか」「保証人はいますか」と問われる。担保に使える不動産などない。資金繰りの苦労は重くのしかかり、かなり深刻な状態に陥った。

平は、いろんな銀行と何度も話をし、取引先にも売掛金の支払いサイクルを短くするよう交渉をし、その結果、なんとか乗り切ることができた。

国会議員のなかで、貸し渋り・貸し剝がしを経験したことのある人間は他にはほとんどいないだろう。平のように、ビジネス経験者、特に中小企業を経営していた経歴を持つものは今では珍しい。

銀行員出身の石破も、自分にはない経験をしてきた平に期待していた。

石破は言った。

「今までは、各省庁とともに政策立案してきたが、自民党は野党になった。これから役所は民主党政権とともにある。われわれは自分たちの手で、政策を一から作り直さなければいけない。こんなときに、派閥とか当選回数にこだわっている場合じゃない」

二期目で経済産業部会長に就任した平も、石破からの期待を感じていた。

〈石破政調会長は、わたしの経験を買ってくれた。その期待に一所懸命、応えよう〉

平は、石破からこう依頼された。

「民間の知恵を使って、新しい経済政策をつくってくれないか」

さっそく、有識者、経営者、エコノミストなど約七〇人に自民党へ来てもらいヒアリングし、多い時で一日三回、経済産業部会を開いて、経済政策づくりに励んだ。当然、まだ「アベノミクス」が世に出る前のことである。

このとき、平は、各省庁にまったく頼らずに民間人と議論して経済政策を決めていくという仕組みをつくった。多くの人たちを呼んで議論するのは、平らにとっても、有意義な時間となった。

各々が主張する経済政策を大まかに分類すると、だいたい三つに分類された。

一つめは、「悪化している景気を改善させるためには、財政政策が必要。公共事業などの政府支出を増やすべき」というグループ。二つめは「デフレの状況を打破するためには、日銀の金融政策しかない」というグループ。そして、三つめは「規制改革をはじめとする構造改革が必須」というグループであった。

三分類それぞれが「この政策しかない」と言い張り、互いの政策の弱点を指摘しあう。その様子を見て、平は思った。

〈非常に面白いなぁ……〉

有識者には有識者としてのこだわりがあるのだろう。だが、自分たちは政治家だ。

平は部会長として部会を取りまとめた。

「金融緩和、財政政策、成長戦略、全部やりましょう。総動員して、二〇年間凍りついた経済を活性化し、揺り動かしていきましょう」

それぞれの有識者が主張した政策、それらを「すべてやる」と決めたのは、平だった。

このとき、平と石破の信頼関係は、かなり厚いものとなっていった。

経済産業部会長としての平の活動は一年で終わった。が、その後、平が取りまとめた経済政策は、安倍内閣におけるアベノミクスの下地になっていく。

自民党内で数多くの議論を重ねるたびに、平は主張した。

「マクロ経済の司令塔が重要です。バラバラにやってはいけない。金融緩和、財政政策、成長戦略を一体的にやるべきです」

こうして、平成二十四年十二月に誕生した第二次安倍内閣と同時に、経済財政諮問会議が復活することになる。また、安倍総理の経済政策「アベノミクス」が、「三本の矢」として経済成長を目的とした政策運営の柱を三つ掲げた。・大胆な金融緩和。・機動的な財政出動。・民間投資を喚起する成長戦略。

平は思った。

〈経済産業部会の部会長として「すべてをやる」と打ち出したが、あのときの議論があって、違和感なくアベノミクス「三本の矢」につながっていったんだろう〉

自民党が野党に下野したおかげで、一期生、二期生、三期生には与党時代には想像もつかないような仕事が振り分けられることになった。二期生の平にとっても、多くの仕事が与えられ、経験を積むことができたことは幸運だった。

経済産業部会長ということで、衆議院経済産業委員会の理事も兼務した。筆頭理事は塩崎恭久で、次席が平。そのほかに自民党の理事はおらず二人だけだ。野党自民党の国会対策の戦略として、交渉の上、確保した質疑時間はふんだんにある。しかし、委員のほとんどが大臣経験者であり、質疑には立たない。そのため、質疑の半分以上を平一人で独占することができた。これは、平にとって楽しい時間でもあった。

藻谷浩介との出会い

地域エコノミストで、『デフレの正体』、『里山資本主義』などの著者である藻谷浩介がはじめて石破茂と会ったのは、石破が自民党政調会長のときだった。当時、平成二十一年の衆院選で敗れた自民党は野党になっていた。

藻谷は、政治信条、立場といったことにはまったく関係なく、地域振興や人口成熟問題に関する勉強をしたいと声をかけられれば、相手が誰であろうと出かけていく。政党関係では、自民党、民進党の一部から声がかかることが多く、なぜか公明党からは、兵庫県二区選出の赤羽一嘉のほか、代表の山口那津男、国土交通大臣時代の太田昭宏から一度ずつと、数えるほどしかない。大阪維新の会からは、声すらかかったことがない。

そもそも、藻谷は、麻生太郎元総理大臣が自民党政調会長のころに、地域振興について話をしたことがあった。それからは、自民党の歴代の政調会長と話をするのが恒例になっていた。そのうえ、藻谷は、石破の地元である鳥取の地域振興策にも深く関わっていたため、石破はそのことを地元に帰った折に耳にしたのだろう。そこで、一度話を聞かせてほしいということになったようであった。

それ以来、フォーラムや講演会で顔を合わせることがたびたびあり、話をする機会もあった。石破とともに同じ講演会に講師として呼ばれることもたまにあった。そのときには、石破はやりにくそうな顔をした。

「藻谷さんの方が専門家なんだから、藻谷さんの前は、話しにくいですよ」

そういうけれども、石破の話はとてもおもしろい。ある人が、石破を評していたことだが、石破は、むずかしいことを簡単な言葉で語れる人だという。藻谷のこれまでの経験から、むずかしいことを誰にでも簡単に砕いて言える人は、その物事の本質をよく理解している人だ。逆に、むずかしいことをむずかしい言葉で話す人は、実はよく理解できていない人だ。その意味では、石破は、ものごとをきちんと整理し理解したうえで話しているという印象を強く受けた。

そのうえ、政治家としての活動でかなりの時間を割かれているはずなのに、よく本を読んでいる。自分がポイントと思ったところには線を引いて読みこんでいる。

　ただ、それだけではただの勉強家だ。石破の石破らしさのひとつは、人の気持ちがよくわかるところである。それも、まったく無名で、自己主張せずに自分の持ち分で一所懸命に頑張っている人たちの気持ちがわかるし、またそういう人たちを尊敬していることが傍目にも伝わってくる。

　あるとき、日本料理屋でごく少数で夕食をともにする機会があった。藻谷は、石破と二人で向かい合い、雑談していた。どういうきっかけだったかは忘れたが、太平洋戦争末期の激戦のひとつとして知られる硫黄島の戦いに話がおよんだ。小笠原諸島に連なる硫黄島を日本本土への戦略爆撃の拠点としようとするアメリカ軍を、栗林忠道陸軍大将率いる日本陸軍が迎え撃った。攻防はおよそ一カ月におよび、守備兵二万九三三名のうち二万一二九名が戦死、あるいは、行方不明となった。

　硫黄島で亡くなった二万もの兵士たちは、沖縄決戦から敗戦にいたるまでの時間を、ほぼ一カ月の間、稼いだだけにすぎなかった。命を懸けたのに戦のゆくえを変えられない運命だった。

「なんとかあの戦いが避けられて、あそこで戦った人たちが生きていたら、戦後復興は一年くらい早かったかもしれませんね」

　藻谷は、あくまでも雑談として、ふだんどおりに話していた。しかし、目の前にいる石破からは、いつもとはちがった雰囲気が伝わってきた。大きな体軀がうなだれ、その手が目のあたりにもっていかれていた。石破は、目頭を押さえていたのである。

「わたしも、本当にそう思います……」

　やや間があって、石破は訥々と自分の考えを口にした。その言葉には、人知れず、必死に戦って成果もあげずに死んでいった名も無きひとたちへの尊敬の念がこめられていた。日本の政治をリードしてきた自民党の重要ポストに座る、日本を代表する政治家の一人である石破が、そういう思いを抱き、こうして人前でその思いを噴き出させている。

そのような石破に、藻谷は好感を抱いた。

それから、石破とはたびたび会うようになった。石破は、はじめのうちは、藻谷の前でヘビースモーカーらしく煙草を何本も吸っていた。しかし、藻谷がタバコアレルギーだと知ってからは藻谷の前では煙草を吸わなくなった。

迷走する鳩山政権

平成二十一年当時、自民党の石破茂政調会長は、鳩山政権が普天間基地移設問題で迷走する様を見て、心底落胆していた。

〈駄目だ。安全保障というものは、すぐれてリアリズムの世界なのに、ユートピアの世界ではないんだぞ〉

平成二十一年十二月末、石破は谷垣総裁とともに官邸にまで出向いた。

そこで、鳩山総理に直接こう訴えた。

「辺野古にするということを、名護の市長選挙の前に日本国政府として決めてください。名護の市民の意志にこれをゆだねるのは、あえて言えば筋違いの問題なのです。これをやってしまって、移設反対の意思が示されたら、もうもとの辺野古案へ戻ることがとても難しくなります。地元の意見を最大限聞くのは当然として、何の基地をどこに置くかということは一にかかって日本政府の責任なのであって、あらゆる批判は政府が受けるべきものです、それが責任ある政府というものです」

しかし、鳩山は、谷垣と石破の最後の忠告を無視した。

石破らは野党の立場であっても、この平成二十一年十二月の暮れの時点で決断をしていれば、全力を挙げて支援するつもりだった。だが、決断は下されなかった。

沖縄とアメリカは不信感を募らせることになった。

石破は、怒りに震えていた。

平成二十二年二月五日、衆議院予算委員会で石破は、鳩山総理に問いただした。

「あなたは、昨年の選挙のときに、国外、最低でも県外とおっしゃいましたね。そのときに、どこか当てがあったのですか？」

鳩山はこう答えた。

「今までの様々な経緯というものを、わたしとしてもすべて理解しているというわけではありませんでしたが、しかし、様々な選択肢のなかで辺野古ということに決まってきたという思いは理解をしておりました。その中で、海外あるいは県外というもの、特に県外にも様々な議論があったと承知をしておりますので、県外あるいは国外ということに対して、全く理解もなく申し上げていたというわけではありません。ただ、沖縄の県民のみな様方の感情などを考えたときに、わたしとしてはそれが望ましいという思いで申し上げたことは事実です」

国外、最低でも県外と鳩山は言ったものの、結局、当てなどまったくなかった。ただ、沖縄県民に対する思いだけで発した言動だったということが露呈した。

石破は、そんな鳩山に対して思った。

〈ああ……、そうなんだ。鳩山総理は当てもなく言っていたんだ〉

それから約二カ月後の三月三十一日、国会でおこなわれた二度目の鳩山総理と自民党・谷垣総裁による党首討論で、鳩山は何度も強調することになる。

「腹案は用意してある」

突然の腹案発言だった。

本当は当てがあったわけでもなかったところへ、学者や評論家が鳩山に入れ知恵をしたのだろうと石破は想像した。

「あの島があります」

それが徳之島であり、腹案だったのではないか。

徳之島案が浮上したときも、石破は怒っていた。

〈徹底したリアリズムに基づいて、よく考えてみれば分かることだろうに〉

なぜ、沖縄に基地が必要なのか？　それは台湾があるからなのだ。朝鮮半島有事のためだけを考えるなら、日本海側への移設も考えられる。しかし、同時に台湾有事にも配慮しているからこその沖縄なのだ。

政府の移設案では、普天間飛行場の海兵隊ヘリ（約六〇機）の五―六割を徳之島に移すとしている。だが、徳之島から台湾まで何時間かかると思っているのか。

そもそも海兵隊は、常に一二〇％の練度が必要とされる最精鋭部隊である。ゆえに訓練場とヘリ基地が近くなければならない。訓練のための移動だけに、単に平坦な飛行を二時間も要する案が合理的と思われるはずがない。

しかし当時、このことをわかって発言している人は、学者にも評論家にも少なかった。

平成二十二年六月二日、参院選を目前にして鳩山総理が辞任を表明し、六月八日に菅直人内閣が発足した。

参院選の選挙公約発表の二日前、六月十五日、歴代総裁の写真が飾られている自民党本部総裁応接室に谷垣禎一総裁、大島理森幹事長、石破茂政調会長、鴨下一郎、林芳正両政調会長代理、野田毅税制調査会会長、伊吹文明政権構想委員会座長の七名が集まった。

この場で消費税の数字を入れるか、入れないかの議論がはじまった。

「石破政調会長はどうなんだ？」

「わたしは、消費税一〇％という数字は入れるべきだと思います」

この意見に、賛同する声が聞こえた。

最後は、谷垣総裁の判断となった。

「よし、入れよう」

こうして、自民党の選挙公約に消費税率一〇％が明記されることが決まった。

その後は、自民党の選挙公約を発表するタイミングが問題となった。民主党よりも前に発表するべきか。

それとも、後から発表するべきか。

この議論も、二つに分かれた。

「民主党がマニフェストを発表した後に、それを見てから出したほうがいい」

「いやいや、そんなことでは駄目だ。わが党が先に出すべきだ」

石破も最後まで悩んだ。

そんなとき、ある新聞記者が石破に言った。

「政調会長、自民党が先に出したからって、ほとんど取り上げられませんよ。みんなが注目しているのは、与党民主党のマニフェストなんだから。それが注目を浴びるわけであって、自民党が先に出しても、どうせベタ記事にしかなりませんよ」

この話を聞き、石破は決断した。

「よし、じゃあ同じ日にしよう。先に出しても、後に出してもリスクはある。ならば同じ日がいいじゃないか」

こうして選挙公約を発表する日は、与党・民主党と同じ六月十七日に決まった。

六月十七日午後三時、谷垣総裁と石破政調会長は参院選の公約を発表した。

そのなかで、消費税については、社会保障費の増大に対応するため、「消費税率引き上げを含む税制の抜本的改革をおこなう」と明記した。

消費税率は「当面一〇％」まで引き上げるとともに、食料品に軽減税率を適用するなど低所得者への配慮について記載。社会保障支出目的で消費税を当面一〇％とする産出根拠として、基礎年金国庫負担割合の二分の一への引き上げや少子化対策など（年七兆円）、高齢化に伴う自然増分（年一・二兆円）、消費税以外でまかなってきた分（年七・三兆円）などを挙げた。

それから二時間後、菅直人総理は、民主党の参院選マニフェストの発表会見に立っていた。

その場で、菅が消費税について語った。

「二〇一〇年度内にあるべき税率や改革案の取りまとめを目指したい。当面の税率は、自民党が提案している一〇％を一つの参考にしたい」

菅は、将来の消費税の増税について、税率と低所得者ほど負担感が増す逆進性への対策を含む改革案を今年度中にまとめる方針を表明した。そのうえ、税率については、自民党が参院選公約に盛り込んだ一〇％を「参考にさせていただきたい」と述べたのである。

菅の一〇％発言後、石破は国会内で記者に問われた。

「子ども手当や高速道路無料化など、選挙目当ての政策を今後どうするのか語らないままなら、『抱きつきお化け』のようで無責任だ」

そう言って、菅を批判し、

「われわれの一〇％は、効果が疑わしい民主党の政策を撤回する前提で積算した。もしこれを見直さないなら、税率は二〇から二五％になるはずだ」

と、民主党が具体的な政策の修正方針を明らかにしないかぎり、与野党協議に応じない考えを示した。

実は、菅が消費税を一〇％にすると発言したことを知った瞬間、石破は思わずひっくり返りそうになった。

〈えーッ…⁉〉

まったく予想外の言動だった。まさか、民主党が消費税率について発言するとは想定していなかった。

〈民主党が消費税増税など言うはずがない〉

そうタカを括っていた石破は、参議院選挙になったら、財源について言及しない民主党の無責任を責めようと考えていた。

ところが、菅総理は、「一〇％」と数字を明言したのである。

消費税で民主党を攻撃しようとしていた石破は、内心焦った。

選挙戦での論点を、改めて練らなければならないと思った。

菅は、鳩山政権の財務大臣時代に、消費税を上げるための条件をこう述べていた。

「逆立ちしても鼻血も出ないほど、完全に無駄をなくしたと言えるまで来たとき、必要であれば措置をとる」

石破は思った。

〈逆立ちしても鼻血が出なくなるまで冗費の削減に努めるのだと言っていたのが、どうしたんだ？〉

しかし、これで民主党を責めるとすれば、「この発言と矛盾しているじゃないですか！」ということくらいしかない。

そこで当面、当然出してきた「一〇％」の根拠が示されていないことを突くことにしたのだった。

自民党の「一〇％」算出の根拠としては、▽少子化対策や年金・医療・介護の機能強化に要する費用（七兆円）、▽高齢化の進展に伴う今後必要な社会保障費の自然増分（初年度一・二兆円）、▽現在、消費税以外で賄われている年金、医療、介護に掛る費用（七・三兆円）の合計一五兆五〇〇〇億円という数字がある。

消費税を一％引き上げれば、約二兆五〇〇〇億円の増収が見込めることから、消費税を六％アップすれば一五兆円の増収となり、今五％なので消費税は一一％になる。が、そのうちの一％分については、消費税を上げる前に、国家公務員の総人件費を二割削減するとともに国会議員の数も三割削減し、七二二人から五〇〇人とすること、そして、行政の無駄を無くす不断の努力を徹底することで何とか財源を確保すると示してある。

また、同時に「当面一〇％」とし、「当面」という言葉でヘッジをかけてもいる。本来、このままの社会保障費の伸びを賄うためには、消費税率はもっと上げなければならない。しかし、まずは一〇％に上げて、プライマリーバランスの推移、あるいは経済成長のための税制改革を実施しながら様子を見る、という計画だった。

その後、参議院選挙期間に入ってから菅の発言が二転三転し、ブレにブレまくった。

六月十七日のマニフェスト発表の記者会見では、「二〇一〇年度内に消費税改革案をとりまとめ、超党派での幅広い合意をめざす」と期限を区切り、六月二十一日には「公約と受け止めてもらって結構だ」と明言したかと思えば、六月二十七日になると「消費税を含む税制改革の議論を呼び掛けるところまでが、わたしの提案だ」とトーンダウンする。

消費税率を引き上げた場合、低所得者への負担軽減策として年収水準を下回る人に税金分を還付する方式を採用すると言ったはいいが、その水準についても、六月三十日、山形市内での参院選の応援演説では「例えば年収三〇〇万円、四〇〇万円以下」と話したかと思えば、青森市内では「年収二〇〇万円とか三〇〇万円」、秋田市内では「年収三五〇万円以下」とも述べ、年収二〇〇万から四〇〇万円と消費税還付対象の幅がどこまでなのか、曖昧な発言が続いた。

そんな菅の様子を見ていた石破は、思った。

〈こちらが何も言わないのに、発言が勝手にコロコロ変わったり……。これは、もしかしたら……〉

選挙における幸運な「敵失」というより他なかった。

むしろ菅総理の突然の「消費税一〇%」発言の方が「財務省に洗脳されたものだったのでは」と言う者もいた。が、石破は、それは違うと感じていた。

仮に、財務省が菅に知恵をつけていたならば、消費税の税率や還付金の対象についてもしっかり刷り込んでいたのではないだろうか。

政調会長に就任して以来、石破は、参院選の公約について、相当ていねいに時間をかけて取り組んできたつもりであった。平成二十一年十月から九カ月という月日をかけ、それぞれの各部会までを入れれば何百回という議論を重ね、何度も作りなおしてきた。

また、政務調査会のメンバーばかりではなく、自民党の衆参両院議員、そして、落選中の議員をはじめそれぞれの選挙区の立候補予定者、それらなるべく多くの人々から意見を聞き取り、全国政調会長会議を開き、パブリックコメントを求めた。

「わたしの意見を聞いてくれなかった」

そんなことを言いようもないほどに、徹底して意見を集めるよう心がけた。

時間をかけ、議論を重ねに重ねて、自民党の参議院選挙公約はつくられた。その成果もあり、様々なシンクタンクがおこなった各政党のマニフェストコンテストにおいて、自民党の選挙公約は民主党のマニフェストよりも圧倒的な高い評価を得ることができた。

石破自身も、今回の選挙公約には自信を持っていた。

〈誰も公約なんか読まないといい加減にしてはいけない。丁寧に作れば、伝わることが必ずある〉

今回は、参議院選挙公約だが、次は衆議院選挙だ。衆議院の選挙公約は、政権公約に通じるものである。だからこそ、石破は、参院選の公約で取り上げた消費税率一〇％についても、「なぜ、一〇％なのか」、「これがどういう形で日本の経済を成長させるのか」という点をもっと精緻につくりたいと思っていた。

そして、街頭でとおりすがった人々から、「そうだね」と言ってもらえる工夫をすることも考えていた。

例えば、紙芝居風のもので、わかりやすく説明することなどだ。

石破は、政調会長となってから、ずっと言ってきたことがある。

「党の公約は、自民党の議員であれば全員が地元で説明できなきゃ駄目なんだ。だから、早く手掛けて、みんなが参加するということが大事だ」

その点からも、公約は精緻なものにするとともに平易にすることにも力を入れようと考えていた。

自民党が次期衆議院選挙に勝つためには、統一地方選を一つの足がかりとして、徹底した選挙対策が必要だ。それに加え、政権公約となる政策を精緻かつ平易に作り上げる。石破は、これが絶対に必要だと信じていた。

石破事務所に届いた膨大な数のSOS

平成二十三年三月十一日、のちに東日本大震災と呼ばれる大地震、大津波、そして原子力発電所の事故が、東北・関東地方を襲った。自民党の政調会長だった石破は、名古屋での講演を終え、新潟に移動しようとしているところだった。なんとか到着した新潟で状況を知り、谷垣総裁にようやく連絡をつけて、新潟の講演をキャンセルして東京に戻ることを約束したが、各地とも交通手段が大混乱でとてもその日のうちには東京に戻れない。大阪行きの最後の一席を自ら確保し、大阪で一泊して翌日の朝一便で戻り、直ちに会議を開催してから、自民党本部でも不眠不休の対策会議が続いた。

同時に、石破事務所も発災翌日から電話が鳴りやむことがなかった。最初はそれほど多くはなかった。しかし徐々に、「石破事務所に電話したらなんとかしてくれるって聞いたので」と語る被災者の親戚・知人・友人を名乗る人々から、膨大な数のＳＯＳが集まるようになっていった。石破は直ちにこれらの情報を自民党と政府の対策本部に届けられるように体制を整え、秘書たちに項目ごとに分かりやすいレポートを作成することを命じた。この「石破事務所報告」はじつに半年以上続けられ、現場の情報が不足して悩んでいた与党の民主党政府にもひそかに感謝されることとなった。

自民党本部においても連日、「喫緊の課題」と「中長期の課題」とに整理しながら、対策案が次々と練られていく一方で、できることはなんでもやろうとトラック協会の協力を仰ぎながら独自の物資支援もおこなっていた。

自民党の動きは素早かった。じつに発災二日後、三月十三日には、谷垣総裁は最初の提言を申し入れるため菅総理と会談していた。その後立て続けに三月中に五回、四月中にも五回、提言や申し入れを政府におこない、そして五月には復興再生基本法案を議員立法で衆議院に提出した。

このときほど、自民党自身が下野したことを悔やんだことはなかった。菅政権のあまりにも稚拙な対応に、野党自民党は歯嚙みした。石破は、自分たちが政権におらず、従前たる対応ができないことを、心から被災者に、国民に申し訳なく思っていた。

第七章　平成二十四年自民党総裁選　安倍晋三vs石破茂

古川禎久の危機感

石破派水月会で事務総長を務めた古川禎久と石破茂の本格的な縁は、自民党が政権を奪還する少し前、平成二十四年九月の自民党総裁選のときからだ。

平成二十一年八月の衆院選で大敗した自民党は、野党に転落する。古川は、野党転落後すぐの総裁選では、西村康稔衆議院議員の推薦人となり、西村を応援した。このとき西村の推薦人には、のちに同じ石破派のメンバーとなる鴨下一郎や山本有二もいた。

結局、この総裁選で西村は敗れ、谷垣禎一総裁が誕生する。その後、民主党の参院選での大敗があり、東日本大震災が起こった。

古川は、混乱を極めた国政を見て、危機感を抱いた。

〈国家の危機的状況だから、民主党も自民党も関係なく、大連立で挙国一致内閣をつくり対応しなくてはいけない〉

古川は、総裁選でともに西村の推薦人になり付き合いのあった鴨下や山本とともに大連立を仕掛けることを模索した。が、このときはうまくいかず、結局、大連立はおこなわれなかった。

古川はそのとき思った。

〈民主党は背骨の無いくらげだが、自民党もくらげだ。くらげとくらげが大連立して結婚したところで、生まれる子どもは結局くらげだ。それではうまくいかないな。やっぱり自民党が下野したことを一つのチャンスと捉えて、もう一回、自民党の背骨を確立させなくてはいけない〉

古川はさらに考えた。背骨とは何か。

〈やはりそれは憲法や安全保障だろう。自民党のなかで、その問題についてしっかりした認識を持っているのは石破茂先生と安倍晋三先生だな〉

古川は、安倍に近い議員たちと石破に近い議員たちの二つを結びつけることを考えた。

〈この二つのグループが一緒になり、自民党の過半数を占めることができれば、しっかりとした背骨を自民党に作ることができる〉

古川は、二つのグループで勉強会を開き、連携を深めることを考えるようになっていった。その動きを主導したのが山本有二だった。

第一次安倍政権で金融担当大臣だった山本は、安倍との縁も深く、石破とも近い。

山本は、山岡鉄舟を開基とする東京・谷中の全生庵で、安倍と石破をともなって、座禅をおこなう会を開催した。そのころの安倍は、まだ自民党総裁選に立候補するような雰囲気ではなかった。志半ばで辞任した第一次安倍内閣の失敗とそのショックをまだ引きずっているようであった。そのため、石破を担ごうとする古川も山本も鴨下も、安倍が総裁選で石破のライバルとなることを予想だにしていなかった。

三人とも、石破が自民党総裁になるために、安倍の力を借りるべきだと考えていた。

しかし、総裁選が近づくにつれて、安倍も菅義偉をはじめとする安倍に近い議員たちも、立候補を視野に入れて動き出しはじめた。

その頃、のちに石破派の広報委員長となる平将明に声をかけてくる議員がいた。

「一回、若手でご飯を食べよう」

安倍に近い中堅議員からの誘いだった。

平は尋ねた。

「わたしは、総理経験者は引退すべきだとの考えを持っていますし、それを主張してきました。もちろん、安倍さんも例外ではありません。そんな人間がこのお誘いを受けてもいいのですか？」

「それでもいい」

そういう答えだったため、平は食事会に出席した。

集められたのは、無派閥の中堅・若手三名。そして、主役の安倍だった。

それまで、平は安倍との付き合いは、ほとんどなかった。内心、心配していた。

〈かなり酷い辞め方をしたのだから、どんな感じでいるのだろう〉

ところが、平が想像していた安倍の印象とはまったく違った安倍がいた。すごく明るく楽しく話をして、ワインもいっぱい飲んでいた。

〈ああ、元気になられたんだ。安倍さんって、面白い人、明るい人なんだな〉

このとき、特に深い話をすることはなく、食事会は終わった。

ただ、安倍には感心させられた戦略が二つあった。

一つは、フェイスブックである。

「平さんはフェイスブックやってるの？」

「やってます」

そう返事をしたところ、食事会が終わったその日の晩のうちに、安倍から友達申請がきた。

平は驚いた。

〈安倍元総理から友達申請がきたぞ……〉

もちろん、承認した。

次の日になると、平の投稿に対して安倍が「いいね！」をつけてくれた。

それを見た周りの人が、平にいってきた。

「安倍元総理から『いいね！』がついているよ」

これには、平も感服した。

〈これは、すごい戦略だな〉

もう一つは、大阪維新の会の活用であった。

平自身、そのように安倍には驚かされることもあったが、安倍の体調に不安を感じていた。

〈治ったといっても、胃腸はメンタルな部分が大きく関係してくる。本当に大丈夫なのだろうか〉

石破との信頼関係は、もう十分にできている。

〈やっぱり、石破さんしかいない〉

平の足は、石破陣営に向いていていた。

「ぜひ、応援させてください」

後藤田正純の覚悟

やはり、のちに石破派の組織運動委員長を務めた後藤田正純は、過去の総裁選で、谷垣禎一と与謝野馨をそれぞれ応援した。

一度も勝ち馬に乗れなかった後藤田が、久しぶりに「政策的にも年齢的にも権力を取りに行ける人を応援できる」と思ったのが石破だった。

戦術・戦略のみで総理まで登り詰めた政治家は多い。そんななかで石破は、政治家の根幹となる国家観、ビジョン（構想）、ミッション（使命）をしっかりと持っていた。

ただし後藤田は、石破の資質と同様に、弱点も見抜いていた。

〈石破さんは、理念を実行するための戦略や戦術が苦手だ。だから、自分たち周囲の者がしっかりサポートしなければ〉

石破本人も、自分が不器用な人間だという認識はあるようだった。が、本気で勝負をかけるのなら、石破自身にもう少し強い自覚を持ってもらう必要があった。

後藤田は思った。

〈それでも、戦略戦術しだいで本当に総理になり得る人が、初めて自分の目の前に現れた〉

じつは、谷垣に近い遠藤利明や川崎二郎らが、親分の谷垣禎一総裁の再選を狙うのは当然であった。が、石原伸晃幹事長は石原慎太郎の長男であり、森喜朗ら長老グループに可愛がられていた。こちらの絡みも考慮しなければならなかった。そのため、谷垣禎一本人にも、総裁選出馬に対する逡巡があった。

結局、谷垣でなく石原が出馬することになった。

いっぽう、平将明は、「本命は石原伸晃」と騒がれているなか、思った。

〈申しわけないけど、今回は石原さんではないな……〉

安倍擁立にかけた菅義偉の執念

筆者が菅義偉から取材したところによると、平成二十四年八月十五日夜、東京・銀座の焼鳥店で、菅は安倍晋三を口説いていた。安倍は、この日の昼間、靖国神社を参拝していた。

第一次安倍内閣で総務大臣を務めていた菅は、安倍の辞任後も、ことあるごとにずっと安倍を励ましていた。ふたりとも酒は飲まない。テーブルの料理にもほとんど手をつけなかった。

菅は安倍に迫った。

「次の自民党総裁選には、是非、出馬すべきです。円高・デフレ脱却による日本経済の再生と、東日本大震災からの復興、尖閣諸島や北朝鮮の問題による危機管理といった三つの課題に対応できるのは、安倍さんしかいない。絶対に出るべきです」

安倍が総理を退陣して五年、菅はずっと思っていた。

〈もう一度、安倍晋三という政治家は、国の舵取りをやるべきだ〉

そう心に強く思いながら、時が来ることを待ちつづけていた。安倍にとって最高のチャンスだと菅は読んだ。

〈野党自民党の総裁選ではあるが、次の総裁選は「総理大臣」になる可能性のある選挙に必ずなる。当然、マスコミの注目度も高まる。それほどマスコミの脚光を浴びる場なら、安倍晋三という政治家を再び国民のみなさんに見てもらおうじゃないか。安倍晋三の主義主張をきちんと表明すれば、国民の期待感は高まり、一気に支持は広まるはずだ。これは、逆に安倍晋三にとっても、ものすごい自信につながるはずだ〉

菅は、そう強く確信していた。

しかし、党内には、「安倍の復帰は早すぎる。まだ禊は終わっていない」という声も上がっていること
は十分承知していた。

菅は、安倍の自民党総裁選出馬をいろいろな人から反対された。安倍に近い人物のなかには、「待望論
が出るまで待つべきだ」と言う人もいた。

彼らを、菅は説得して歩いた。

「待望論は本人が出馬して、国民に訴えて初めて出てくる」

そんな菅に、こういう人もいた。

「これで負けたら、政治生命がなくなる」

が、菅は思っていた。

〈そんな綺麗事では、政権なんて取れない〉

菅は、安倍に迫った。

「安倍さん、チャンスが来ましたよ。わたしは、このときを待っていました。出馬すれば、安倍さんが勝
つと、わたしは思っています」

総裁選のルールを熟知している菅の頭のなかでは、緻密な計算がされていた。一回目の党員選挙で石破
に七割を取られたらかなり厳しいが、六割以下なら勝機ありと見極めた。

自分の見立てを話しながら、説得を続けた。

「もちろん、絶対勝てるという保証はありません。三番目になるかもしれません。しかし、勝てる可能性
は間違いなくあります」

だが、安倍は首を縦に振らない。

菅は民主党政権のつまずきを並べ立てた。尖閣諸島をめぐる中国との対立、デフレ不況の深刻化、東日本大震災の復興の遅れ……。

「今こそ、日本には安倍さんが必要です。国民に政治家・安倍晋三を見てもらいましょう。総裁選に立候補すれば、安倍晋三の主張を国民が聞いてくれるんです」

菅の声は、どんどん熱を帯びてきた。

「今回、出馬した際の最悪のことも考えました。でも、ここで敗れたところで、一年以内に選挙があるじゃないですか。最悪敗れたとしても、次の選挙に出馬する人たちから選挙運動を頼まれますよ。必ず地方組織から『応援に来てほしい』と声が上がります。いずれにしても、次が完全に見えてくるじゃないですか」

そして、決断を促した。

「もう一度、安倍晋三という政治家を世に問う最高の舞台じゃありませんか？　このチャンスを逃したら、次は難しいですよ。この最高の舞台を、みすみす見逃すんですか！」

なにも、菅はこの日ばかり、安倍を口説いていたわけではない。二年ほど前から、「もう一回、総理大臣をやるべきです」と言い続けてきた。この最高の舞台に、安倍を上がらせないわけにはいかない。

菅が長年抱いてきた思いが伝わったのか、この日三時間にも及んだ説得を前に、とうとう安倍が首を縦に振った。

「じゃあ、やりましょう」

石破の決意

ついに安倍が「出馬する」と宣言した。

のちに、石破派の会長代理を務めた鴨下一郎は石破を応援する立場であったが、安倍とはゴルフ仲間で、気の置けない間柄であった。

〈いつか安倍さんの名誉回復のために、自分も汗をかこう〉

そう心に決めていた。が、その鴨下も、今回の安倍の総裁選出馬には首をひねった。

〈安倍さんの名誉回復は、このタイミングで総裁選に出馬することだろうか……?〉

事態はもっと深刻に思えた。総裁選で安倍は相手にされず、石破と石原の「石石決戦」になるとの予想が大勢を占めていた。鴨下は本気で心配していた。

〈安倍さんは、五人の候補者のなかで最下位になる可能性もある。そうなれば、今度こそ本当に政治生命を失ってしまう……〉

鴨下は、タイミングを見計らって安倍に意見した。

「ここは、まだ勝負時とはいえないのではないでしょうか」

いっぽう、中国に批判的な安倍を、属している派閥の清和会だけでなく安倍が会長をつとめる超党派の議員連盟創生「日本」や、右派団体の日本会議、右派の評論家の櫻井よしこ、金美齢、作家の百田尚樹などが盛り上げた。

九月十四日、自民党総裁選挙が告示された。総裁選に名乗りを上げたのは、石破のほか、安倍晋三、清和会会長の町村信孝、自民党幹事長の石原伸晃、参議院議員の林芳正だった。

石破のもとには、総裁選の少し前から、出馬を要請する声が寄せられていた。

いでどうするんだ」

「今度こそ、お前が総裁選に出るべきだ」

「野党に転落してからずっと政権奪還のために、一番頑張っていたのはお前じゃないか。政調会長をやって、予算委員会の筆頭理事をやって、最前線で戦い続けていたお前が新しい自民党のために立ち上がらないでどうするんだ」

また、石破の地元の鳥取県でも待望論が多かった。

それだけでなく、各地域の自民党県連の関係者からも待望論を感じていた。

実際に、石破は、自民党が下野して以来、自民党再建のために地道に地方をまわっていた。

石破自身、民主党政権と対峙し、選挙によって政権を奪還する必要性を強く感じていた。政調会長として二年、予算委員会の筆頭理事として一年、民主党政権と向き合ってきた石破は、思っていた。

〈指導力を失って混乱し続けている民主党政権を、一刻も早く倒さなければいけない……〉

石破は、使命感と日本の政治への危機感を持っていた。

周囲からの期待の声もあったが、最終的には、石破は自分で決断して総裁選への出馬を決めた。

総裁選に出馬するにあたって、石破は訴えた。

「自民党は、自民党員のための党であり、国会議員のための党ではない。自民党が下野せざるをえなかったのは、国会議員の党になっていたからではないか」

これまでの自民党政権では、大臣が定期的に交代していた。年功序列によるポストのたらいまわしや、派閥の力学で決まってしまう閣僚人事も多かった。だが本来、大臣のポストは、国民のために仕事をするためのものだ。なによりも、実力主義で専門分野に長けたものが選ばれるべきだ。

石破は、自民党が党員のための党になり、党員に対して、謙虚で正直で親切な党であるべきだと主張した。石破の主張は、多くの地方の自民党員たちの共感と支持を得た。

だが、そのいっぽうで国会議員たちの警戒感も生んでしまった。

石破の主張における「国会議員のための党ではない」という部分がベテラン議員たちに拒否感を生じさせた。と同時に、石破はかつて自民党を離党していた時代があった。その経歴に対して、一部の長老議員を中心に「出戻りじゃないか」という批判もあった。

平成五年の宮沢喜一内閣時代、政治改革をめぐる政局のなかで、石破は農林水産政務次官の職にありながら、不信任案に賛成し、自民党を離党した。また、自民党に復党した後の平成十九年夏の参院選に自民党が大敗した際にも、安倍総理に辞任するように声を上げた。麻生太郎政権時代の末期にも、農水大臣の石破は、財務大臣の与謝野馨とともに麻生総理に辞任を迫っている。こうした過去の行動が石破への拒否感につながった部分があった。

石破が振り返る。

「過去の行動から、何をするかわからないと思われる部分があったのかもしれない。たとえ相手が権力者であったとしても、自分の信条に基づいて行動してきたことが多くの誤解を呼んだのかもしれないな」

石破と安倍の演説の内容は、安全保障問題や、憲法改正など八割方は同じ内容だ。政策の親和性も近い。だが、石破は、あまり安倍の演説に感動したことはなかった。

石破自身、ずっとそのことが不思議で仕方ないほどだった。

〈なんでなんだろうか……〉

世間は、石破の当選回数が安倍よりも二期多いために、石破が安倍のことを内心、格下に見ているからだと捉えるかもしれない。だが、石破が私淑した福田康夫元総理は、石破よりも当選回数では一期下、後輩議員にあたる。期数の問題ではない。石破と福田の政策や政治思想は、石破と安倍のそれらと比べれば、見た目には距離がある。それでいて石破は、福田とは不思議と相性が良かった。ケミストリーが合ったのだろう。

石破は、安倍のことを昔から評価していた。石破が当選三回のころ、ある雑誌で「将来の総理大臣」について語る企画があった。その際、石破は、まだ当選一回で新人議員だった安倍の名前を挙げている。それは、憲法改正や集団的自衛権の必要性を公言していた安倍の先見性を評価していたからだった。違和感を感じたのは、安倍が平成十八年九月の最初の総裁選に出たときの演説だった。

九月一日、自民党の総裁選中国ブロック演説会が広島市内のホテルで開催され、自民党総裁選に立候補した候補者の麻生太郎、谷垣禎一、安倍晋三による討論会がおこなわれることになった。

石破は期待した。

〈地元の中国ブロック大会では、きっとみんなを感動させるような演説をするにちがいない〉

当日、会場には、安倍の郷里である山口県からも多くの支持者が駆けつけていた。

しかし、安倍の演説は、石破の期待に沿うようなものではなかった。

〈あまり感動するような演説じゃなかったな……。なにも大向こうを唸らせる演説をする必要はないが、なんでなんだろう……〉

平将明のメディア戦略

石破陣営の一員となった平将明は、インターネットをはじめとしたメディア戦略に関わり、総裁選における情報戦を仕切ることになった。インターネット上で、石破は指摘されていた。

「なぜ、靖国神社に参拝しないんだ」

ネット右翼が全盛の時期でもあり、新しいメディア対策は石破陣営にとっても重要なキーポイントとなっていた。ニコニコ動画で「自民党総裁選挙公開討論会」が生中継されるという。そこでは、必ず靖国参拝問題が、石破にとって攻撃される材料となることは明らかだった。

平は考えた。

〈石破さんの考えはよくわからないけど、「時期をみて参拝します」と言えば、この論点は消えるのだが……〉

メディア戦略の観点から、平は石破に説明した。

「今、こういうことが話題になっています。○○候補と○○候補では、この点が論点になります」

そのなかで、靖国参拝問題にも触れた。

しかし、石破は言った。

「天皇陛下が静かにお参りできる環境をつくることが、一番大事なことなんだ。だから、おれは行かないんだ」

これを聞いた平は、それ以上、何も言わなかった。

まだ二回生の平には、総裁選というものがどういうものなのかわからなかった。が、手ごたえを感じていた。当初、本命視されていたのは森喜朗、青木幹雄、古賀誠ら長老議員たちの支持を受けていた石原伸晃だった。が、石原は告示日前日の九月十三日に出演したテレビ番組で東京電力の福島第一原発事故により汚染された土壌の保管先について「福島原発第一サティアンしかない」と失言したり、幹事長として仕えていた谷垣禎一総裁の立候補を断念させたことへの「明智光秀」批判などもあり、伸び悩んでいた。

そうなると、対抗馬は安倍になる。だが、安倍も途中で投げ出すような形で総理を辞めた。その後も何一つ実績を作らないままの再登板だ。これでは、理解を得られないだろう。

いっぽう、石破は地方では強いが、国会議員のなかでの広がりが弱い。

〈石破さんに、なんとしても勝ってほしい〉

平は、そう願った。

この総裁選では、のちに、石破派の副会長を務めた伊藤達也は、石破の選挙戦の中心にはいなかった。平成二十一年八月の民主党が圧勝した総選挙で小選挙区で敗れ、比例復活もならず、議席を失っていたのである。

伊藤は、党内のある議員から、安倍の盟友である菅義偉の動きを耳にしていた。かなり強く、安倍に出馬を促していたという。もしも安倍が二度目の総裁を目指す決意をするのであれば、その決意のほどは並々ならぬものがある。そのうえ、安倍の後ろ盾には、出身派閥である清和会、さらに派閥横断の右派グループ創生「日本」のふたつがある。全国の党員たちからの支持では石破に相当の分があったとしても、よりどころとなる派閥がない石破は、明らかに不利だ。決戦投票での争いとなったときにはかなり厳しい戦いとなる。伊藤は危惧した。しかし、石破陣営には危機感は薄く、むしろ安倍とは連携できるくらいに思っていた。

総裁選のゆくえ

九月二十六日の総裁選当日、自民党本部前に安倍晋三を応援する若者たちが日の丸を掲げて現れた。安倍の乗った車がやって来ると、現場は歓声に包まれ、「安倍がんばれ！」と声援が飛んだ。

地方票は三〇〇票を四十七都道府県連の党員数に基づき割り当てた「持ち票」（四～一六票）を、県連ごとに集計した各候補の得票に応じてドント方式で配分した。ドント方式とは、候補者の総得票数をそれぞれ一、二、三、四…と自然数で割り、割った得票数（商）の多い順に議席を配分する方法である。

石破は、地方票全体の五五％を獲得し、三五の都府県で単独トップに立ち、一六五票を獲得した。地元の鳥取県や山形県、徳島県、高知県ではすべての持ち票を獲得した。持ち票一六の大票田の東京でも八票を獲得、持ち票一〇の茨城県、神奈川県、岐阜県でも堅調に票を伸ばした。

いっぽう安倍は、地方票では石破の約半分の八七票にとどまった。単独首位だったのは、出身地の山口県や、福井県、福岡県など五県だけだった。六府県では石破とトップを分け合った。

当初、有力視されていた石原伸晃は、地方票でも苦戦した。谷垣を出馬断念に追い込んだ印象や自身の失言もあり、党員の支持は得られなかった。

一回目の投票で、石破は、議員票は三四票であった。地方票一六五票と合計一九九票を獲得し、一位に立った。ただし、過半数には届かなかった。

二位は、議員票五四票、地方票八七票で合計一四一票を獲得した安倍だった。

三位は、議員票五八票、地方票三八票で合計九六票を獲得した石原、四位は、議員票二七票、地方票七票で合計三四票を獲得した町村信孝、五位は、議員票二四票、地方票三票の林芳正だった。

総裁選の行方は、一位の石破と二位の安倍の決選投票に持ち込まれた。

一回目の投票が終わり、地方票で他陣営を圧倒する展開になり、石破陣営では決選投票での勝利を確信している議員も何人かいた。

が、のちに石破派の副会長を務めた田村憲久は、正直、思った。

〈これは、やばいことになった……〉

石破は、地方票で六割近くの票を獲得し、圧倒的な強さを発揮し、一位になった。が、二回目の決選投票は、地方票は関わりなく、議員票だけで勝敗が決まる。

〈石破さんは正直な男だ。そのため、国会議員にもキツイことを言ってしまうことがある。それが魅力で、大好きな人は本当に大好きなんだが、「石破さん、嫌いだ」という人も国会議員のなかに多いからな……〉

国会議員だけの票で勝つということは、石破には難しい。それでも、心中で願った。

〈地方票で、党員の六割近くが、石破さんを選んでいる。この世論をしっかり受け止めて欲しい〉

石破選対は、党員票について詳細に世論調査をおこなっていた。その結果、「最低でも過半数、よくて六割」と出た。

石破を応援する鴨下一郎は、胸を撫で下ろしていた。

〈これなら議員票も最終的には、平成研と清和会の一部が石破さんに付いてくれるかな〉

決選投票ではギリギリの勝負になるだろうが、国会議員は党員世論を無視できない。「安倍」と書くことには抵抗があるだろう、と楽観論があった。実際、小泉政権が誕生したときは、党員投票での圧勝が物を言った。が、この楽観論がいけなかった。議員一人ひとりに「石破をよろしく」と推してまわる詰めを怠ってしまったのだ。

いっぽう石破は、騒ぐ周囲をよそに、懸念していた。

〈決選投票では、勝てないいんじゃないか……〉

石破は、自民党員の気持ちと国会議員の気持ちは違うかもしれないと思っていた。そのため、国会議員だけで投票する決選投票では不利になると思っていた。

一九票差の敗北

いよいよ、決選投票がおこなわれた。

議員票の開票時、「安倍晋三、一〇八票」と発表があった。鴨下はわが耳を疑った。

〈ええっ一〇〇⁉〉

議員票は一九七票。つまり百を超えれば過半数を超えたことになる。石破の敗北であった。

結果は、安倍が一〇八票、石破が八九票であった。

一回目の投票結果を見て、石破を応援する後藤田正純は思った。

〈地方票を七割近く取れていれば、確実に勝てたのだが……〉

安倍が決選投票で勝利したことに後藤田は、ガッカリした。

〈結局、永田町の論理で決まってしまった……〉

世論と、永田町の論理の間に乖離があるせいで、石破は安倍に敗れたのだ。

石破は国会議員に対して、きめ細やかな配慮を怠ってきた部分があった。本人は、夜に飲みに行って交流を深めるよりも、一人コツコツと勉強していたいタイプである。が、こまめに人間関係をつなぐことは、総理への階段を登るために欠かせない。今回は、そうした配慮不足が、議員票に如実に表れてしまった。

後藤田は思った。

〈戦略・戦術的な部分こそが、石破さんの足りないところだ。さらに進化していただかなければならない〉

いっぽう田村憲久は冷静に分析した。

「党員の六割」を考慮して石破に票を入れてくれた議員も多くいたはずだ。だが、今回、投票した議員たちは、大逆風を勝ち抜いてきた議員ばかり。自分は次の選挙でも生き残れると思っている猛者たちだ。その議員は、石破に投票するわけなどない。

田村は思った。

〈すべての状況が、安倍さん有利に動いた。安倍さんは、選ばれるべくして選ばれたんだな〉

石原伸晃は、皮肉なことに親父の投げた「尖閣諸島国有化」の波紋により埋没していった。

鴨下は思った。

〈安倍勝利の機運が、すべて整っていたのだ〉

野党時代に自民党総裁として汗を流した谷垣禎一が出馬していれば、谷垣が勝っていた可能性は高い。尖閣諸島を石原慎太郎が都で保有する宣言をし、野田佳彦総理が国有化する動きがなければ、きっと安倍晋三の勝利は無かったと思われた。

波乱の決選投票

党員投票で圧勝した石破が自民党総裁になれなかった結果は、多くの波紋を呼んだ。特に決選投票が国会議員の投票だけで決まり、党員投票の結果が反映されない仕組みについては、批判の声が上がった。

自民党の各都道府県連の会長からも抗議があった。なかでも強く反発したのは、自民党秋田県連だった。秋田県連の大野忠右ェ門会長は、開票後に秋田県庁で記者会見をおこない、語った。

「地方の声を聞いていないのではないか。本当に民意を尊重してやるならば、決選投票の前に安倍さんは辞退すべきだった」

　渋谷正敏幹事長も、会見で憤りをあらわにした。

「石破さんの地方での得票は安倍さんの倍。地方の声を反映できないなら、初めから国会議員だけで総裁選をやればいい。我々党員の考えを真摯に聞いていない」

　県連の役員四人は、抗議の意味で役員を辞任すると表明した。

　今回ばかりは党内からも「地方の声を無視している」と批判が出た。

　そこで、翌平成二十五年三月十七日におこなわれた党大会で、この規定について、決選投票では国会議員票に加え、各都道府県に一票ずつを割り振る改正をおこなうことが決定し、次の総裁選から適用されることになった。さらに、平成二十六年一月には、現行三百の地方票を党所属の国会議員数と同数程度の四〇〇票強に増やすことが最終決定した。

　後藤田は思った。

〈地方票を三〇〇取って、国会議員票を一〇〇票以上取れれば、石破さんは総理になれる〉

　古川禎久は、今回の総裁選で勝てるはずだと思っていたが、自分が思い描く結果にはならなかった。

　古川は振り返って分析する。

〈今から考えれば、まだ準備不足な点もあった。やはり、総理総裁を目指すということは、大変なことだ。派閥の力学を含めて様々な要因が絡み合う。もっと入念に準備するべきだった〉

　実際に、第二次安倍政権が誕生すると、安倍総理は、アベノミクスを掲げ、景気を浮揚させ、政権の支持率を安定させることに成功する。東京オリンピックの誘致も決まり、国民の関心をひきつけることに長けた安倍総理の手腕を見て、古川は思った。

〈あの用意周到さを参考にして、自分たちもまだまだ政治家としてのスキルを磨く必要があるな〉

石破は逆転を許してしまったことについて思った。

〈やっぱりな……〉

やはり、国会議員だけの決選投票になると派閥の力が物を言った。

安倍は、各派の領袖たちからのおぼえもめでたかった。今回の総裁選で安倍と町村信孝の二人が出馬していた清和会は、決選投票では一致して安倍に投票していた。また、かつて石破が所属していた平成研究会の参議院議員たちも、こぞって安倍支持にまわっていた。

すでに引退しているもののいまだに平成研究会に影響力を持ち参議院の実力者であった青木幹雄元参議院議員の意向もあったのかもしれない。

この自民党総裁選では、自民党青年局長である小泉進次郎が、どの候補に票を投じるかに関心が集まった。

小泉進次郎も、九月六日、国会内で、とても一年生議員とは思えぬ大胆な発言をした。党青年局が十九日に開く総裁選の候補者による公開討論会後、だれに票を投じるか、地元で表明するというのであった。

しかし、しばらくしてから、その発言をひるがえした。あまりにも小泉への注目度が高くなりすぎたのである。

結局、だれに投票したかを明かしたのは、安倍晋三が新総裁に選ばれたあとのことである。

石破茂であった。

この総裁選での安倍の勝利は、安倍陣営の軍師格であった現・官房長官の菅義偉の存在も大きかった。

石破は、菅のことを評価している。

「菅さんは味方にしたら頼もしいが、敵にしたら怖い存在だ」

そのことを痛感する総裁選であった。

石破は、総裁選での敗北について思った。

〈勝敗は天が決めることだから、今はお前の時期じゃないという天のお告げを素直に受け止めなきゃいけないな……〉

第八章　幹事長と地方創生

角栄、直系の弟子として

平成二十四年九月二十六日におこなわれた自民党総裁選が終わり、安倍に敗れた石破は、自民党幹事長に就任した。党総裁に次ぐナンバー2の役職である幹事長は、政党人にとっては、憧れのポストでもある。

幹事長に就任した石破は思った。

〈幹事長の最も重要な任務は選挙だ。各級選挙に絶対に勝たなくてはいけない〉

石破は強い決意を持っていた。田中角栄も、名幹事長として幾度もの選挙で自民党を勝利に導いている。

そんな角栄の直系の弟子を自負する石破は、かねてから思っていた。

〈せめて一度は、幹事長として角栄先生のように国政選挙を采配したい〉

平将明は、このとき石破から自民党情報調査局長への就任を要請された。

「情報調査局長を、やってくれないか？」

どんな役割を担うのか、平はわからなかった。平は石破に訊いた。

「わたしは、何をすればよろしいのでしょう」

「わかりやすくいえば、自民党のＣＩＡだと思ってくれればいい。いわゆる情報戦だ。長年与党だったため、機能が衰えていた情報収集能力を、ぜひ立て直してほしい。もちろん、スキャンダル対策もだ」

あとで聞いてみたところ、情報調査局長というポストはいわゆる大臣待ち議員のポストだという。それまで、当選五回前後の議員に割り当てられていたポストを、このとき二回生の平に任せるというのだ。野党時代の人事とはいえ、経産部会長に引き続き、異例のスピード出世だと言われた。

二度目の抜擢に、平は身を引き締めた。

〈自民党のインテリジェンス機能を、ちゃんと立て直さなければいけない〉

そういう問題意識をもって、仕事に励んだ。

情報調査局長というポストはとても勉強になったし、石破とともに、様々な情報を集める仕組みをつくることができた。

また、幹事長の目と耳の役割を担うポストであったため、石破と平との信頼関係が完全に強固なものとなるきっかけにもなった。

仕事をしていると、よく思ったものだ。

〈ずいぶん信頼してもらっているんだな〉

平は、石破との関係が深くなっていくことを感じた。

政治家は、誰をどう支え、どう持ち上げるかということが、自分の政治家生命の生き死ににも関わってくる。そういった意味では、いざというときに逃げる政治家になどついていけない。しかし、先輩政治家には、そのような人物が多いような気もする。

石破とともに仕事をして平はしみじみ思った。

〈石破幹事長とは仕事がしやすい。それは、わたしを信頼し、任せてくれるからだろう〉

政策立案の仕事に関わっていたときに、石破とは対照的な上司の下で仕事をすることもあった。

ある別の上司は、仕事の途中で、細かい指示を出してくることがよくあり、平の思い通りに仕事ができないという経験もした。

いっぽう、石破は、完全に平に任せてくれ、途中で細かい指示を出すことはなかった。

だからといって、もし平が失敗したなら、石破であれば責任を平に押し付けるようなことなどせず、自らが責任をとってくれたはずだ。そういう、安心感があった。

〈石破幹事長は、非常に仕えていて働きやすい。安心して働ける〉

ちなみに、石破には、いろいろ提案することも多いが、今日にいたるまで、平の提案を石破が却下したことは一度としてない。平自身も、変な案を持って行くこともなければ、自分の利益誘導的な提案をすることもない。

上司によっては、平が提案したものを全部却下するということもあった。

基本的には、「自分はこの分野のことが詳しくない。だから、詳しいあなたに全部任せるからやってみろ」という上司と、「自分はこの分野のことが詳しくない。だから、やらせない」という二種類の上司に分けられる。その差が生じてしまうのは、たぶん、信頼関係の有無が原因だと平は思う。

平の提案をほとんど却下するという上司とも巡り会うなど、いろんな人と仕事をすればするほど、石破の存在が平のなかでどんどん大きくなっていった。

〈石破さんは、わたしを信頼してくれている。信頼関係を築き、仕事を任せてもらっている。いざとなったら石破さんは責任をとることから逃げない人だ。下で働く身からすると、本当に働きやすい〉

幹事長として衆院選を勝利に導く

平成二十四年十一月、民主党は国民の信頼をすっかり失い、再び自民党に風が吹いていた。こうなれば、一日も早く野田佳彦総理に解散を促すのが得策である。

野田政権の任期は翌平成二十五年九月まで、まだ一年近くも残されていた。だから、わざわざ十一月に解散宣言する必要もなかったのだが、野田総理は自民党の「嘘つき」という挑発にまんまと乗ってしまったのである。野田総理もまた解散のタイミングを誤り、多くの仲間たちを落選させてしまった。が、自民党にとってはありがたい話だった。

十二月十六日、第四十六回衆議院議員選挙がおこなわれた。

この衆院選で、石破は幹事長として陣頭指揮を執った。

結果、自民党は二九四議席を獲得し、圧勝。三一議席を獲得した公明党と連立するかたちで、第二次安倍内閣が発足する。

石破茂は、第二次安倍内閣発足後、無派閥ながら幹事長を続投した。が、安倍総理はスタートダッシュを試み、人事を差配した。菅義偉を官房長官、細田博之を幹事長代行に据えるなど、石破が党内世論や財政的なことに容易に首を突っ込めないよう、親安倍派を揃えていった。

石破を支援する鴨下一郎は思った。

〈ああ、ガッチリと周辺を固められてしまった。安倍チームは、どうしたら石破さんの力を削げるかを、かなり戦略的にお考えになったのだろう〉

当然ながら、この人事には安倍に近い議員たちのなかで、知恵者の意見も大きく影響していた。なかでも内閣官房副長官に就任した世耕弘成はじめ優秀な側近たちは、石破に対して非常に強い警戒心を抱いていたといわれる。

前回の総裁選は石破が勝利してもおかしくない闘いであり、地方ではむしろ優勢であった。だからこそ、安倍政権の石破に対する恐怖感、警戒心は非常に強いものだったようだ。しかも近年、自民党の総理大臣は安倍晋三、福田康夫、麻生太郎と一年での交代が常態化していた。

「今回も安倍さんは、一年で総理を辞めるかもしれない」

その思いは、安倍総理側にも、石破幹事長側にも共通にあった。

が、当の石破は、そうした人事を見ても「自分は安倍総理に近い議員たちから警戒されている」とは感じていなかったようであった。

自民党の体質を変える

平成二十一年夏の衆院選で、自民党が下野して以来、石破は、ずっと訴えていた。

「自民党が下野したのは、国民の感情と乖離したからだ」

幹事長に就任した石破は、政調会長時代にできなかった自民党の体質を変えることに取り組んだ。

最初にやったことは、永田町の自民党本部の受付のガラスの仕切りを取っ払ったことだった。それまでは、受付の女性たちは、ガラスの仕切りのなかで来客に対応していた。

石破はすぐに指示を出した。

「今どき銀行だって、あんなことしていない。ガラスの仕切りを取っ払って、党本部に来た人たちに、『いらっしゃいませ、ありがとうございました』と直接声をかけるのが大事なんじゃないか」

党本部の職員たちは抵抗した。が、石破は押し切った。これを変えるのにも、二カ月から三カ月を要した。

石破は、今度は自民党本部の改革に取り組みはじめた。

〈自民党本部は国会議員のためのものではない。来てくれた人々のため、地方の党員のためのものだ〉

かねてからそう思っていた石破は、県会議員や市会議員や町会議員が地方から上京してきたときに、荷物を置いたり、電話をかけたり、コピーができて、一休みできるような場所を自民党本部の一階につくろうと模索したり、各派閥の活動について党本部で会合を実施するように提言したりしていた。

都議選、参院選でも勝利

衆院選後に重要なのは、翌平成二十五年六月におこなわれる東京都議会議員選挙だった。そして七月におこなわれる参議院議員選挙だった。

政権の奪還を果たした衆院選では、有権者の間に民主党政権に対する嫌悪感が強かった。そのため、石破は、全国をひたすら駆け回るだけで勝利できた。

迫る都議選を前に石破は考えていた。

〈やはり、都議選には参院選の前哨戦としての側面がある。これに圧勝し、続く参院選への勢いを作る必要がある。一切手を抜かずに、全力でやろう〉

平成二十五年六月二十五日、東京都議会議員選挙がおこなわれた。自民党は、擁立した五九人の候補者全員が当選する圧勝に終わった。現有議席よりも二〇人も増やす大勝利だった。石破は、候補者のうち、二人か三人くらい落選する場合も覚悟し、丁寧にテコ入れしていた。が、蓋を開けたら、全員当選だった。

石破は思った。

〈選挙というのは、こういうものなんだ。大逆風のときは何をやってもダメなのに、うまくいくときはビックリするくらいうまくいく〉

都議選からわずか九日後の七月四日、第二十三回参議院選挙が公示された。

この参院選でも、石破の戦い方は徹底していた。

石破は、沖縄から北上する作戦をとった。

沖縄、鹿児島、熊本とまわり、そのあと、今度は激戦区の一つである山形に入った。

今回の参院選で激戦が予想されていた一人区は四つあった。沖縄、山形、三重、岩手の四選挙区である。

石破は、この四選挙区にはそれぞれ三回ずつ入った。

小さな集会にも応援に行き、「こんなところにまで幹事長が来るのか」と聴衆から驚かれるほどの選挙戦をくり広げた。

石破は、選挙カーに乗ったときは、自らマイクを持ち続ける。

「自民党幹事長の石破茂です。山形選挙区の大沼瑞穂をよろしくお願いします」

そう候補者の名前を連呼してまわった。

石破は強く思っていた。

〈かつて角さんから自分が教えられたように、候補者たちに選挙のやり方を教えこまなければ……〉

七月二十一日、参議院選挙が投票日を迎えた。自民党は、選挙区で四七、比例区で一八の合計六五議席を獲得し、またも圧勝した。

自民党、公明党の合計で七六議席を獲得。非改選の五九議席と合わせて過半数を上回る一三五議席となり、衆参両院で多数派が異なる国会のねじれ状態は解消された。

石破がテコ入れした四選挙区の結果は、二勝二敗だった。岩手と沖縄で敗北したが、山形と三重では勝利をおさめた。石破には敗因がわかっていた。岩手も沖縄も、勝利した相手候補者は民主党公認ではなく、無所属の候補者であった。

石破は思った。

〈民主党の公認候補が相手だったら、勝てたな。残念だった〉

この参院選では、投開票を伝えるテレビ番組でインタビューに応じる石破の姿も話題になった。暑いさなか、日本中を駆け回ったために日焼けして顔が真っ黒になっていたのだ。

他党の議員たちとは明らかに色が異なっているその姿は、石破が誰よりも熱心に選挙に取り組んだことの証明でもあった。

テレビ朝日の報道ステーションの選挙特番では、司会者からその日焼けぶりについて、「焦げたアンパンマン、焦げパンマン」と例えられたほどだ。笑顔で司会者に応じる石破のやりとりもふくめ、ネット上では多くの人たちの関心の的になった。

石破によると、市販の日焼け止めも使い、「飲む日焼け止め」と言われるものまで使ったものの、大した効果はなく、完全な「やけど」状態であったという。

安倍総理の思惑

平成二十六年夏、政局の焦点は、九月の第一週におこなわれる内閣改造と自民党の役員人事であった。

なかでも注目を集めていたのが、幹事長の石破茂を留任させるかどうかであった。

石破は幹事長として、平成二十四年十二月の衆院選、平成二十五年六月の都議選、七月の参院選と自民党を三連勝に導いていた。のみならず、新人議員たちの教育にも力を入れ、「スパルタ教育」だと批判されることがあっても、将来を思い、議員一人あたりの新規党員獲得目標を課し、罰金制度を導入するなど様々な党改革を打ち出していた。

石破は思っていた。

〈幹事長として、自民党の改革をさらに推進し、来年春の統一地方選もなんとしても勝ち抜いて、自民党政権を盤石なものにしなくては……〉

が、安倍総理の思惑は違っていた。

七月二十四日正午、石破は、官邸におもむき、安倍総理と一時間近くにわたって会談をおこなった。話題は、内閣改造と党役員人事であった。

安倍総理は、この場で石破に安全保障法制担当大臣への就任を打診した。

「集団的自衛権の関連法案は難しい。なかなか答弁できる人はいません。石破幹事長にお願いしたい」

石破は言った。

「幹事長としてやりたい仕事があります」

安倍は、石破を、内閣改造で新設する予定の安全保障法制担当大臣に起用しようとしていたのだ。

これに先立つ平成二十六年七月一日、安倍政権は、臨時閣議を開き、憲法九条の解釈を変更し、集団的自衛権の行使を一部容認すると決定した。政府は、集団的自衛権について昭和五十六年の政府答弁書の「憲法上許されない」との見解を堅持してきたが、安全保障環境の変化を理由にその一部容認に踏み切った。その内容としては、「そのまま放置すれば我が国の安全保障上に重大な影響が及ぶ事態」ということであり、あくまでも自国防衛の延長線上にあるような集団的自衛権行使の一部容認ではあるが、戦後日本の安保政策が大きく転換することになった、とは言いうるものだった。

安全保障法制担当大臣は、この閣議決定にともない、翌平成二十七年の通常国会に提出する予定の安全保障関連法案を管轄するために設置されるものであった。

安倍総理は、安全保障政策に精通し、説明のうまい石破を起用することで、法案の審議をスムーズに乗りきるつもりであったのだろう。

そしてこの人事には、石破を自民党の選挙と資金を担当する幹事長から外すだけでなく、閣内に取り込むことによって、翌平成二十七年九月におこなわれる自民党総裁選への石破の出馬の芽を摘むという思惑もあったと見られていた。

前回の総裁選で党員からの圧倒的な支持を得ていた石破の存在は、安倍総理にとってそれだけ脅威であったということであろうか。

そして、安倍総理が石破の閣内取り込みに躍起になっていることは、石破以外に安倍の再選を脅かすような有力な候補者が自民党内にいない事実を物語ってもいた。

実際、八月五日におこなわれた自民党の全国都道府県連の幹事長会議では、石破の人気を証明するかのように、各都道府県連の幹事長たちから石破の幹事長続投を要望する声が多くあがっていた。

なぜ、安全保障法制担当大臣を固辞したのか

石破は、安倍からの打診に対して、難色を示した。それには理由があった。

そもそも石破と安倍では、安全保障や集団的自衛権に対する考え方が異なっていた。

安倍総理は行使を認める憲法解釈の変更を閣議決定でおこなったが、石破の考え方は、基本法という形で国会で決めるべきというものだった。また、集団的自衛権行使の態様も、現行憲法下でも特段の制約なく認められるべきだと思っていた。ただ行使のあり方については、安全保障基本法を制定し、それにより制約をし、行使するかどうかも、基本計画という形で出される政府の判断に対する国会承認によって議会も責任を持つべきものだと考えていた。そして、その考え方は、自民党として決定した考え方でもあった。

平成二十一年夏に政権から転落し、自民党が野党になった時代も、集団的自衛権については、党内で徹底的に議論をしてきた。

しかも、石破は、この時、党の安全保障法制検討会の座長として、党内を取りまとめる立場にもあった。石破は、検討会のたびに、レジュメを書き、戦後の国会における関連の答弁や、これまでの議論の変遷も説明し、会議をリードしていった。その結果、党議決定されたものが「安全保障基本法」で、平成二十四年十二月の衆院選では、自民党の公約にもその制定が含まれていた。

また、第一次安倍内閣のもとで設置された日本の集団的自衛権の問題と日本国憲法の関係整理および研究をおこなうための内閣総理大臣の私的諮問機関である「安全保障の法的基盤の再構築に関する懇談会」でも、集団的自衛権については同様の報告書がまとめられている。石破は、集団的自衛権については、本来憲法の問題では全くなく、政策選択の問題だということを明確にしたかった。

集団的自衛権が行使できないと明言したことにより、日米安全保障条約に基づく日米同盟は、義務の内容が非対称なものとなった。アメリカは日本を守る義務を負う一方、日本はアメリカに基地を提供する義務を負う。お互いが果たす義務の内容が異なるのだ。そのため、沖縄県の嘉手納基地であろうが、青森県の三沢基地であろうが、山口県の岩国基地であろうが、日本はこれらの米軍基地を条約上の義務として提供しているのであり、日本政府の政策判断として提供しているわけではないということになる。国家主権そのものである領土の一部を条約上の義務として提供するなど、本来、独立した主権国家ではありえない。

石破は、当然、日米同盟そのものは、現在の日本にとって必要不可欠なものだと思っている。そして、在日米軍も必要性があると思っている。しかし、条約上の義務として国土を他国軍隊に提供するような状態も日本にとって必要不可欠ではない他国軍の基地を置いておかねばならないような状態も、解消しなければならないと思っている。

石破は、日本が本当に独立した主権国家として、今後、世界で生きていくためには、集団的自衛権の行使が憲法上認められないという考え方そのものを変えなくてはいけないと思っていた。

集団的自衛権を行使することを前提として、お互いに守り合うという対等な同盟関係を整備してこそ、日本ははじめて独立国家となりうる。そして、不要な基地の撤去を相手国に求める権利も手に入れることができる。沖縄の負担の軽減も同様だ。

ゆえに、石破には大きな懸念があった。

〈自分が安全保障法制担当大臣に就任し、国会の場で法案の説明をすることはできる。だが、野党の議員だってわたしの持論を知らないわけじゃない。さすがに総理との考え方の違いを突き、閣内不一致だと批判するだろう〉

野党にも、前原誠司や長島昭久のように安全保障政策に精通している議員がいる。もし、彼らが委員会や本会議の場で、安倍総理に対して、「集団的自衛権は、憲法上ここまでが限界で、これ以上を認める場合には、憲法改正が必要なんですね」と質問し、安倍から「その通りです」という答えを引き出し、そのあと石破に同様の質問をぶつけてくる可能性もある。そこで、もし石破が「わたしはそうは思いません」と答弁をした場合には、そこで閣内不一致だと批判される。

その結果、法案の審議の行方にも影響を与えかねない。

石破には、自分の入閣によりそのような迷惑をかけることはできないという思いがあった。

また、もし石破が持論を変えた答弁をした場合、自分自身のこれまでの政策や信念を否定することになる。国防や安全保障は、石破の長年のライフワークだ。これまでの信条を覆すようなことは、政治家としてできなかった。

石破は、自らの懸念について安倍に伝えた。

「総理、わたしが担当閣僚になったら、閣内不一致として騒がれてしまいます」

だが、安倍の反応は芳しいものではなかった。

地方創生大臣に就任

八月二十五日、石破は、安倍総理の側近の萩生田光一自民党総裁特別補佐と自民党本部で会談した。この会談で、石破は、安全保障法制担当大臣への就任を断った。その後にＴＢＳのラジオに出演した際にも、自分の就任を否定し、「総理と考え方が同じ人が適任だ」と語った。

八月二十九日午前十一時五十分、石破は、官邸で安倍総理と会談した。

この会談で、安倍総理は、石破に地方創生担当大臣への就任を要請した。

「安倍内閣の課題である地方創生を担当してくれませんか。あなたは鳥取県という過疎化、高齢化が特に進んでいる地域の選出です。過去には農林水産大臣も務めていますし、自民党幹事長として全国各地もまわっています。その経験を生かし、地方創生の旗振り役をお願いします」

　石破は応じた。

「わかりました」

　こうして石破の地方創生担当大臣への就任と幹事長からの退任が決まった。

　石破の側近の鴨下一郎は、第二次安倍政権が発足して以来、安倍政権には、「石破茂を幹事長職から外したい」という考えがあったと見ている。安倍総理も、「幹事長には自分とツーカーな人物に就いてほしい」と思っていたのだろう。

　鴨下は思った。

〈確かに、安倍さんと石破さんはケミストリー（相性）が合わないのかもしれない〉

　解散総選挙の時には、地方に人気のある石破茂は重宝されたが、政権を取り戻して実際に党を仕切っていくには、もっと自分とフレンドリーな人物がいいのは当然である。すでに「ポスト石破には谷垣ありき」という話がまとまっているようだった。

　鴨下は、石破に言った。

「幹事長を続投できるのなら引き受けてもいい。だが、閣僚になるくらいなら、次期総裁選のために閣外へ出たほうがいいでしょう」

　石破本人にも多少の迷いはあった。が、石破は基本的に頼まれると嫌とは言えない性分である。三顧の礼で「入閣してほしい」と頼まれた結果、石破は内閣府特命担当大臣（国家戦略特別区域担当）兼地方創生担当大臣を引き受けることになった。

石破は、就任後の記者会見で語った。

「若者が夢や希望を持てる街づくりを進める。人口減の問題は、日本の構造的課題で、先送りが許されない。英知を結集して取り組む」

このとき石破に近い議員たちからは、入閣せずに、閣外に出て翌年の総裁選に備えるべきだという意見もあった。が、石破自身は、地方の抱える問題に強く関心を持ち、取り組みたいと思っていた。

地方創生も石破のライフワークに

地方創生は、政治家・石破茂にとって安全保障と並ぶもう一つのライフワークだった。

石破は、中学まで鳥取県で育ち、慶應義塾高校への進学をきっかけに上京している。その後は、高校、大学、三井銀行での社会人生活、田中派木曜クラブの職員と東京で暮らした。日本でも有数の過疎地域である鳥取県では、進学や就職を機に都市部に転出し、そのまま戻ってこない、というケースが多い。

かつて昭和四十年代から五十年代まで、どこの地方でも駅前の商店街は賑やかで、人口が増加していた時代があった。農山村や漁村にも活気があり、シャッター通りなどという言葉はなかった。当時、地方を支えていたのは、拡大する公共事業と企業の工場誘致による雇用増だった。

が、もはや時代は違う。

公共事業は縮小されていくいっぽうだ。ミッシングリンクの解消や防災に関連する事業などは維持されていくが、もはやかつてのような大型のプロジェクトは少ないし、財政的にも厳しい。

また、企業も工場を国内ではなく、海外に移転するようになって久しい。最近国内に回帰してきたといわれるのは研究開発拠点やマザー工場であり、当時と同じような工場誘致による雇用増や景気拡大などということは望めない。

そもそも、かつて日本を牽引した家電産業が縮小傾向にあることからもわかるように、同じ製品をたくさんつくり、安く販売するというビジネスモデルは、もはや成熟期を迎えた日本には適さない。

石破は思う。

〈かつての公共事業と企業誘致に代わるものを見つけなければいけない〉

そんな石破にヒントをくれたのが増田寛也だった。元岩手県知事の増田は、第一次安倍改造内閣と福田内閣で総務大臣を務めている。福田内閣で防衛大臣の職にあった石破は、約一年間閣議で頻繁に顔を合わせていた。

石破は、地方創生大臣になる前の幹事長在職中の平成二十五年十一月ごろ、増田と会う機会があった。アポイントメントは増田からだった。増田はそのとき、月刊誌の『中央公論』平成二十五年十二月号に「２０４０年、地方消滅。『極点社会』が到来する」と題した論文を寄稿していた。この論文は、のちに中央公論新社から『地方消滅〜東京一極集中が招く人口急減』のタイトルで新書として出版され、大きな反響を呼んでいる。

石破も、この論文に注目していた。手にしたその晩のうちに、何度も読み返したほどであった。

石破に会うと、増田は言った。

「石破さん、あなたならこの論文の話をわかってくれると思って、会って話をしたかったんです」

増田は、論文の内容について詳しく石破に説明した。石破は、その内容に強く感銘を受けた。

〈なるほど、そういうことだったのか……〉

これまで地方の衰退や、東京への一極集中について、言及する人はいた。だが、正確なデータに基づいて具体的な地方の将来像を語る人はいなかった。

平成二十六年九月三日に発足した第二次安倍改造内閣の同日の閣議決定により、「まち・ひと・しごと創生本部（通称・地方創生本部）」が設置された。議長は総理大臣、副議長は地方創生担当大臣および官房長官、議員は各国務大臣および民間有識者一二人で構成されていた。

地方創生本部の政策ベースとなったのは、増田寛也元岩手県知事の著書『地方消滅』と、経営共創基盤（ＩＧＰＩ）代表取締役ＣＥＯの冨山和彦の著書『なぜローカル経済から日本は甦るのか』の二冊の本だった。よって増田と冨山の二人は、必然的に民間有識者として地方創生本部の議員に選出された。

増田寛也の語る「地方消滅」

増田寛也と石破茂の縁は、福田康夫内閣まで遡る。ともに閣僚として入閣し、一年近く同僚として働いた。年齢は石破が昭和三十二年生まれで、増田が昭和二十六年生まれと石破のほうが少し若いが、増田は、岩手県知事を十二年勤めた経験から、石破の政治家としての素養を当時から高く買っていた。

石破が防衛大臣の時代の平成二十年二月十九日、海上自衛隊所属のイージス護衛艦「あたご」と新勝浦市漁業協同組合所属の漁船「清徳丸」が衝突し、清徳丸の乗組員二人が行方不明になる事件が起きた。石破は担当大臣として国会の内外で厳しく責められたが、すぐに漁協と家族のもとへ足を運び、膝を交えて直接謝罪した。

増田は、そういった行動を見るにつけ「実力者として遇せられたのも、むべなるかな」と感じたという。

その後、自民党は野党に転落し、石破と増田の交流はいったん途絶える。

いっぽうで、増田は知事時代から危機を感じていた「人口減少」の問題に、精力的に取り組んでいた。岩手県知事時代から懸念を持っていたことだが、役人や専門家を交えてあらためて調査すると、全国の地方自治体の半分くらいが将来的に無くなりかねないことがわかった。まさしく「地方消滅」だった。何も「地方」に限らない。東京二十三区の豊島区も、その「消滅」リストに名前が挙がった。

人口の再生能力は、もはや回復不能なレベルにまで落ち込んでいた。

自ら座長を務める「日本創成会議」でとりまとめた、地方消滅の研究結果を発表するにあたり、増田は思った。

〈レポートを発表するだけでは意味がない。これはもう政策としてまとめあげて、政府に動いてもらわなければならないな〉

増田はそう考えて、行動に出る。まず月刊誌『中央公論』の平成二十五年十二月号に、第一弾として「壊死する地方都市」という論文を掲載した。これが大反響を呼んだ。

このとき、増田は自民党幹事長だった石破に直接連絡を取っていた。

「こういう資料を持っていくので、三十分くらい時間をもらえないだろうか」

ホテルでの朝食で、増田は相当量の資料を抱えて石破に面会した。石破は忙しいにもかかわらず、何と一時間半近く時間を割いてくれた。食事中の時間をかけて、人口減少について、詳しく説明することが出来た。人が減る、というのは、全国的に出生率が下がっているからだ。さらにもう一つ重要なことは、二十代、三十代の労働人口が雇用を求めて、東京圏に出て行ってしまう。過剰な東京への一極集中が進んでいるのが実態だった。

増田は、国立社会保障・人口問題研究所の精密なデータを示しながら、石破に要請した。

「この資料を使って、各自治体の首長たちに対して発信してください」

地方の衰退と東京への一極集中は、誰しもがうすうす感じていることだった。

増田は思っていた。

〈これを目の前で数字で具体的に見てもらえれば、石破幹事長の理解を得られるはず〉

実際、石破は、増田の話に「ここまできてるのか」と驚いていた。それから何日もかけて、その資料すべてに自ら目を通してくれたようであった。

『壊死する地方都市』のショックが冷めやらぬうちの翌平成二十六年五月。増田は、連休明けに記者会見をおこなった。将来の「消滅」が予想される自治体名をすべて網羅した資料を公表したのだ。


五月の増田の記者会見が終わり、あちこちに火が点いた。増田はさらに火を点けて回った。発表した内容をさらに精査し、専門家の原稿も集め、八月の出版に向けて精力的に動いていた。

ようやく出版のめどが立ち、増田は九月初めにパリにいた。別の所用で滞在していたのだ。そこへ、石破本人から電話があった。

九月におこなわれる内閣改造で、「地方創生担当大臣」という新ポストができるらしい。その初代大臣に石破の名前が挙がっていた。増田も、ネットでその情報に接して、少し驚いていた。

石破の大臣補佐官には、石破自身のたっての希望で伊藤達也に決まった。その伊藤からも増田のもとに電話があった。

「増田さん、早く帰ってきてください」

増田は帰国すると、その日の夕方には、ホテルニューオータニで初の会合がおこなわれた。増田と石破、伊藤の三人であった。まだ地方創生を担当する部署の人員も固まっていない。これから何をどうすべきなのか。三人はとにかく基本方針を確認しあった。

増田は力説した。

「各省庁から優秀な人材を引っこ抜いて、強力な事務方をつくること。早めにとにかく考え方をまとめて、各自治体を動かしていきましょう」

石破の地方創生担当大臣就任後、増田を含めたミーティングは頻繁におこなわれた。最初のうちは毎週。やがて陣容が固まるにつれて、月に二回程度になった。

安倍内閣は、このとき「まち・ひと・しごと創生総合戦略２０１５」を年末に閣議決定するが、その閣議決定に向けて、ホテルオークラ本館のレストランで朝食を摂りながら、朝八時から九時まで、ミーティングを必ずおこなっていた。

増田はこの頃、「地方消滅」の続編として「創生戦略編」と題された論文を著していた。そこで対談をした冨山和彦も、この朝食会に参加した。

地方創生の名のもとに、何をやるのか。次の官邸での会議には、どういう議題を出すのか。取りまとめの方向はどうするか。役所から出向してきたスタッフや事務方の人間には、どういう指示を出せばいいのか。ずいぶんと論議を重ねていた。

内閣府の「まち・ひと・しごと創生本部」事務局には、次官級の地方創生統括官のポストを新設し、事務局長代理の山崎史郎を据えた。山崎はかつて、菅直人内閣で総理秘書官を務めた経歴を持っている。

各省からもエース級の人材が派遣されてきた。

安倍総理が、ことあるごとに「地方創生」に言及するため、役所もそれなりに構えるところがあったのだろう。予算取りの思惑も絡んで、いい人材が集まったと増田は言う。

しかし一方で、その運営は当初は「自転車操業」的なところもあった。まず何人かが決まる。しばらくして、また何人かがやってくる。こういう具合で、ようやく陣容が整ったのは、平成二十六年の年末に近かった。

民間からも人材を起用した。増田自身が、この時は民間の立場だったが、「役所に気合いをかけたり、民間のほうにも、誰かいい人出してと言ったり」して、積極的に体制づくりに関わった。

次の年の平成二十七年七月に、佐賀で全国知事会がおこなわれたが、増田は講師として参加し、人口減少について意見を交わした。

増田は述懐する。

「辞めた知事が知事会に参加して議論したのは、わたしが初めてだった」


地方創生本部、始動！


地方創生は、安倍内閣の鳴り物入りの政策だった。そのため、地方創生の司令塔となる「まち・ひと・しごと創生本部」には、各官庁から超一級の人材が集った。

「まち・ひと・しごと創生本部」は、九月三日に発足した第二次安倍改造内閣の閣議決定により設置された。本部長は安倍総理で、副本部長が担当大臣の石破である。

石破は、大臣としてまず二つのことを考えた。

〈一つは、地方創生のための法律を成立させよう。そして、もう一つは、地方を地道にまわろう〉

そしてさっそく法律の制定に取り組むことにし、「まち・ひと・しごと創生法」と改正地域再生法をこの年九月二十九日から開かれた臨時国会に提出するべく取り組み、それは無事に十一月二十一日に可決された。

「まち・ひと・しごと創生法」では、地方創生の理念や全体的な戦略策定の方法などについて定めている。ポイントは、国の定めた長期ビジョンで、「二〇六〇年に一億人程度の人口を確保する」ことを明確にしていることだ。

第一条には、「少子高齢化の進展に的確に対応し、人口の減少に歯止めをかけるとともに、東京圏への人口の過度の集中を是正する」と記されている。

つまり、まず「地方創生」を、人口減少対策と東京一極集中の是正と位置づけたのだ。

「まち・ひと・しごと創生法」は、政策の目的や全体的な戦略策定の方法などの、大きな枠組みを定めたもので、細かい施策を決定するものではない。法律に基づいて設置される「まち・ひと・しごと創生本部」が全体に関する議論をおこない、各地方自治体は、閣議決定された戦略に基づいて、地域の状況にあった個別戦略を策定することが決められた。全国四七都道府県、全国一七一八市町村、東京二三特別区。そのすべての自治体に対して、今後五年間の計画の策定を依頼する法律だ。

この法律をつくるにあたって、内閣法制局からは、国が自治体に計画を策定させるように義務を課すことはできないとの指摘があった。確かに国と地方自治体は本来、対等の関係だ。

結局、内閣法制局と議論を重ねた末に、努力義務を書きこむことになり、地方版の総合戦略を各地方の人口動態などを踏まえて平成二十七年の年末までにつくることを依頼する内容となっている。この法律の重要な点は、国が何か目標を設定し、地方を導くものではなく、主役はあくまでそれぞれの地方だ、ということである。

各自治体の反応は、当初あまり芳しいものではなかった。

「なんで、そんなことをわざわざ国につくらせられなきゃいけないんだ」

そういう意見も多かった。

また、自治体によっては、「すでにうちでは、第何次何カ年計画を策定しているから、新たなものは必要ない」という反応もあった。

また、計画の策定がしたくても、計画を立案する人もいない、時間も足りない、カネもない、情報もない、とお手上げ状態の自治体も多かった。

石破は、それらの自治体を説得した。

「第何次何カ年計画を自治体のほとんどがつくっていることは知っています。ですが、町に出て、市民百人に、お住まいの市の第何次何カ年計画を知っていますかと尋ねて、実際に知っている市民がどれだけいますか。ほとんど多くの市民が知らない計画では意味がないんです」

そう言って説得した。

また、人がいない、カネがないと音を上げている自治体も含め、今般の総合戦略については行政だけで考えずに「産官学金労言」で幅広く連携して参画してもらうことを提案した。

「産」は、地元の商工会議所や、商店街連合会、農協、漁協などの地域の産業界。その地域で経済活動に携わる人々。

「官」は、もちろん市役所や町役場、県庁などの行政。

「学」は、その地域にある大学、工業高等専門学校、高等学校、中学校などの教育機関。これまでは、学問に携わる人たちが、地域の計画づくりに携わることはなかった。が、この試みにより、町によっては、地元の高校生や中学生も計画づくりに参画している。多くの地方では、大学進学などを機に、若者は一度都会に出ていく。だが、この計画づくりに中高生が参加すれば、「いつか自分たちが戻ってきて暮らすまち」の計画を自分たちで作ってもらうことになる。これは実にすばらしいことではないだろうか。

「金」は、地方銀行、信用金庫、信用組合などの地域に根差した金融機関。石破自身、社会人時代に、銀行員として外回りをした経験があるが、じつは、市役所や町役場よりも、地域の金融機関の方が地元の経済状況を把握していることが多い。また、総合戦略は持続可能なものであるべきで、金融機関の目で採算のとれるような事業でなければ意味がない。

「労」は、労働組合などの労働団体。平均的な通勤時間、労働時間、帰宅時間はどのくらいなのか。出生率や女性の就労を考えるうえでは貴重な情報である。働き方を考えるためには、労働組合の参画が必須だ。

最後の「言」は、地元のテレビ局やラジオ局、新聞社、ケーブルテレビなどのメディア、言論機関である。その地域で何が起きているかは、地元メディアが一番知っている。そして、全国に発信することができる。

石破は、「産官学金労言」、つまり地方のみんなで連携して総合戦略の策定に取り組むことを提言した。

「市役所のなかだけでやるのではなく、地域で連携して取り組んでください」

そう説得されると、自治体も態度を軟化させていった。

また、情報がないという自治体に対しての支援も整備した。

地方自治体支援のため、「地域経済分析システム（ＲＥＳＡＳ）」を開発した。

これは経産省が開発したもので、これを用いれば、各地域が産業、人口、社会インフラなどに関して必要なデータ分析ができ、ヒト、モノ、カネの流れを把握し、地域の課題を分析できるシステムだ。インターネット上で公開され、誰でもアクセスができる。

正確なデータに基づいて計画を策定しなければ、どのような計画でも机上の空論で終わってしまう。

今まで、地方政治はともすればＫＫＯ（経験と勘と思い込み）で行われると言われていた。これを積極的に排することをめざしたのだ。

それはいわば、地方を住民の手に取り戻すための運動でもあった。これまでのような「おまかせ民主主義」ではなく、主権者であり、納税者である市民がそのデータを知り、データに基づいて自分たちの住む場所の未来を考えるということは民主主義にとって絶対に必要なことだと石破は信じていた。

「産官学金労言」で連携して取り組み、「地域経済分析システム（ＲＥＳＡＳ）」も提供し、計画づくりに必要な資金も国が供出する。

石破は、大臣としてそれらの整備に気を配った。

「地方創生人材支援制度」も実現

石破は、地方自治体に国家公務員を派遣する「地方創生人材支援制度」も、実現させた。

これまでも国家公務員が地方に出向するシステムはあった。が、その出向先は、都道府県や政令指定都市などの地方の大都市に限られていて、その役職も、総務省から総務部長や財政課長、国土交通省から土木部・土木課、農林水産省から農林水産部長、などと指定席が決まっていた。

だが、石破は考えていた。

〈むしろ人口五万人以下の小さい自治体のほうが、彼らを必要としているのではないだろうか……〉

石破は、小さな自治体にも国家公務員が出向できる人材派遣制度をつくることにした。

しかも、この制度では、非常にマッチングにこだわった。

受け入れ側の各市町村に対して、どんな人材が欲しいのか、具体的に要望させるようにした。

「なんでもいいから、優秀な能力の持ち主で中央官庁に顔の利く人」

などという要望ではなく、

「わが町は、これから先は農業を復活させたい。特産品の果樹に付加価値をつけて全国に売り出したいと思っているから、そういう政策に詳しい農林水産省の職員を派遣してください」

「うちの町は、鉄道に関連したまちづくりをやりたい。だから、鉄道に詳しい国土交通省の職員を派遣してください」

と、具体的なリクエストによって、派遣する制度にした。

また、派遣する国家公務員の意識改革も徹底した。

石破は思っていた。

〈東京から田舎に行って教えてやる、みたいな気持ちしかもてない職員を派遣しても意味はない。オレはこのまちでみんなとこういうことがしたい、という強い意欲と目的意識を持った職員じゃなきゃダメだ〉

自ら汗を流し、その地域のために、その地域の人たちと一緒に頑張れる人材でなければ意味がない。

実際、中央官庁でも、近年では行政改革によって公務員数は、減少している。人材に余力があるわけではなかった。

が、二十代から四十代半ばまでの官僚を対象に募集すると、多くの人数が集まった。

この制度は、平成二十七年の夏から実現に移され、約三百人の職員が地方自治体に派遣されている。

平成十三年一月六日、中央省庁再編によって、国土庁は運輸省や建設省、北海道開発庁と統合されて、国土交通省が発足するが、それまでは、国土庁に地方振興局という部署があった。ここは、地域をどうするかということを考える専門の部署であった。

石破は、地方復興局の復活とはいわないまでも、地方自治体の窓口となるような制度をつくることにした。それが「地方創生コンシェルジュ制度」である。地方の小さな自治体の首長たちにとっては、霞が関に赴いて交渉や相談をすることに対する心理的なハードルは高い。何か質問をしても、そんなこともわからないのかと叱られるのでは、と懸念している場合もある。ましてや、首長になってからの在任経験が浅ければなおさらだろう。

が、親身になって相談に乗ってくれる「地方創生コンシェルジュ」がいれば、安心だ。一流ホテルのコンシェルジュのように、東京にいて自治体からの相談に乗る係だ。

これも各省庁から希望者を募り、どの自治体の担当になりたいのかを聞いた。

「山形県の出身だ」とか、「山形県に赴任していた経験がある」とか、「結婚相手が山形県出身だ」など、その理由はなんでも良い。

石破は、この希望者リストをもとに、各自治体の担当に任命し、全国の自治体に「もし、困ったことがあったら、この人たちに相談してください」と閲覧できるようにし、霞が関と地方の心理的な距離が狭まるように心掛けた。

地方創生のスペシャリスト　冨山和彦

地方創生本部の議員に増田とならんで選出された、企業再生のスペシャリストとして知られる経営共創基盤（ＩＧＰＩ）代表取締役ＣＥＯの冨山和彦の経歴は、いわば地方創生の理念そのものである。

冨山は、昭和三十五年四月十五日、和歌山県和歌山市に生まれた。昭和六十年三月に東京大学法学部を卒業後、アメリカに本社をもつ戦略コンサルティング世界大手のボストン・コンサルティング・グループ（ＢＣＧ）に入社した。昭和六十一年に、日本初の独立系経営戦略コンサルティングファームであるコーポレイトディレクション（ＣＤＩ）を設立。平成十九年、コンサルティング・企業再生を取り扱う経営共創基盤（ＩＧＰＩ）を設立し、代表取締役ＣＥＯに就任した。

平成二十一年三月、冨山は、子会社の「みちのりホールディングス（ＭＨ）」を設立。岩手県北バス、福島交通、会津バス、茨城交通、関東自動車の五グループを傘下に置き、地方交通会社の再生に着手。五年間で償却前営業利益を約二倍に増やすことに成功した。

日本における乗合バスの年間輸送人員は、一九六〇年代の約百億人をピークに、現在は四十億人と半数以下になっている。そのような市場の変化のなかで、マーケティングの努力をあきらめてしまったバス会社も多い。そんななか、ＭＨ社が利益を伸ばすことができたのは、労働生産性を高める努力を追求してきたからである。

ポイントは二つある。一つは「分ける化、見える化」の徹底である。バス会社であれば、どの路線が儲かっているのか、乗客者数が多いのは何時に走るバスなのか、バス一台一台の燃費はどうなのか。また運転手別の事故率、燃費、一人ひとりの整備効率。あらゆることを「分ける化、見える化」して、無理・無駄・ムラをなくしていくのである。

こうした努力は、地方の中堅中小企業だけでなく、東京の地域密着型企業でもおこなわれていないものである。例えば飲食店では、メニューごとの利益を把握している経営者はほとんどいない。

「分ける化、見える化」によって収益力、生産性が向上したら、賃金を上げて運転手に還元する。すると、もともと人手不足の業界であるから、より賃金が高く待遇の良いところに人材が集まって来る。

バスの利用者はピーク時に比べて大幅に減少したが、さらなる減少化には歯止めがかかっている。現在、バスを利用するのはおもに学生と、運転免許証を返上した高齢者で、乗客数は減り止まってほぼフラットの状態が続いている。

バス・タクシー業界は、長時間労働で低賃金のブラック企業というイメージがある。が、みちのりホールディングスの場合は、完全なホワイト戦略であり、ホワイト企業である。地方に仕事はいくらでもあるが、ホワイトな仕事は少ない。

冨山は、ブラック企業を退け、ホワイト企業を増やしていく必要性を、ここで改めて認識した。経営基盤のしっかりした強きホワイト企業を助け、労働者を酷使してようやく経営を成り立たせている弱きブラック企業を穏やかに退出させていくのである。同時に、観光業、農業、建設業、物流業など、従来ブラックと言われる業界を、ホワイトな産業に変化させていく。

ブラック企業がホワイト企業に転換できれば、当然賃金は上昇する。もともと年収二百万円台の低賃金産業であるから、労働者の収入が百万、二百万アップすると、消費活動には劇的な変化が生じる。もともと高収入な人の年収が百万円アップしたところで消費活動にはさほど変化はないが、バスの運転手の世界では収入増が即消費につながる。当然、かれらの結婚、子育てにも大きな影響をおよぼす。

地域のなかでそれぞれの企業が生産性を上げ、賃金を上げ、消費を増やすことで、他の企業収益も良くなっていく。やがてさまざまな投資、イノベーションにもつながっていき、生産性の向上という好循環を地域経済の中に落とすことが可能になる。

冨山は、地方交通会社の再生の他にも、浄土ヶ浜パークホテル、製造業向け情報システムおよびコンサルティングのネクステック社、不動産関連投資やファンド運営のパシフィックホールディングス社などの再生支援を手掛けた。

平成二十一年九月、冨山は、政府のＪＡＬ再生タスクフォースサブリーダーへの就任を機にＪＡＬグループの再建に専念するため、代表取締役ＣＥＯを退任し取締役となった。

平成二十一年十二月四日付けで、冨山は再びＩＧＰＩの代表取締役ＣＥＯに就任。また、朝日新聞やオムロン社外取締役にも就任した。平成二十三年十一月から文部科学省・科学技術・学術審議会基本計画特別委員会委員を務め、平成二十五年四月、経済同友会副代表幹事に就任した。

冨山は、石破茂と初めて会い思った。

〈典型的な自民党議員とは、違うタイプの政治家だな〉

政治の世界にあまり触れる機会のなかった冨山は、表と裏の顔にギャップのある政治家が多いことを知り、内心驚いていた。ところが谷垣禎一をはじめ、小泉内閣の中心メンバーの政治家たちは、ほぼイメージ通りであり、好印象を抱いた。

冨山から見て、石破もまた、ほぼイメージ通りの政治家であった。安全保障や軍事専門というイメージが強いものの、それだけではなかった。非常に勉強家であり、研究熱心であり、吸収力も抜群だった。また何事にもスピーディで行動力があり、本でコツコツ勉強するだけでなく積極的に現場へ足を向けるタイプであることもわかった。そして、「政策オタク」という言葉がピッタリ当てはまる。

冨山は思った。

〈政治家は、石破さんのような政策オタクでないと務まらない。さもなければ官僚丸投げになってしまう〉

まち・ひと・しごと創生本部の手掛けるべき仕事は、「地方版・成長戦略」と言い換えてもよかった。地方の産業競争力、労働生産性を高めて収益を伸ばす。そして利益を労働者に還元して賃金をアップし、安定した雇用を作り、より多くの人々が地方で幸せに暮らせる基盤を整えていくことである。もし、若者が地方で充実した人生が送れないなら、みんな東京その他の大都市に移住してしまう。ところが、地方から東京へ移り住んでも、若者たちは幸せになれない。より良い暮らしを求めてやって来た東京にも高賃金で安定した仕事は無く、むしろ生活コストが地方よりもずっと高くついて、たちまち生活苦にあえぐようになる。結局、地方出身の若者は結婚も子育てもできず、東京の出生率は全国最低になった。

つまり東京は、若者を吸いあげ、地方の人口を食い潰しているだけの「人口のブラックホール」なのである。このままいけば近い将来、東京も地方も共倒れになってしまうだろう。

この「人口のブラックホール」論は、増田元岩手県知事が著書『地方消滅』で警鐘を鳴らした、東京のリアルである。冨山もまた、増田とまったく同意見であった。が、この問題を理解している国民はまだ少ないのが実情であった。経済の専門家でさえ、「衰退する地方を東京が救う」という図式をいまだに頭の中で描いている向きが多かった。

日本人の多くは、昭和二十年代から三十年代の「日本は加工貿易立国であり、輸出産業で外貨を稼いでいる」というイメージを引きずり続けている。確かにかつての日本は、トヨタを代表とする製造業や、グローバル企業で働く人々が労働者の半数近くを占めていた。が、今やその割合は大きく減少し、とっくに主流から外れてしまっている。

現在の日本経済の七〇～八〇％は、東京その他の大都市を含め、小売業、医療介護、建設業、物流などの「地域密着型産業」で回っている。非正規の割合が多く、ブルーカラーのイメージの仕事が実は主流なのだから、政府がそこにテコ入れをしなければ、日本は決して元気にはならない。

地域密着型産業が主流となったのは日本だけではなく、先進国共通の傾向でもある。ドイツでも製造業、グローバル企業の割合は二〇％程度で、国内所得を引っ張っているのは観光業などのサービス系である。また、グローバル企業でもドイツ国内に残っているのは、研究開発など知的産業に絞られつつある。

日本は輸出産業型で栄えた時代が長かったため、なかなか頭を切り替えられずにいる。経団連という巨大組織も、日本を貿易立国に押し上げた輸出型産業の集団なのである。

今の日本には、経団連の外側にこそ大きな経済が存在しており、そこを押し上げていかねばならない。最近になってようやく一般国民も「日本はもはや貿易立国ではない」と気づき始めた。平成二十六年（二〇一四年）六月、政府が策定した経済財政運営と改革の基本方針（いわゆる骨太の方針）に「ローカル・アベノミクス」というキーワードを打ち出し、反応が良かったのがその証左である。

地方の村が過疎となり、行政サービスが維持できなくなった場合、行政はもちろん、まちなかへ移ろうとする住民たちを無理に押さえつけることはできない。すべての国民には移住の自由があり、無理やり思いとどまらせるよりも、穏やかに退出してもらい、退出者を穏やかに再集約していくことが望まれる。

地域の生産性を向上させたり、住まい方や集住を変えたりといった問題は、一世代、数十年から百年をかけて結果を出すべきことである。それを四～五年で解決しようと試みるのは、政府や行政の悪い癖である。

限界集落の田畑の多くは、戦後の引き揚げや、爆撃地から避難してきた第一世代、年齢で言えば八十代から九十代の人たちが所有している。が、その子どもたちは都市に出て就職したため、耕作放棄地がどんどん増えていった。「日本人は土地に執着がある」とよく言われるが、それは開拓した当人の話で、二代目にはもう関係がない。むしろ生活の利便性を優先した団塊の世代以降は、親の土地を捨てていったのである。

団塊の世代は、遠方の集落で暮らす親の介護で苦労してきた。自分たちの子どもは、近くの地方都市ではなく東京や大阪へ出てしまい、もっと遠いところに離れて暮らしている。すると「子どもに自分と同じような苦労をかけるくらいなら、いっそ子どもたちのいる東京へ行ってしまおうか」という考え方になっていく。行政は、その流れを妨げようというのではない。むしろ、東京から地方への新しい人の流れを作ろうとしている。徳島県名西郡神山町のように、移住者や企業が集まって転入者が転出者を上回っている地域もある。行政は、そうした新たな流れの手伝いをすることで、東京一極集中の流れを全体として止めることを企図しているのである。

冨山の見るところ石破地方創生担当大臣の採った政策の肝は、地方の企業を地道に、時間をかけてじっくりと育てていけるような環境をつくることだった。若者がコツコツと勉強や修行をして知識や技術を習得するのと同様に、企業の競争力強化や生産性向上のための手助けをする。知識や技術援助に対して予算をつけるのだから、地味で目立たず、即効性はない。が、長い目で見れば、確実に効果は出る。

いっぽう、これまで自民党が選択してきた「所得再分配政策」はいわばカンフル剤で、劇的な効果がある。政治家の中には「派手なことをしたい、存在感をアピールしたい」と考える人たちもいる。また国民側にも「可哀想な人たちにお金をあげましょう」という主義主張の人は多く、利害が一致しがちである。彼らにしてみれば、石破の採った地味な政策にはガッカリ感、不満がある。だから地方創生政策は、一つ間違えると、昔ながらの所得再分配政策になってしまう。そちらに引っ張られる大きな力が働くのである。が、これまで何十年かけても成果が得られず、人口流出に歯止めをかけられなかったバラマキ政策など、今や地方も望んではいない。そもそも、地方自治体はいつから「かわいそうな人たち」になったのか。

そうした地方の現実を、鳥取県出身の石破茂は身にしみて理解していた。まち・ひと・しごと創生本部（通称・地方創生本部）の民間有識者議員である元岩手県知事の増田寛也や、冨山が定義した地方の問題を、石破は正確に理解し、迅速に、的確に動いた。

冨山は思う。

〈もし、地方創生担当大臣が石破茂でなかったら、おそらく昔ながらの所得再分配政策になっていた。地方の労働生産性向上を、政策哲学の背骨にしてくれたことは、かれの素晴らしい成果だ〉

石破の尽力により、特別交付金に対する評価基準、ものの考え方、価値観など、すべての政策体系の目的が生産性向上への努力を促すものになった。おかげで、「赤字になるので赤字のぶん補助金をバラマキましょう」といった無駄金を使わずに済んだ。

石破は、もともと「人々から注目を浴びたい、目立ちたい」といったことに関心が薄かった。冨山は近くにいて、石破のそうした人柄を感じた。石破だからこそ、地味な政策を着実に実施して、地方創生を正しい方向へと軌道修正することができたのである。

増田寛也は、幹事長のポストを務めていた実力者が、「地方創生担当大臣」という新設のポストに就くにあたっては、いろいろと葛藤や煩悶があったであろうことは、想像に難くないという。

安倍総理との権力闘争のなかで、いわば権力無きポストにとどめ置かれて、手勢も少なくなった、と揶揄するマスコミも確かにあった。しかし、その新ポストの最初期から、石破は全国を行脚し、その結果、多くの市町村が総合戦略づくりに前向きに着手した。

地方に対して、かなり厳しいことも言った。

「汗をかかないのはダメだ」

増田個人には、安倍政権がどうとかではなく、今これをやっておかなければ、国が無くなる、という思いが強かった。そのいっぽうで、石破の言動に対して反発する自治体が多かったことに、憤りを感じていた。

なにしろ、国から補助金が出るのを安閑として待っているだけ、というような自治体も多いのである。昔はそれで通ったかもしれないが、ことここに至って、人口減で地方消滅が叫ばれるときに、お上頼みでいいはずがない。そうは言っても、厳しい状況の自治体があるのも確かだ。だったら、自治体同士、連携すればいい。広域で自治体がつながりながら新しいことを考えるのに対しては国も支援する。

地方税収と交付税、それらがキチンと機能していれば別だが、いまや危機感をどれだけ自治体が持っているかが問われている。

増田は強調する。

「大都市ほど危機感が希薄だ」

増田は石破に言った。

「政令指定都市が問題ですね。政令指定都市さえしっかりすれば、北海道にもっと留まる。東北は震災があったから厳しいが、広島はもっとしっかりして欲しい。福岡はけっこう頑張っている。最後に覚醒するのは大都市ですね」

石破もうなずいていた。

「そうなんです。離島など、状況が厳しいところほど、真剣に考えている。これは全国を回って肌で感じることなんです」

石破の語る田中角栄

田中角栄ブームとも呼べる現象が起きている。地方創生担当大臣を務める石破茂は、かつて田中派「木曜クラブ」の事務局職員を務めていた。衆議院議員に立候補したきっかけも、田中角栄であった。

石破が縁の深い田中角栄について語る。

「田中角栄先生が、もし今生きていたら、というのが流行りですが、まったく時代が違います」

実際、田中角栄が『日本列島改造論』を発表したのは、オイルショックが起きる前だ。石破は、その点を指摘する。戦争により、すべてが灰燼に帰してしまった日本。その後の高度経済成長は、当然ながら国民全体の血のにじむような努力によるものだが、東西冷戦期であったこと、朝鮮特需があったこと、人口が増加していたことなど、様々な要素が重なっていたことも成長の背景として見逃すことはできない。

田中角栄内閣は昭和四十七年に成立した。東京五輪が昭和三十九年、大阪万博が昭和四十五年。『日本列島改造論』が著された昭和四十七年は、まだ高度経済成長期の只中であった。

田中角栄は、東京の一極集中の是正について、『日本列島改造論』のなかで述べている。当時、昭和三十年から四十五年までの一五年間で、約五〇〇万人の人口が首都圏に移動していた。その一方で、田中角栄の選挙区の新潟県や、石破の選挙区の鳥取県など、日本海側の発展は、遅れていた。石破が小学校の頃までは、天気予報でも、日本海側を表すときに「裏日本の天気は？」などと平気で表現していた。山陰地方は、風景からして太平洋側と違う。県境のトンネルを抜けて、岡山県側から鳥取県側に入ると、景色が一変する。十一月のはじめから三月のなかばまでの四カ月ほどの間は、晴れ間を見ることはあまりない。太平洋側と比べれば、辛く厳しい冬があり、住民の所得も低い。

石破は思う。

〈角栄先生には、日本国内の格差を是正したいという思いが強かったのだろう〉

昭和四十年代には、全国新幹線鉄道整備法や、高規格幹線道路網計画ができ、各地に高速道路や新幹線が整備されていった。ある試算によれば、現在、当時の構想のうち、高速道路は、一三〇％が実現している。それに比べて、新幹線は三〇％しか実現していない。七〇％が実現していないのだ。

石破は、新潟に視察に行って思った。

〈角栄先生は、新潟に新幹線を走らせよう、という強い思いを持っておられたのではないか。新幹線網を日本海側の恵まれない地域にも張り巡らせて、それぞれに個性のあるまちをつくって発展させよう、という思いがあったのではないか〉

だが、石破によると、残念ながら、実際に、新幹線や高速道路が通ったことにより、栄えた地方は、必ずしも多くはないという。新幹線や高速道路などの交通網が整備されると、交通基盤の「口」に当たる市町村・地域に経済活動が集中し、「コップ」に当たる市町村・地域の経済活動が逆に衰えるいわゆるストロー現象が起こるのである。その地域に魅力がなければ、便利な公共交通機関は、そこから人を奪う効果しかもたらさないのである。地方に独自の特色などがなければ、そこはすぐに廃れてしまうのだ。

「今の日本は、やはり中央集権体制と言わざるを得ません。道府県があり、市町村がありますが、地方独自の政策がおこなわれることは今まであまりなかったと思います」

かつて、昭和四十年代の半ばから、五十年代のはじめにかけて、地方も栄えた時代があった。石破の選挙区の鳥取も、昭和四十七年には駅前大改造をおこなった。

石破の父親であり、鳥取県知事を四期にわたり務めた石破二朗が知事任期の後半に開始した事業で、完成したのは、二朗が参議院議員に転じてからであった。石破によると、鳥取駅の改修の順番は、本来はもっと遅かったという。だが、石破二朗が田中角栄に頼んで、順番を繰りあげてもらったのだという。

石破二朗は、昭和三十三年十二月、鳥取県知事選挙に出馬し、見事当選を果たし、以降、四期一六年知事を務めた。その間、鳥取駅の高架事業、空港整備、国道九号線の改良をはじめ、鳥取県でのインフラの改善は劇的に進んだ。鳥取県の道路改良率は、一時期、中国地方のトップになるほどであった。

二朗は、よく言っていた。

「みんな田中のおかげだ」

鳥取駅が高架になった際におこなわれたのが鳥取駅前の大改造で、ホテルニューオータニや鳥取大丸ができ、とても賑やかになった。県民所得も上がり、全国三七位くらいになっていた。

当時は、石破も含めて、みんなが思っていた。

「これからは、地方の時代がきて、地方が良くなるんだ」

地方に希望があった。鳥取に限らず、日本国中で、道路が整備され、下水道が敷設され、空港が開港し、港湾が整備され、公共事業により、多くの雇用と所得が生まれていた。また、製造業も、好調であった。

鳥取には鳥取三洋電機が誘致され、三千人の雇用、関連産業まで入れれば、六千人ほどの雇用があった。日本中に、三洋や、ナショナル、東芝、日立、シャープなどの工場ができ、同じものを安くたくさん大勢の人でつくるというビジネスモデルが確立した。

田中角栄の発想は常に、人に喜んでもらうというところにあった。この道路が開通したら住民が喜ぶ。新幹線が開通したら利用者が喜ぶ。

石破の父の二朗は、石破によく言っていた。

「角さんの本質は、無類の親切なんだ。角さんはどうやったら、人に喜んでもらえるのか、ということばかり考えているんだ」

地方の伸びしろを目にして

石破が、地方創生担当大臣として対峙するのは、人口の減少や、昭和四十年代、五十年代につくったインフラの老朽化、国家財政の悪化などが山積する課題である。もちろん必要な公共事業はやらなくてはいけない。つながっていない高速道路をつなげたり、防災に関連する施設の拡充、整備も推進しようとしている。しかし、日本の財政状況を考えれば、かつてほどの規模の公共事業をする余裕はない。

そして、同じ製品を安くたくさんつくるモデルも今の日本には向かなくなってしまっている。それは今や中国やインドなどに取って代わられている。つまり今必要なことは、昭和四十年代のモデルとはまったく違うものである。ではどんなことに力を入れるべきなのか。

石破は、これまでにポテンシャルを十分に引き出してこなかった農林水産業、あるいは、観光を中心とするサービス業をどれだけ伸ばせるか、その生産性をどこまで上げられるか、だと指摘する。

おそらく、田中角栄が現在いるなら、これらの環境整備に邁進するであろう。新幹線は、今つながっていないところにつくるであろう。そしてその先は、地方の知恵をフルに活かすような政策を打ち出すであろう。例えば、日本の飲食業や、宿泊業での一人あたりの労働生産性は、アメリカの四分の一ほどである。ここにも大きな伸びしろがある。例えば、これまで、多くの旅館は、ＪＴＢや近畿日本ツーリスト、東急観光などの大手旅行会社のみを頼りにし、そこからの団体客を中心に商売をしていた。

しかし、このビジネスモデルだけでは、きめ細かい個別のサービスへのニーズに対応できない。

石破は、ビジネスモデルを劇的に変えた旅館が出てきていることを指摘する。神奈川県秦野市にある鶴巻温泉の老舗旅館・陣屋がその一つである。陣屋は、明治時代から続き、一万坪の敷地を有する老舗旅館だ。かつては皇族も宿泊し、今でも、囲碁や将棋の名人戦がおこなわれている由緒正しい旅館である。

陣屋は、リーマンショックのあと、集客に苦戦することになり、その頃、三代目の社長が逝去した。跡を継ぐことになった四代目は、慶應大学の理工学部出身で、自動車メーカーのホンダで燃料電池をつくっていたエンジニアだった。元々継ぐ気はなかったが、やむを得ず陣屋に帰ることとなる。彼は、そこで旧態依然たる旅館業の実態を目にし、様々な改革をおこなっていく。まず、ＩＴを徹底的に導入した。仲居さん全員にタブレット端末を持たせ、効率的な働き方ができるように改革した。今まで三人でやっていた業務も、場合によっては一人でこなせるようにする。

そうすることで、仲居さんがお客様とフェイス・トゥー・フェイスで話をする時間を劇的に増やした。こまめなコミュニケーションによって、客の満足度も劇的に上がった。

料理も変えた。以前は漫然と板長任せにしており、結果として多くの食べ残しが出ていた。彼はまず、何が食べ残されているのかを徹底的に精査した。そして残されたものを省くことで、同じ値段でも高いクオリティの食事を出せるようになった。元メーカー勤務の彼からすれば、どれも当たり前のことをおこなったに過ぎなかった。それが劇的な好転を生んだ。

彼は休業日も設置した。多くの旅館やホテルでは、金曜日の夕方に客が来て、日曜日に帰っていく。つまり平日の月曜から木曜は客が少ない。陣屋は、そこを逆手にとり、週休二日にして、火曜と水曜は、旅館を閉めることにした。これにより新たな変化が起きた。労働条件が改善されたことにより、従業員がやめなくなったのだ。よくおこなわれる経営改革では、コストダウンを図ろうとするあまり従業員の待遇を悪化させるような合理化手法を取りがちである。だが、彼のやり方は違った。経営者の満足と従業員の満足、その両方が成立するやり方を考えたのだ。

このように、観光業界でもビジネスチャンスは相当ある、と石破は指摘する。その他のサービス業でも同じことが言える。

例えば、京都を中心に営業しているクリーニングチェーンは、業績を飛躍的に拡大している。そこの売りは、顧客一人ひとりに対するクリーニングの手法の開発だ。これにより、飛躍的に売り上げを伸ばしたという。このように、今までと違う目線でやることにより、伸びる企業はまだまだ多い。

石破も、地方創生担当大臣になってから、多くの改革企業の存在を知ったという。

海士町の取り組み

石破は、地方創生担当大臣として、様々な自治体を視察している。一度の週末で、だいたい三つか四つの市町村を訪れている。休みはほとんどない。

石破は、地方の問題点についてこう指摘する。これまで、地方は、ともすれば国の言う通りにやっているだけということが多かったのではないか。霞が関に予算要望をし、丸の内の大企業に工場誘致を依頼する。そしてなるべく大きな事業で、なるべく補助率が高く、自己負担が少ないものばかりに目が行っていたのではないか。その結果、自分のまちの実情に合うかどうか、という最も重要なことが置き去りになってはいなかったか。しかし、これから先の時代はそうはいかない。政府をあてにせず、独自の試みで発展を遂げて、注目を集めている自治体もすでに存在する。その一つが、島根県の隠岐諸島にある海士町だ。絶海の孤島と言ってもいいような位置にある海士町は、船で本土から一時間半。飛行機も天気が悪いと飛ばないこともある。

山内道雄町長が就任したのは、平成十四年の町長選挙から。この選挙に立候補したのは、引退する町長の路線をそのまま引き継ぐという助役と、当時、町会議長だった山内だった。助役の訴えは、公共事業を拡大し、国からの交付金によって、これから先もやっていくというもの。

他方、山内町長は、公共事業ではなく、この町にしかないものを生かして、新しいものをつくるんだ、と主張して立候補した。普通は、助役が勝つ構造だ。町会議員もほとんど助役を応援した。そんななかで、山内町長の応援に回ったのは、町で一番の建設会社だった。

町で一番の建設会社がなぜ自分を応援してくれるのか。山内は、その社長に尋ねた。

社長は答えた。

「あなたの言うことが、本当だからだよ。うちの会社は、公共事業と国からの交付税のおかげで今日がある。しかし、それはもういつまでも続かない。だったら、新しいものをつくるのが俺たちの責任だ」

結果、山内町長は、大差で当選した。

当選後、山内町長が取り組んだのは、地元名産の岩ガキの養殖と冷凍だった。まず、難しいといわれていた岩ガキの養殖に成功した。そして、新鮮な岩ガキを消費者の元に届けるため、アビーのCASシステムを導入した。海士町の岩ガキは、爆発的な人気商品となった。

特産品化への努力は、岩ガキだけにとどまらなかった。隠岐牛という、島で育てていた牛でも勝負に出たのだ。海に囲まれる海士町には、常に潮風が吹き抜ける。だから牧草はミネラル分を多く含んで育つ。その牧草を放牧で自由に牛に食べさせ、牛にストレスのかかりにくい牛舎を、あの山内町長を応援してくれた建設会社に依頼し、「隠岐潮風ファーム」が完成する。この隠岐牛の肉質は東京の市場において松阪牛並みの評価を受けた。山内町長は、ここでも積極的だった。近隣の島根県松江市や関西に出すのではなく、最初から東京の市場で松阪牛に勝つことを目標に販路を開拓していった。

海士町の独自の試みはさらに続く。

〈海士町は離島だが、日本も世界全体から見たら、離島だ。この島が生き残ることを考えることはやがて、日本が生き残ることを考えることにつながるはずだ〉

山内町長はそう思い、民間のサポートを得て、「島教育」をはじめた。島には学習塾がなかった。だが、ITを使い、大阪や京都の学習塾とつなぐことによって、島でも塾の勉強ができるようにし、島独自の教育をはじめた。これも話題を呼び、全国から入学希望者が集まった。隠岐諸島で唯一の高校である島根県立隠岐島前高校は、平成二十年には生徒数が三〇人を切り、閉校寸前だったが、この改革の後は生徒が殺到して、いまや一学年二クラスとなった。徐々に移住者も増えていった。

「ここへ来ると面白い。自分の居場所があるから楽しい」

移住者たちからの評判も上々である。

じつは、山内町長は、代々海士町の出身の家ではない。元々は鳥取県出身であった。山内町長の父親は、鳥取県のアマチュア相撲の力士だった。海士町には娯楽はあまりない。そのため、年に一回、相撲大会が開催されていた。全国から選手たちを集めて、相撲を披露するのだ。山内町長の父親は、鳥取からその相撲大会に参加した。そこで、地元の娘に気に入られて、海士町に移り住んだのだった。山内町長も、島の高校を出てからは、本土で働いていた。電電公社、ＮＴＴに勤めたのち、五十歳を過ぎてから島に帰り、町会議員になった。ずっと島で暮らしていたわけではない。外に出て、民間の感覚を身につけて戻ったのだ。石破は、このような民間の感覚を持った首長がいる自治体には活気があると指摘する。

島根県中部に位置する邑智郡邑南町も、特色のある自治体だ。邑南町の石橋良治町長は、高校までを地元で過ごし、その後、立命館大学産業社会学部を卒業し、日立運輸東京モノレール株式会社（現・株式会社日立物流）勤務を経て、昭和五十六年に帰郷し、地元の町会議員、県会議員を経て、邑南町長に就任している。石橋町長の発想は、今話題になっている「Ｂ級グルメ」で勝負しているかぎりはダメだ、というものだ。Ｂ級グルメでは、価格の値下げ競争が起こり、誰も得をしない。そう考えた石橋町長は、Ｂ級グルメではなく、「Ａ級グルメによる町おこし」を計画した。考えたのは、素材の味を最大限に生かせるイタリア料理だった。中国山地の豊かな自然に囲まれた、小さな里山にイタリアンレストラン「ＡＪＩＫＵＲＡ」をオープンした。これがヒットした。

また、邑南町は、「日本一子育てのしやすい町」を標榜し、様々な取り組みもおこなっている。

邑南町で教育を受けて、いったん外に出てもいつか邑南町に帰ってくる。もし帰ってこなくても、日本の、あるいは世界の役に立つ。そういう人材を育てることが邑南町の魅力にもつながる、と石橋町長は確信している。合併以降、教育予算は削らず、むしろ増やしてきた。学校の統廃合もやっていない。

「きょういく」と「きょうよう」の街づくり

豊臣秀吉と徳川家康が争った小牧・長久手の戦いの地として有名な愛知県の長久手市も、近年、注目を集めている自治体の一つだ。名古屋市のベッドタウンとして発展している長久手市は、東洋経済「住みよさランキング2015」で、県内一位、全国二位にランクインしている。住民の平均年齢も日本で一、二位を争う若さだ。長久手市長を務める吉田一平も、変わったキャリアの持ち主である。

吉田は、昭和三十九年、愛知県立愛知商業高等学校を卒業し、独立系商社である岡谷鋼機に入社。以降、十五年間勤務するが、過労から椎間板ヘルニアを患い、昭和五十四年に退職した。退職した吉田は、自治会、消防団などの地域活動に深く関わるようになる。昭和五十六年に学校法人吉田学園を設立して、理事長となり、愛知たいよう幼稚園の経営にあたる。次いで、昭和六十一年に社会福祉法人愛知たいようの杜を設立して、理事長となり、翌昭和六十二年に特別養護老人ホームとショートステイ施設を開設した。以降、幼稚園、託児所、介護福祉養成学校、ケアハウス、グループホームなどの開設に関わり、平成十七年には吉田学園愛知総合看護福祉専門学校を設立した。また、この間、里山の雑木林の保全運動にも取り組み、平成十五年には特定非営利活動法人雑木林物語を設立して理事長となった。

吉田の目指す街づくりは、高齢者が今日行くところがある「きょういく」と、今日用事がある「きょうよう」の街づくりだという。

市長は、幼稚園と高齢者介護施設を経営している。老人ホームの敷地内には、幼稚園があり、行き来が自由になっている。高齢者たちは、子どもを見守り、子どもは高齢者のところへ気軽に遊びに行ける。

老人ホームの食堂を居酒屋にしているので、地域住民と居住者が酒とつまみで語り合える場所にもなっている。また、「ぼちぼち長屋」という共同住宅をつくり、一階は要介護の老人用、二階には、「老人と接すること」を条件に格安家賃で若い人を住まわせている。

石破が、視察に行った新潟市の市長は、地元紙の『新潟日報』の論説委員から転身した篠田昭。改革派の市長として有名だ。

新潟で話題になっているのは、広大な新潟平野の農地の真ん中にあるイタリアンレストランだ。農業特区の特例を使い、農地のど真ん中に建設されたこのレストランでは、地産地消の素晴らしいイタリア料理が提供される。トマトやイチゴ、近隣で育てられた豚のハムやソーセージ。どれも非常に美味しい逸品だ。また、広大な農地を眺めながら、イタリア料理を食べるという素晴らしい体験もできる。


こうした独自性を発揮している自治体の首長は、民間出身であることが多い。

田中角栄も、建設会社を自ら経営する経営者であった。

石破の父の二朗も、よく言っていた。

「この国を動かしているのは、政治家でも役人でもない、民間人なんだ」

しかし民間の感覚で改革するのは簡単なことではない。


今後、地方を活性化させていくにはどうしたらよいのか。石破は言う。

「国が決まったメニューを提示して、それをただ地方が選択するだけ、という時代ではもはやありません。竹下登総理がおこなった『ふるさと創生事業』は、一億円のばらまきだと批判されましたが、竹下さんは『これで地域の知恵と力がわかるんだわ』と言っておられました。これからは地方がその知恵と力をフルに発揮して地方から日本を変えていく時代です。変革の試みは、『点』が次第に密になりつつある段階で、まだ『面』にはなっていませんが、あらゆる市町村に行くたびに驚きと感動があります」

日本において、トヨタやパナソニックのような世界と競争する製造業に従事する労働人口は、全体の二割ほどしかない。残る八割は、製造業以外の産業に従事しており、製造業以外の生産性は、いまだ低いレベルにとどまっている。

これは裏を返せば、大きな伸びしろが残されているということでもある、と石破は思っている。

田中角栄がもし現在いたら、きっとそこに重点を置くだろう、と石破は思う。そしてどうしたら地方に移ってもっと幸せな人生を送れるか、どうしたら東京の人も地方の人ももっと幸せになれるか、そう考えながら政策を打ち出していくだろう、と。

伊藤達也、石破大臣の補佐官に

平成二十四年十二月、伊藤達也は、総選挙で当選し国政に復帰した。二年後の平成二十六年九月九日、内閣府大臣補佐官に任命された。同時期に内閣府特命担当大臣に任命された石破を補佐する役となったのである。石破は地方創生担当兼国家戦略特別区域担当となった。

金融政策で成果を挙げているアベノミクスではあったが、地方にまでその成果は行き届いていないとの批判もそのいっぽうで根強かった。安倍総理は、その批判に応えるべく、地方創生を「ローカル・アベノミクス」として第二の柱として打ち立てた。ＧＤＰの七割、雇用の八割を占める地域経済の活力を取り戻す新たな政策体系を示す。石破は、その安倍内閣の次の一手の中心に据えられたのである。安倍総理が、石破の力を高く評価していることのあらわれであった。

伊藤は、時には石破とともに、時には石破と手分けして、地方をまわった。

地方には、まだまだ可能性があった。地方地方でテーマが設定され、再生にむけての取り組みがおこなわれている。再生の原動力となるべき、都市部からの回帰現象も起きている。

しかし、地方再生に向けての発想が、いまだに旧来型のそれから抜け出しきれていなかった。だから、現場に政策が反映されない。そこから脱け出せれば、地方創生は花開く。

石破が力を発揮できる場がそこにある。

伊藤は、二年前の自民党総裁選で地方票三〇〇票のうち過半数を超える一六五票を獲得した石破の実力を、各地であらためて感じた。

「一年に一度、石破さんに会わないとおさまらない」

そのように言ってくる人もいた。それは、長年石破が積み重ねてきた努力の賜物だった。どれほど時間がなくても、どんなに行きにくい場所であろうと、石破は、分厚い資料をきちんと読みこんでいく。地方の人たちが、そんなところまで知っているのかとおどろくこともある。そこまで、地方再生、地方創生に力を入れていた。

その合間に、石破は、何度か安倍総理とも会っていた。伊藤は、そのような席にはかならず同席した。伊藤から見れば、ふたりは、互いに遠慮しあっていて打ち解けにくい雰囲気があった。さらに、ボタンのかけ違い、タイミングの違いがあった。

第九章　水月会　派閥発足

石破派結成への動き

斎藤健は、党内の無派閥の人間だけで集まる無派閥連絡会に参加した。この会は平成二十五年一月三十一日に山本有二や鴨下一郎の呼びかけによって結成された。斎藤は、山本とは、官僚時代に通産省の課長補佐だったころから付き合いがある。無派閥連絡会を発足する話が持ち上がったとき、山本から誘いを受け参加することになった。同会の会長が石破だった。

無派閥の人間は、情報の収集が難しい。無派閥の議員も、派閥所属議員と同様に情報を得られるようにしようとして作った会だ。

斎藤は、派閥に入ろうという意識はなかった。いくつか誘いはあったが、断っていた。無派閥でも裾野を広げるということは良いことだと考え、無派閥連絡会には参加することにした。

斎藤から見て、石破は自分で勉強し、自分の頭で考えているところに魅力があった。聞きかじりの知識をひけらかすような人間ではない。石破は、自ら学び、人に会い、一般の選挙民の目線に合わせて常に考えている。フランクで、かつ真剣だ。政策も選挙に対しても真面目だ。斎藤からすると、石破は働きすぎで疲れているのではないかと心配になる。それくらい何でも真剣に取り組むのが、石破なのだ。

石破は、地方出張の際も、大量の資料を作成する。

例えば、斎藤の地元である千葉県の野田市長選挙に石破を招いたときのことだ。石破は、事前に野田市の事情について、研究して来てくれた。野田市は国内では兵庫県の豊岡市と並んでコウノトリの飼育で有名である。このコウノトリに関して、演説中に宣伝してほしい旨を斎藤が石破に伝えると、彼はコウノトリの名前まで調査し、選挙演説で話してくれた。市長候補でさえ知らないようなことを、石破は調べてきてくれたのだ。斎藤はもちろん、周囲の人間も感動していた。自分たちのことを本気で考えてくれているのだと、選挙民に感じさせるようなところが、石破にはあるのだ。

平成二十四年九月の自民党総裁選における石破の敗北は、平将明の次への糧となった。

〈やっぱり、政治家のなかの支持を増やさなければいけない。だが、まだ二回生の自分には、シナリオを書く能力もなければ、人脈もない。次、頑張ろう〉

総裁選が終わったばかりのころは、派閥のことなど眼中になかった。しかし、自民党が政権を取り戻し、安倍内閣の長期政権が目に見えてくるようになってから、平の気持ちに変化が芽生えた。

〈やはり、派閥を作った方がいい〉

安倍内閣の圧倒的な強さの前に、媚びへつらう人間がでてくる。また、「官邸がこう言っているんだ」という一言で黙る雰囲気が生まれはじめている。それでも、民進党をはじめとした野党に力があれば、国民にも選択肢はある。だが、今の野党にはそんな力などない。平に危機意識が芽生えた。

〈党内に是々非々で主張する勢力がなければ、もっと悪くなる。そうなれば、気づいた時には、国民の心がまた離れ、再び野党時代に戻ってしまう〉

いつまでも「安倍一強」でいてはいけない。自民党内に、次の総裁選を見据え、政策ビジョンを掲げ、党の体質を揺り動かす塊が必要だ。それが、自民党のためになり、日本のためになる。それこそが大義だ。

〈ああ……、これは派閥づくりをやるべきだ〉

石破派結成への動きは、石破を支持する議員の間で確実に動いていた。

平成二十七年の自民党総裁選を前に、平は、古川禎久、赤沢亮正、斎藤健の四人で、石破の本音を探りに行った。

「石破さん、次の総裁選に出るんですか、出ないんですか」

石破は即答した。

「今回は出馬しない」

そう言って、理由を説明した。

「そうですか。わかりました」

そして、続けて聞いた。

「では、次の総裁選は、どうするんですか?」

石破は断言した。

「次の総裁選には、出る」

その答えを聞いた平は、訴えた。

「だったら、今から三年後の総裁選を見すえていきましょう。日本の国家運営は、並大抵のことではありません。そのための準備も大変です。ですから、三年後のために、しっかり腰をすえて、政策をつくるブレーンを整え、グループをつくりましょう」

平は、次のことも言い忘れなかった。

「ぼくら、大臣適齢期でもなんでもありません。気楽な立場です。三年くらいの間、ぼくらはポスト要りませんから、いっしょにやりましょう」

石破を支持する多くの議員が、いろんな話をしていたはずだ。

だが、中堅四人の議員が石破を訪ね、「派閥をつくりましょう。政策グループをつくりましょう。ぼくらにポストは必要ありません」という訴えは、石破の心を動かしたのではないかと平は自負している。

石破は思った。

〈派閥をつくっても、急に大きな派閥になるはずもない。しかも、どちらかといえば、反主流派になる可能性が高い……。そんな状況なのはわかりながらも、自分をいつか総理にと言ってくれるとは……〉

石破は彼らの言葉を意気に感じ、決断した。

〈よし、そこまで自分のことを買ってくれるなら、やってみるか。規模は小さくても、かつての田中派のような政策集団をつくろう！〉

この後、石破派発足への動きが、急に具体化しはじめた。

石破派に参加した斎藤健は、派閥に懐疑的であったし、参加にはためらいがあった。が、結論は、やるか、やらないかの二つに一つしかない。斎藤は、後から入るということは嫌だった。参加するなら、最初から出席するしかない。

安倍政権が長期政権として続いているなかで、石破派を立ち上げれば、反主流派になる可能性がある。その点について、もちろん斎藤も考えた。しかし、判断は瞬間だった。斎藤自身、安倍政権が長く続くことが、日本にとっても良いことだと思っている。安倍の周囲には素晴らしい人材がたくさんいて、わざわざ斎藤が出ていく必要もないと感じる。その反面、石破の周囲にはマンパワーが足りない。だから、斎藤は石破を支えることで、国に貢献できるのでは、と考えた。考えさせてくださいなどといって、判断を先延ばしにすることが一番良くないと斎藤は思っている。なので、誰にも相談せず三分で決断した。しかし、安倍政権に反旗を翻したという意識はまったくない。

安倍政権は本当によくやっている。少しでも長く続くことが日本にとっていいことだと考えている。しかし、それは未来永劫の話ではない。必ず終わりが来る。そのときの準備を今からきちんとしておくことも政権与党の責任である。斎藤はそのための準備を石破とともにしっかりやっていきたいと考えている。

派閥発足に向けて、一つの方針があった。石破派が大きくなることも大事である。総裁選に出馬するためには、最低二〇人を集めなければならない。ターゲットは二〇人の議員。だが、それより、他のグループとの接着剤となる石破シンパがグループ外に存在することも重要だ。そこで、無理に人を集めることをせず、コアな石破シンパを築き、そういう議員たちとの連携を大事にしていくことにした。

派閥の名称である水月会という名称は、東京の台東区谷中の全生庵の平井正修住職につけてもらった。石破は、山本有二や安倍晋三とともに全生庵で座禅の会に参加していたこともあった。臨済宗国泰寺派の全生庵は、勝海舟、高橋泥舟と並び「幕末の三舟」と呼ばれ、江戸城無血開城の立役者のひとりでもある山岡鉄舟が、維新に殉じた人たちのために建立した寺院で、明治十六年（一八八三年）に創建されている。

水月会の名称は、「水月道場に坐す」という禅語に由来しており、「水も月も無心に映すように、無私、無欲の高い境地から務めていく」、「無心で時代の要請に応える」という想いが込められている。

次に、水月会を発足させる日である。石破は、現職の地方創生担当大臣である。平は、第二次安倍改造内閣時代の地方創生担当副大臣として、石破とともに一緒に政策をつくったこともあり、石破が道半ばの地方創生を途中で投げ出せずにいる心境を慮った。平は提案した。

「安倍総理が無投票再選を決めたその日に、派閥を発足させましょう」

そしてこう続けた。

「はたから見ると、『空気読めないなぁ』って言われるでしょうけど、そこしかタイミングはないですよ。仮に、大臣の再任を受けてから、『派閥つくりました』といえば、もっと悪く言われますし、どこで発表したって、『石破はセンスがない』って言われるんですから。安倍総理周辺からすれば、本当に『お祝いムードに何を言い出すんだ』と嫌な気分になるでしょうけど、そこで言わなければダメじゃないですか」

安倍総理再選の裏での決起

平成二十七年九月八日、任期満了にともないおこなわれる予定だった自民党総裁選には、現職の安倍総理以外の候補者は誰も名乗りをあげず、安倍総理の再選が決まった。この総裁選では、野田聖子が出馬へ意欲を見せていたが、推薦人を二〇人集めることができず、結局断念した。出馬を取りざたされていた石破も出なかった。

翌九月九日夕方、石破は、国家戦略特区諮問会議を終えたあとに、官邸で自らを会長とする派閥水月会の立ち上げを正式に表明した。

「安倍総理は五年以上、政策を錬磨し、政権構想を練った。時間はいくらあっても足りない」

石破は、そう語り、狙いを説明した。

水月会発足のタイミングについて、水月会に参加した鴨下一郎は思った。

〈派閥を作るタイミングを誤り、遅きに失した〉

平成二十五年一月三十一日に結成された無派閥連絡会は、総裁選で石破を支持した鴨下らのほかに、小池百合子など五〇人ほどの議員が参加していた。

鴨下は、石破に言った。

「この無派閥連絡会から、早く派閥をつくったほうがいい。一騎当千の人間以外は様子見になるでしょうが、それでも三〇人くらいは束ねられるはずです。安倍政権が強くなる前に、石破さんが幹事長のうちに、陣営は整えたほうがいい」

が、石破は踏ん切りをつけることはできなかった。

「その政権の要職にある時に、派閥など作るべきじゃない。総裁選にも立つべきではないだろう」

鴨下は焦れた。

〈安倍政権のほうでは、そんな気遣いなど考えていない。そんな麗しいことを言っていたら、オオカミの中のウサギのように食いちぎられてしまうぞ〉

結局、鴨下の予想どおり石破は追い込まれていき、ついに派閥が結成された。

「天下を目指しなさい」中曽根元総理の激励

九月二十八日、石破は、水月会を結成し、三年後の総裁選に名乗りを上げる考えを明らかにした。

石破は語った。

「長く国会議員を務め、政府・党で仕事をした人間として、総理の任にふさわしくないと言うのは逃げではないか」

石破は、三年後への意欲を表明し、この日の午後には、中曽根康弘元総理を訪問し、中曽根から「天下を目指しなさい」と激励された。

この日の夜には、都内の居酒屋に水月会のメンバーが集まり、旗揚げを祝い、団結を確認した。

水月会には、石破に近いと報じられていた議員がみな参加したわけではなかった。

それぞれ選挙区や、過去の経緯があり、しがらみもある。総裁選で応援することと常日頃から派閥の議員として行動を共にすることは違う。なかには、「派閥には参加できないが、総裁選の際に推薦人にはなる」と言ってくれた議員もいた。

立ち上げの時の水月会のメンバーは、石破のほか、衆議院議員では、山本有二、鴨下一郎、伊藤達也、田村憲久、後藤田正純、古川禎久、赤沢亮正、平将明、斎藤健、石﨑徹、門山宏哲、神山佐市、田所嘉徳、冨樫博之、福山守、八木哲也、山下貴司、若狭勝の一九人、参議院議員からは、舞立昇治の一人。合計二〇人だった。その後、参議院からもう一人、小坂憲次が合流した。

それぞれ、政策通、スペシャリストが揃っている。厚生労働関係で、鴨下一郎や田村憲久、金融関係で山本有二や伊藤達也、経済産業関係で、斎藤健や平将明、運輸関係で赤沢亮正、財政政策で古川禎久など。自民党の道路調査会長経験者の山本は建設関係の政策通でもある。

二期生や三期生も一騎当千の議員が多い。

県会議長出身者の冨樫博之と福山守、検事出身の若狭勝と山下貴司。山下は、議員立法をすでにいくつも手掛けて、「もっとも優秀な若手議員」に選ばれたほどである。

水月会では、月に一、二回行う勉強会で所属する議員たち自身が講師となり、一時間の講演をおこなっている。

石破は、派閥を結成する際に、自民党における派閥の歴史についてあらためて調べてみた。
するど、宏池会（岸田派）にしても、平成研究会（額賀派）にしても、清和会（細田派）にしても、志帥会（二階派）にしても、そのルーツは保守合同がおこなわれた昭和三十年の結党の時期にまで遡ることができた。

石破は思った。

〈そうか、自民党の歴史のなかで源流を持たずにゼロから出発する派閥は、水月会が初めてになるんだな。ベンチャー企業みたいなものだから、最初たいへんなのは当たり前だろう〉

水月会の結成に対しては、各方面から様々な批判も浴びた。結成時期について「なんで安倍総理が再選を決めたこの時期に結成をするんだ。早すぎる」という批判から、「幹事長時代につくるべきだったのに、今さら結成するなんて遅すぎる」という批判まで様々であった。だが、石破はそうした批判は気にしていない。

〈「今が一番良いタイミングだ」などと言ってくれる人は誰もいない。そもそも、ベンチャー企業を起ち上げるわけだから、最初はボコボコに叩かれるに決まっている〉

石破の語る〝派閥〟

派閥を結成した石破だが、それまで石破に対しては、派閥否定論者であるような報道がされていた。

が、このことについては石破がきっぱりと否定する。

「わたしは、田中派生まれ、渡辺派育ちですから、派閥否定論者ではないし、派閥を否定したことは一度もありません。人が三人いれば派閥ができるのは当たり前のことです」

石破は、かつては田中角栄や竹下登の流れを汲む平成研究会に所属していた。

今でこそ、平成研究会は、清和会に次ぐ規模の派閥だが、かつては自民党でもっとも多くの議員が所属する派閥であった。小渕恵三や橋本龍太郎などの総理大臣も輩出し、当時は主流派であった。

が、小泉政権以降、平成研究会は非主流派に追いやられていく。その流れもあり、総裁選に候補者を擁立しなくなっていった。ポスト小泉を争う平成十八年の総裁選も、第一次安倍内閣が辞任した後の平成十九年の総裁選も候補者は立てなかった。平成二十年の総裁選には、石破自身が立候補するが、このときも平成研究会の一部の議員の支持を受けただけで、派を上げての支援を受けての戦いではなかった。

かつて三角大福中が覇を競っていた時代は、派閥の領袖はみな総理総裁の座を狙っていた。また、派閥に属する議員たちも、「この人をいつの日か総理大臣にしよう」という強い気持ちを持ち、そのために研鑽を積み、総裁選に備えて自身の選挙区で党員や支持者を開拓し、政策も勉強した。派閥は、選挙互助会であり、政策研究会でもあり、総理大臣候補を育てる組織であった。

だが、派閥も小選挙区の導入とともに、その性質を少しずつ変えていった。議員の頭数を集め、ポストをとるための機能が強まっていき、派閥の領袖イコール総理総裁候補という時代ではなくなってしまった。

石破は、派閥そのものではなく、そのような変容した派閥に疑問を持っていた。

〈総理総裁候補のいない派閥ってなんなんだろうか。ただ、数を頼みにポストを狙うだけでは、単なる利権分配団体だ。総理ではなく、総理に恭順の意を示すことにより、その次のランクの権力を獲得するための手段に派閥がなってはいないだろうか……〉

石破は、衆院選に出馬する前に田中角栄が率いる派閥、木曜クラブの職員だった時代がある。

木曜クラブの議員たちは、みな田中角栄に惚れ込んで、田中の思いを実現しようとしていた。またその思いは、国会議員に限るものではなく、系列の地方議員や末端の秘書にまで徹底していた。

石破は、新総合政策研究会という田中派のシンクタンクの事務局も担当していた。

そこでは月に二回講師を呼び、勉強会をやり、質疑応答をおこなうなど政策的な切磋琢磨もあった。

選挙も徹底していた。石破が木曜クラブに在籍していたのは、昭和五十八年三月から昭和五十九年の九月までの一年半ほど。わずかな期間であったが、様々な経験をした。

特に、昭和五十八年は、大型の国政選挙がおこなわれ、石破に強い印象を残している。

六月に参院選がおこなわれ、八月には、京都二区の補欠選挙がおこなわれ、野中広務と谷垣禎一の二人が大激戦を制して当選している。

そして、十二月には衆議院選挙がおこなわれた。この衆院選は、ロッキード事件の田中角栄に対する有罪判決が十月に出た直後であったために、ロッキード選挙と言われ、世間の注目を集めた。

石破は、たった一年の間に三度の選挙を経験し、裏方として遊説日程の調整などに従事した。

昭和五十八年十二月のロッキード選挙で、自民党全体では議席を減らし、単独過半数に届かなかった。

だが、田中派は負けなかった。

十二月十八日の開票日、石破は、砂防会館の木曜クラブの開票センターで開票を見守った。

石破はこのとき、自民党全体の議席数と田中派の議席数が一目でわかる電光掲示板をつくろうとして、前日に秋葉原の電気街を探してまわっていた。が、売っていなかったために、紙にデジタルの数字で0から9まで書いて表示するようにしていた。

開票が進むにつれて、当選確実の報が届けられるたびに、石破はその結果に驚いた。

自民党の議席数が伸び悩むなか、田中派の候補者の当選確実の報だけはどんどん増えていったからだ。

石破は、表示板をめくりながら思った。

〈他の派閥が苦戦するなかで、田中派だけが勝っている。凄い……〉

この衆院選に臨む田中の決意も凄まじいものがあった。田中は、自派の議員たちを前にして語っていた。

「お前たち、おれの悪口を言って当選してこいよ。『自分は田中派だけど、田中角栄は許せない』、そう言ってまた戻ってこい」

田中派の議員たちは、自分たちの当選だけを願う田中の気遣いを意気に感じて、より田中のために、と思うようになっていく……。それが政治家田中角栄の大きさであった。

田中派は、総合病院と呼ばれるほど、様々な分野に精通した議員たちが所属していた。厚生関係では橋本龍太郎や小沢辰男、建設関係では金丸信、竹下登、農林関係では亀岡高夫など、それぞれが専門分野を持ち、新人議員のサポートをしてくれた。秘書同士の連携で、選挙区のどんな陳情でも処理できるほどの組織になっていた。どんな専門分野でも田中派なら確実に一人は精通した議員がいるからだ。

石破は、幹事長時代、自民党全体を田中派のような組織にしたかったという。

が、それは難しかった。田中派の伝統文化を継承している議員はすでにほとんどいなかったからだ。

また小選挙区制の導入により、自民党自体の姿も変わっていた。かつての選挙では、同じ派閥の議員を応援するものだったが、今では派閥に関係なく選挙の応援に行くようになった。

田中派は、選挙と政策を徹底的にやる派閥であった。

石破も、水月会を作る際には、田中派を意識し、選挙も政策も徹底する派閥にしたいと思っていた。

伊藤達也は、政策グループを立ち上げた石破には、トップの身の処し方として、もっと自民党内での石破への支持を広げていかなくてはならないと思っていた。

「もうちょっと、人と会うことに時間を割いてください」

石破には、何度も話をしている。人間関係とは、パーティーに出席したり、選挙で応援演説に行くのも一つの方法だろう。だが、政治家同士を結びつけるのは、政治家でないと語れない、思い出や体験を共有すること。酒を酌み交わして話すこともあるし、いっしょに仕事をすることもある。石破も、田中派時代に、同じような経験をしているはずである。伊藤も、石破とは仕事をするだけでなく、時にはキャンディーズの曲を歌って楽しんだりしたことで、よりいっそう石破に親近感を感じさせるようになった。しかし、石破は、「総理総裁となれるかどうかは、天命の決めるところだ」と言い、その天命が降りてきたときのために自分は準備しておくと、なかなか耳を貸そうとしない。

そもそも、派閥をつくる意味は何か。

総裁選だ。いつどのような時にでも出馬できるように、推薦人二〇人を確保することにある。

いまや自民党の実力者で、地方に行けば、「一年に一回は石破さんに会いたい」という声を聞くほど国民に慕われ、自民党内でも、無派閥の議員であろうと、派閥に属する議員であろうと、石破を慕う議員も数知れない。安倍との決選投票で八九票の議員票を獲得できたのは、まさにその証だ。安倍総理ですら一目置いている。石破を地方創生担当の国務大臣に就けたのも、石破の持つ求心力を利用し、安倍内閣の支持につなげようとの思惑があったからであろう。

もし石破が政策グループも立ち上げず、安倍内閣のなかで地方創生を基盤として陣地を広げていけば、石破の存在感は、安倍政権にとって重要な生命線のひとつだと認識されるようにもなり、安倍総理からの信頼も厚くなったのではないか。

そのいっぽうで、安倍内閣としても、閣内に批判勢力を取りこんだ形となった。安倍総理の意図かどうかは別として、官邸の態度はがらりと変わり、あきらかに石破と距離を置くようになった。

水月会に参加した後藤田正純は思う。

〈権力に真面目になること。それに尽きる〉

水月会のメンバーは、政策、選挙対策、応援団づくりなど、役割分担を設けることでうまく機能している。昔のつながりで鴨下一郎、田村憲久、伊藤達也、山下貴司、山本有二などが汗をかいてくれている。

志帥会（二階派）の議員から話を聞くと「うちは中堅がいなくて若手が多い」と言う。水月会は逆に中堅が厚く若手が少ない。今の自民党は若手が多いため、若手が少ないと広がりがなくなってしまう。

参議院ともうまく付き合っていかねばならない。特に参議院で旧経世会は依然として強い。早稲田人脈で引退後いまだ参議院に力を持つ青木幹雄とも近い山本有二が頼りになる。

山本は、安倍政権で農水大臣に登用され、安倍総理とも懇意にしている。マスコミは山本のことを「石破派のなかで裏切り者のユダ」などと揶揄したが、実際はちがう。むしろ、安倍内閣のなかに石破派が入ったことで、やりやすくなった仕事も多々ある。

後藤田は思った。

〈山本さんのような立場の人が、これから石破さんのためにどう動いてくれるのか楽しみだ〉

斎藤健は、石破の周囲を観察してみると、国際的な部分に関して、少し弱さを感じる。斎藤は、旧通商産業省出身で、通商産業大臣の秘書官経験があるので、その部分を補っていけるのではないかと思う。

さらに、斎藤の強みは地方創生分野にもある。地方の疲弊について、斎藤は真剣に考えている。斎藤の選挙区である関東地方はまだそれほど深刻ではない。しかし、安倍政権とは違う色を出しながら、具体的な政策を実行するとなると、農林水産分野になっていくだろう。農業の改革もまだ充分ではない。水産業、林業は遅れがある。しかし、一次産業がしっかりやらなければ、地方創生などありえない。石破はその点、地方に出かけた際に、地元の人々に目線を合わせて、相手の気持ちを理解した上で会話ができるから強い。

石破本人は、安全保障問題に取り組みたいと考えているかもしれない。しかし、地方の人々に受け入れられやすいのが強みだと、斎藤は見ている。石破には、農水大臣経験もあるのだし、ぜひ、地方創生にもこのまま尽力してもらいたいと思う。

斎藤としては、石破には、若手議員たちともっと接点を持ってもらいたいと思っている。

実際のところ、国会議員の票も、総裁選挙では大切になってくる。さらに、総理総裁になった後でも、多くの国会議員の協力は絶対に必要だ。電話で「頼むよ」と相談したら、すぐに動いてくれるような人材を要路に配置することは、政権の安定にとっては非常に大事なことなのだ。今の石破派では、その部分が少し弱いような気がする。

石破の真骨頂は、問題提起やプレゼンテーションだ。低い目線からの説明にも定評がある。多くの政治家が向き合うことから逃げがちな難しい政策課題でも、石破は、真摯に説明し、理解を求めようとするタイプの政治家だ。現在のような右肩上がりではない時代には、適した政治家だと思う。

斎藤としては、農業分野に従事する人たちの意識改革をおこないたい。現場が、経営マインドを持ち、これから新しい農業をつくっていくという気持ちに切り替わらないと、日本の農業はジリ貧だ。政府が応援するべきだ、地域を守るべきだという考えだけでは、農業に将来はないだろう。日本の農家は、素晴らしい農産物をつくっているのだから、後は、意識改革をしていくことが必要だ。制度改革も団体の改革も大切だが、もっとも重要なことは、現場の意識改革だと斎藤は感じている。

小泉進次郎が農業改革関連について、積極的な発言を続けている。この影響もあり、若者をふくめ、農業に興味を持つ人が増加している。現場の人たちが外部の知恵をどんどん借りて、若手を潰さず、変わっていけばいいと斎藤は考えている。結局、今までと同じことをやり続けることが最大のリスクになる。なぜなら、人口減で食べる人も減っているからだ。新しいことを実行することこそが、生き残りには一番必要なのだ。良い農産物をつくる力はあるのだから、意識を変化させることで、伸びシロはある。日本酒や日本食は世界中でブームになっているし、世界の食糧に対する需要も一〇年間で倍増すると言われている。値段は高くとも良いものをつくる力を持っているのが日本だ。

例えば、日本のイチゴは、味も良いし、海外でも絶対に受け入れられるだろう、そのための努力をもっともっとすべきだと、斎藤は考えている。

内閣改造の波紋

水月会を立ち上げてから日も浅い平成二十七年十月七日、安倍総理は、内閣改造をおこなった。石破は、この改造でも留任し、引き続き地方創生担当大臣の任にあたることになった。だが、この改造でこれまで官房副長官を務めていた安倍総理の側近の加藤勝信が一億総活躍担当大臣として入閣する。

この人事は波紋を呼んだ。加藤が担当する「一億総活躍」は、石破の担当する「地方創生」と重複する政策分野が多かった。のちに閣議決定される「ニッポン一億総活躍プラン」には、「希望出生率一・八の実現」や「介護離職ゼロの実現」などが盛り込まれ、これらは地方創生と同じ目標であった。
安倍総理によるこの人事について、「派閥を結成した石破への意趣返し」との報道もあった。

もっとも増田寛也にしてみれば、地方創生も一億総活躍も、その目的は同じである。地方で仕事の場をつくるというとき、より大きいのは、若い人のための仕事がないという問題なのだ。地元の地方銀行では、女性が結婚したら退職を勧める。年配層が若者を雇っても、安い賃金で長時間働かせる。若い層から見て魅力的な仕事場をどうつくるかが問題なのだ。この分野を地方創生でおこなうとなると、労働法制まで手を広げなくてはならず、増田らが手作りで立ち上げた事務局では手に余る。

また、安倍総理の所信表明演説でも、地方創生は脇に追いやられ「一億総活躍」が前面に出ていた。そのため「もう政権の興味は、地方創生から離れたのか」と考える自治体関係者も少なくなかったという。

しかし、地方創生でやろうと思えばできないこともなかった。石破がさらに組織のトップとして、もう一年仕事をすれば、自治体が抱く印象も違っていたのかもしれない。

地方創生から一億総活躍は、仕事の範囲も大部分で重なるようなイメージを残したままで、次は「働き方改革会議」へと移行していった。

働き方ということになれば、外国人労働者の問題など、人口減少とははっきり区切られた問題になるので、そこで初めて新しい担当大臣を決めてもよかったのではないかと増田は考えている。

一億総活躍で、国の総合戦略はできた。次は地方の総合戦略づくりの番で、そっちに焦点が移ってきていた。若い人の働く場を取り巻く問題だ。

石破は地方創生に一千億の予算を「ぶん捕って」来た。様々な思惑や力関係が絡まりあうなかで、当初予算で一千億は決して少ない額ではない。しかし、総務省は地方交付税交付金として一五兆円を超える予算を持っている。そこから見れば、充分とは言えないかもしれない。

これには党内の事情が絡んでいるという見方もあった。

地方創生大臣を退任

平成二十八年八月三日、石破は、この日おこなわれた内閣改造で、一年十一カ月務めた地方創生大臣を退任した。退任時、石破は記者から質問された。

「二年間、地方創生担当大臣をやられてどうでしたか？」

その問いに、石破は思った。

〈戦後七十年もの間、連綿と続いてきたシステムがわずか二年で劇的に変わるわけがない。高度経済成長が終焉してから以降、ずっと続いてきた地方の疲弊と、東京への一極集中はそんな簡単に変えられるものではない……〉

そう思う一方で、石破は確実に実感していた。

〈この二年間の地方創生の取り組みは、まだ面にはなっていないが、点が密になるところまではきている。実際、やる気になっている自治体も増えてきた〉

石破は、地方創生大臣に就任して以来、様々な自治体を視察した。大臣を退任するまでに二五〇もの市町村を視察している。石破は思った。

〈わたしは、今まで日本を知らなかったんだな……〉

これまで自民党の政調会長や幹事長の在任中、農林水産大臣時代など、なるべく地方をまわるようにしていた。だが、幹事長などの党務で地方に行く場合は、選挙の応援がほとんどだ。応援演説を終えれば、次の会場へ駆け足で移動する。農林水産大臣も、一つの町の一つの施策や取り組みを視察することはあっても、その町全体を俯瞰的に見ることはできなかった。

地方創生大臣として、都道府県単位ではなく、市町村単位の視察を重ねることで、石破は、地域の実情を知っていった。

〈これまでは、「北海道の経済は……」などと一括りで語っていたが、それはとっても無意味なことだったんだな。それだけ各地域でそれぞれ事情が異なる〉

北海道には、広大な大地に一七九の市町村がある。稚内市には稚内市、根室市には根室市、釧路市には釧路市……。一七九の市町村それぞれの経済、それぞれの人的交流、それぞれの文化がある。

石破は、地方創生大臣になり、全一七一八市町村のデータを見るたびに、そうした違いに驚くことがあった。例えば出生率でも、一番高い自治体と低い自治体では三倍も違う。初婚年齢も、一番若い自治体と高い自治体では一三歳も違う。平均帰宅時間も二時間も違う。

石破は、そのたびに痛感した。

〈これはいったい、なんなんだ……〉

経済成長があり、人口が増加していた時代は、各自治体は、国が用意したいくつかの施策のなかから選択するだけで良かった。必ずしも各自治体に最適化された施策ではなかったろうが、右肩上がりの時代であれば、大きな問題は起きなかった。が、今は違う。経済の成長は鈍化し、人口は減少していく一方だ。この状況では、国が用意した施策を選ぶのではなく、自分たちの地域の経済を自分たちで分析して、地域を良くするための施策を探し出し、それを国が支援するやり方にしなくては成功しない。石破がそのように思うのも実際に多くの市町村を自分の目で見て歩き、その違いに気づくことができたからだった。

　石破は思った。

〈三十年もの間、国会議員をやってきて、自分はこんなにも日本を知らないんだな、ということに気づいたことは非常に大きなことだったな〉

　最近では、一つの政策に対して考える場合、日本の様々な地域の人たちの姿を思い浮かべるようになった。

〈長崎の五島列島の人はどう思うだろうか。北海道の音威子府村の人はどう受けとめるだろうか。高知の佐川町の人はどう考えるだろうか〉

　石破は、地方創生大臣の経験により、地方にこそ可能性があることを知った。

〈これからの日本の状況を考えるうえで、夢みたいなことばかりは言えない。だが、地方にこそ伸びしろがあるはずだ〉

　アベノミクスにより、各経済指標は改善しているというデータはある。

　だが、実際に実感として好景気だと思っているのは、都市部の住民や株を保有しているような高所得の人たちだけばかりだ。物価の上昇もあり、地方を見ればわかるように、実際の生活は苦しいままだからだ。

　地方で生活している人たちの暮らしを改善することは、日本全体の伸びしろを伸ばすことにもなる。

　そのためには地方の産業を伸長させなければいけない。

　農業、漁業、林業は地方産業の根幹だが、これまでそのポテンシャルを最大限引き出そうとしてきたのかといえば、できていない部分があった。農業や漁業で稼げなくても、公共事業や誘致した企業の工場で働くという選択肢があったからだ。だが、農業の可能性を最大限に引き出している自治体もたくさんある。

石破は思う。

〈地方の伸びしろを最大限に活かすことによって、日本の経済は変わる。そして地方の経済が伸びることにより、地方の雇用も増える〉

このままでは、日本の人口が減少する一方だ。地方が寂れれば、東京への一極集中がさらに進む。現在の予測では、二一〇〇年には、その人口が五二〇〇万人になってしまう。八〇年後には、日本の総人口が半分以下になってしまうのだ。

石破は思う。

〈地方を伸ばすことは、災害に弱く、超高齢化に耐えられない東京の負荷を取り除くこととイコールである。東京の負荷を取り除き、地方を活性化させることこそが地方創生であり、日本の創生になるだろう〉

石破は、平成二十八年八月三日、閣外に出た。地方創生のような政策は、初期値が大切である。石破が最初の枠組みを作ったところで、一つの区切りができた。

冨山和彦は思った。

〈石破さんは、いずれ総理大臣になりたいのだろう。閣外に出られたということは、そういうことなのだろう〉

後藤田正純は、石破の取った行動を支持した。

〈主戦論の人が、同じ閣内にいることはあり得ない〉

鴨下一郎は思った。

〈あの苦節三年三ヶ月の時代、辛い野党で自民党を何とか盛り上げてきた谷垣さんや石破さんが、いま冷や飯を食う皮肉な結果になってしまっている〉

安倍総理は、第一次安倍政権で体調を理由に突然辞任してから、福田内閣、麻生内閣、野党時代と地元でひたすら懺悔の旅を続け、党運営にはあまり関与していなかった。それは麻生太郎元総理も同様で、野党時代は谷垣禎一と石破茂のグループで何とかやってきたのである。

政権を失った時のことを、みんな完全に忘れてしまっていた。しかも、自民党の支持率が落ち込み、政権を失った時の閣僚たちが今も中心メンバーにいる。鴨下一郎は、そのことに驚きを感じざるを得なかった。

〈谷垣さんの無念は、きっとそこにあるにちがいない……〉

石破は、もっと早いタイミングで安倍総理と距離を置いて旗を立てたかったのかもしれない。しかし、自分の権力基盤確立よりも、自分が政治家の使命として引き受けた地方創生の施策を、より完全なものに仕上げることを優先したように、藻谷浩介には思えるのだ。中途半端な状態で地方創生を投げ出したくなかった。地方創生事業のスキームが一通り定着したのを区切りに出たのである。

このスキームは、これまで独自で地方創生にむけて力を注いでいた自治体に、勇気と資金をあたえたことはまちがいない。その成果は、今後数十年にわたって、各地で浸透していくだろう。そこまで地方創生策を確立させて石破は内閣を去った。権力者としての評価は知らないが、政治家としての本道を進んでいるように、藻谷には思えるのである。

ただ、石破は、地方創生に真摯に取り組んだ結果として、まわりのひとたちが言うように、安倍内閣から出るタイミングが遅れた。さまざまな方面から批判を浴びることにもなった。

藻谷は、あるパーティーに出席した際、顔を合わせた石破に握手を求めた。

「よくぞ我慢して、地方創生を大事にしてくださいました」

石破は、何も言わなかった。言わなかったが、その代わり、藻谷の手をぎゅっと握り返してきた。藻谷の口にしたことの真意を、おそらくくみ取ってくれていた。

石破は、いつ安倍内閣から離脱すればいいか、そのタイミングはじゅうぶんにわかっていた。批判に対しても反論ひとつせず、天から命じられる日を待っている。

藻谷は、石破のその気持ちがわかる。それだけに、石破のこだわり、美学を捨ててくださいとはとても言えない。

第十章　総理総裁になるための準備

軍師後藤田正純の天下獲り戦略

平成二十八年十一月十五日、愛知県名古屋市で政策集団「水月会」の第一回地方セミナーが開催された。会場は、愛知県連の三役をはじめとした愛知県議会議員、自民党の市町村議会議員は全員参加したほか、経済界、同窓会三田会のメンバーなど約一千人が参加し、大いに盛り上がった。

自民党愛知県議員団の須崎《すさき》かん幹事長が、乾杯の音頭を取った。

「次の総裁は、石破茂だ！　乾杯！」

このセミナーの発案者である後藤田正純がお願いをして、須崎幹事長にそこまで言ってもらったのだ。

後藤田が、名古屋に滞在中、石破に言った。

「全国でセミナーを開催しましょう」

石破が答えた。

「もう全国に呼ばれて行ってるよ」

後藤田は首を横に振った。

「いや、もっと戦略的にやりましょう」

自民党一強とはいえ、やはり全国的に西高東低で、東北は前回の参院選で負けていた。また、東京、大阪、名古屋、沖縄は、自公が前に出ると、かえって反発を食らう地域で、いわば草刈り場である。名古屋はいわゆる民主王国の一つである。大阪は、自民党が軽んじられ、大阪維新の会にすべて持っていかれたような状態になっており、地元の自民党国会議員らの不満も鬱積していた。

東京も民進党が強いが、小池百合子東京都知事にもっともシンパシーを感じているのは、やはり石破グループであろう。また、基地問題を抱える沖縄にも石破ファンが多い。

後藤田は、そうした全国の状況を改めて説明したうえで、石破に進言した。

「自民党が弱い東北と、東京、大阪、名古屋、沖縄。これらの地域をザ・自民党ではなくザ・石破で支持者を増やしましょう」

石破の場合、どこへ行っても人気があって歓迎されるため、本人はそれだけで満足してしまいがちな傾向にあった。まるで糸の切れた凧のように、自分の思う方向に動いている。後藤田は、それが不満だった。

〈なぜもっと戦略的に、したたかに、ガッツリと動けないのだろう〉

平成二十九年四月、水月会初代事務総長である古川禎久の地元・宮崎県で地方セミナーが開催された。

このセミナーを企画した後藤田正純の狙いは、鹿児島、熊本と続けて薩摩を押さえ、点を線に、面にしていくことである。

さらに、各県議に協力してもらい、東北もじわりじわりと攻めていく予定である。党員はもちろんのこと、地元の国会議員にも石破の存在を強くアピールできる。後藤田は、地道にこうした地方での活動を続けている。

事故のため谷垣禎一代表の復帰が困難なことから、有隣会（谷垣グループ）の内部はバラバラになってしまった。「親分はまだ引退していない」と大真面目に現体制を維持しようとする者もいるし、麻生太郎率いる為公会（麻生派）と合流すべきだと考える者もいる。それでも有隣会メンバーの大勢は現状維持だった。

後藤田は、合流の噂はまったくのデマであると確信していた。そのいっぽうで、水月会としては当然ながら有隣会への取り込みを水面下でおこなっていた。

後藤田の構想はこうだ。

「旧田中派を、もう一度結集させよう」

旧田中派という枠組みなら、平成研究会（旧経世会、額賀派）にも該当する議員が大勢いる。それに水月会は経世会出身者が大多数を占め、もともとは一つだった。

平成研究会は現在、総裁選に勝てるような人材はいない。むろん派閥内では候補者を抱えており、額賀福志郎会長が退いて竹下亘国対委員長が継ぐ「竹下派復活論」も浮上している。額賀会長が本気で竹下亘を担ぐつもりらしく、ここがもっとも高いハードルとなるが、やはり総裁選で勝てる候補者でなければ意味がない。

後藤田は、平成研究会のメンバーを密かに説得して回った。そのなかには、竹下亘もいた。

「経世会のなかに総理になる人がいないのだから、石破を担ぎ上げればいいじゃないか。なぜそんな単純な話がわからないんだ」

それでも納得しない議員たちには、小池百合子東京都知事の名前を出した。

「このままでは、小池さんと同じ轍を踏むよ。『小池さんが気にくわない』からという理由で、都知事選のときに勝ち目のない候補者を出した結果、自民党は惨敗して小池さんにいいようにやられているね。それと同じで、『ポスト安倍といえば石破茂』なのに、石破さんを担げなかったら、自民党の被害は広がるはずですよ。ここはグッと自我をこらえて、勝てる候補を選択するべきだ」

二階俊博率いる志帥会には、水月会に取り込めそうなリベラル派が多い。宏池会（岸田派）にもリベラル派は多く、後藤田の話に真剣に耳を傾けてくれている。

青木幹雄元官房長官や、野中広務元幹事長など、今も影響力がある大物政治家たちの協力を得られるかどうかも、大きなポイントだ。後藤田にとって、特に青木幹雄は頼りになる恩人であった。平成二十年九月の総裁選で与謝野馨を応援した際、負け戦覚悟で応援をしてくれ、その胆力を目の当たりにした経験があった。

後藤田は思う。

〈「次はもう、安倍さんのところの清和会はないだろう」という思いをみんなで共有できれば、一つにまとまるのは意外に簡単かもしれない〉

現に、安倍総理が目をかけて防衛大臣に任命した稲田朋美は、国会における野党の追求により、意外なほどの脆さを露呈してしまった。

それぞれの派閥の長に対しては、石破本人がもっと頭を下げていくべきだろう。中でも二階俊博は心の広い人物であり、腹を割って話しやすいはずだ。

後藤田は思っている。

〈旧田中派でまとまれば、お互いにウィンウィンの関係になれる。派閥の長が互いに胸襟を開くことは、魂を売るわけではない。国家のために、そろそろ真剣に権力を取りに行きます、という話だ〉

派閥再編の進む自民党

平将明は、石破派であり、石破を支えるメンバーの一人だと自負している。だが、だからといって、安倍内閣の足を引っ張るつもりなど毛頭ない。政策であれ何であれ、全力で取り組む。

そのいっぽうで、政権が長くなればなるほど、空気は淀んでくる。そこで、石破が政治家としての別の重要な役割を果たすのである。石破が安倍内閣の一閣僚として政策分野を担うよりも、安倍内閣とは違う別の大きな軸を示し、安倍とは違う選択肢もあることを示すのだ。しかし、そのせいで石破に関わった議員は冷や飯を食うことになるかもしれない。それでも、平は、今はその役割のほうが重要だと信じた。

〈石破派がなかったら、自民党はもっと緊張感を欠いているはずだ〉

平は、内閣府副大臣として国家戦略特区に関わってきたことから、安倍とも政策面で話をする機会があった。直接、接するようになり、安倍に対する認識はかなり良いほうへ変化した。

その反面、不思議に感じることもあった。

〈安倍側近を自任する人たちの失言などが総理の足を引っ張ることが多いのは、どういうことなんだろう〉

平は「地方創生」は、今がチャンスのときであると思っている。まずは、第一次産業をどうするかだ。今までの日本は工業製品を輸出して儲けるという考え方だったが、平は「農業が儲かる」と断言できる。それには、訳がある。平は、もともと八百屋だった。大田市場で働いていた経験から流通に関することは、どの議員よりも一番詳しい。日本の価値は再発見されている。そのうえ、アジアも豊かになってきている。「農業は儲かるのかどうか」が問題なのだろうが、やり方次第で結構儲かると平は確信している。

観光はインバウンドで新たな需要を生み出せる。第一次産業は輸出産業化することによって果てしない需要を生み出すことができる。そう考えると、観光も農業も漁業も林業も畜産もまだまだ伸びる余地がある。

意外なところでいえば、日本の伝統文化である錦鯉や盆栽、京都の西陣織、そして和食が日本以上に海外でブームとなっている。錦鯉などはヨーロッパで火がつき、今ではアジアの富裕層が高級品を買い求めている。

日本は、あらゆる分野に儲かる可能性を秘めている。それらが儲かるような仕組みをつくれば、日本は必ず変わる。そのための戦略が平にはある。まずは、次に安倍内閣が発表する「成長戦略・骨太の方針」に、平成二十八年九月から平が中心になってつくったアイディアの一部が盛り込まれている。

アベノミクスの文脈にそって補完すべき政策は出していく。が、そもそも石破政権が誕生したときに披露しようとしていたアイディアでもある。この成長戦略が実際に動き始めるのは、平成三十年以降だ。

次の段階の土台をつくっておけば、いずれ石破政権が誕生した際、移行はスムーズにいくはずだ。

石破が地方創生担当大臣として活躍していた時期に、平も内閣府副大臣として地方創生や国家戦略特区を担当できた。この石破と平のコンビに、元金融担当大臣の伊藤達也が大臣補佐官、小泉進次郎が大臣政務官として加わり、関係者の間では最強だったと言われている。

国家戦略特区の政策立案に関しては、ほぼすべてを平に任せてくれた。

例えば、平は特区が盛り上がりに欠ける原因を、こう考えた。

〈従来の特区には、「ワクワク感がない」ということと「見える化」がないからだ〉

そこで、平は、新しく「近未来技術実証特区」を提案した。遠隔医療、遠隔教育、ドローン、自動走行、ロボット、ＡＩなど近未来技術で地方創生を図る特区である。

その一つが、秋田県仙北市の田沢湖で実現。平成二十八年十一月、ハンドルなど運転席のない無人運転車両のバスによる全国初の公道走行実験がおこなわれた。

イノベーションが起きると、昔から存在している規制や業法が邪魔になる。これらは、新たな技術がない時代にできたものである。これを変えるのは大変だ。そこで、一回特区で適用除外にし、リスクをコントロールしながら実験する。そして、それが成功すれば規制を変えていく。これが、特区のポイントである。

農業特区に対しては、いまだにアレルギー反応を起こす議員が自民党にいるが、近未来技術というカテゴリーならば誰も反対しない。むしろ、「将来、ワクワクする技術はいいでしょう」とみんなが賛同する。

平は、そんな提案を副大臣の時に石破へ提案し、それをやらせてもらった。

今後はこの特区制度をさらに強化発展させた「サンドボックス型特区」を創設し、さらにシェアリングエコノミーやフィンテックなども対象にしていく予定だ。

石破のもとであれば、どんどんアイディアを出し、それらを「やっていいよ」と認めてくれる可能性はおそらく高いはずだ。石破が総理になった暁には、いろんなことが進んでいくと平は見ている。

石破政権が誕生すれば、日本は面白くなるだろう。今以上に、日本は『儲かる国』になるはずだ。平の頭のなかでは、イメージが完成している。

アメリカは格差社会だ。いわゆるグローバル経済圏とローカル経済圏に分断され、世界につながっている人たちは儲かるが、地域に閉ざされた人たちは給与があがらず、メリットを享受することができずにいる。そんな格差社会は、経済政策によって解決できると平は考える。

「地方創生」は、まさに解決策の一つである。要は、日本にいながらにして外需を取り込む仕組みをつくる。グローバル経済圏とローカル経済圏の対立ではなく、ローカル経済圏にグローバル経済圏を組み込む経済政策だ。そうなれば、日本は、イギリスやアメリカのようにならずに済む。

「日本にいながらにして外需」ということが一つのキーワードであり、それが日本ではできる。具体的な政策もある。今の世の中は、インターネットの世界になり、アジアが豊かになった。今こそ日本の価値を再発見し、再編集して、より高く付加価値をつけて売り出していく。そうすれば、日本は「儲かる国」になると平は信じて疑わない。

モノ（物）からコト（事）へ

「モノ（物）からコト（事）へ」というテーゼを掲げたのは、後藤田であった。

〈今の日本が本当にモノ作り大国なのかを、もう一度きちんと見極めるべきだ〉

今の日本はモノ作りを制して、サービス業が七割から八割を占めるようになっている。が、日本人は一度決めたことを頑なに守る傾向がある。それが半世紀も前の経済成長期時代に形成された「モノづくり大国ニッポン」という〝根拠なき思い込み〟につながっているようである。

寄らば大樹の陰、雉も鳴かずば撃たれまい、既得権益、年功序列、長幼の序。後藤田は、こうした昔ながらの考えや習慣が、日本の発展を阻んでいると感じていた。

〈石破さんには、この逆をやってもらえばいい〉

もし石破政権が誕生したら、年功序列を考えない組閣をしてもらいたいと思う。派閥の応援の恩返し、という部分は残すにせよ、古くさい習慣を破壊せずしてワクワク感は生まれない。

後藤田は思う。

〈なぜ安倍総理は、もっと人事で頑張らないのだろう〉

安倍総理も、驚くような組閣をしたことはなかった。

後藤田も、モノづくりが大切だということは百も承知している。が、東芝やシャープが崖っぷちに立たされ、原発事業も危うくなっている現状を見れば、モノからコトへの移行は成熟国家にとって必要なことだとわかる。

後藤田は、石破に言った。

「こちらは、普遍的価値観でいきましょう」

伝統的価値観というのは、勝手に伝統にしてしまっている人たちが案外多いという事実がある。教育勅語もしかり、戦後教育もしかりである。「新国立競技場は聖地だ」という人もいる。が、わずか数十年の歴史で聖地化したり伝統的価値とするのは、いくら何でも無理がある。

後藤田は、靖国問題についても〝作られた伝統〟と公言している。

「人の死を第三者が客観的に評価するのは、非常におこがましい。本人とその家族は、深い悲しみを呑み込んで、『お国のため』と言いながら命を捧げた。それを第三者が勝手に美化するのは許せない」

石破が後藤田に言った。

「まずは、天皇陛下がご参拝できるような環境をつくらなければならないな」

戦後、ＧＨＱ（連合国軍最高司令官総司令部）によって靖国神社は国家護持が禁じられ、東京都が認可する宗教法人となった。昭和四十四年、靖国神社を国家護持による慰霊施設としようとする靖国神社法案が議員立法案として自由民主党から提出された。提案者は、田中角栄幹事長であった。靖国への総理参拝は、ここから始まった。

　昭和天皇が靖国参拝を中止されたきっかけは、昭和五十三年に靖国神社宮司の松平永芳がA級戦犯合祀を決めたことを不快に感じられたからだ、という説がある。

　後藤田は、そうした流れを見て、A級戦犯の分祀に賛成だった。何より、こうした具体案を打ち出していくことが、リベラルに訴えかける一つの方法である。中国、韓国は、A級戦犯の分祀が済んだら「B級、C級も問題だ」と言い出しかねないが、安倍総理との違いを明確に示す必要がある。

　後藤田は、石破に自分の考えを述べた。

「石破さんは、こうした普遍的価値観を、安倍さんとの比較において発言すべきではないでしょうか」

地方こそ日本を救う

　石破はかねがね、「地方こそ日本を救う」と言っていた。まだまだ伸びしろがある。農業でも産業でも、しっかりと地盤を耕して整備すれば、強く育つはずなのだ。東京には強くなってほしい。しかし、来るべき高齢化問題などを考えれば、地方こそがそのカギを握っている。

　じつは地方は、すでに高齢化問題のピークを過ぎている。高齢者までもが減ってきているのだ。これから、人口はさらに減るだろう。しかし、正しい手を打てば、若い世代に一気に主役は変わるはずだ。

　これは冷徹な見方だが、現在人口の多くを占める第一次ベビーブームが起きた時期に生まれた世代の昭和二十二年から二十四年までのいわゆる団塊の世代は、近い将来、自然の摂理に従って鬼籍に入るだろう。すると、人口比で少数派だった若い世代が多数派になる。その時にはいろいろと挑戦的なことができる。

女性の職場にも、変化が起きる。農業は泥臭くて嫌だという人もいるだろうが、逆に「職住近接で子育てコストも安い」と歓迎する層も出現するかもしれない。

世界で日本だけが、東京という一点に集中して人口が増えている。高齢化が最も深刻になると予測される二〇二五年。地方の人口減少はさらに進み、今のままでは、日本に余力が残されていないのではないかと危惧されている。

「一億総活躍」の提言で、希望出生率を「一・八」と打ち出した。この数字はもともと、増田寛也の著書にあったものだ。可能性はあるのだろうか。増田が語る。

「ハードルはすごく高い。でも、きちんとやれば達成可能だと思う。そのためには、よほど努力しなければいけない。生半可な事ではありません」

大平元総理との共通点

石破茂は、未来の日本の総理大臣にふさわしいか。増田寛也は「ふさわしい」と言い切る。

「よくお考えになって、物事の理屈をきちんと弁《わきま》えた上で、政策にまとめたり、発言されることができる」

増田は故・大平正芳元総理と石破茂の相似性について語る。大平は、読書家、クリスチャンとして知られ、「戦後政界指折りの知性派」との評もある。

「亡くなられた大平総理は、アーウーしゃべっていることが活字にするとそのまま論文になる。今、石破大臣の時の議事録を見ると、そうなっているんです。頭で考えてから口にしていた、そういうところが、石破さんと大平総理とがオーバーラップするんです」

もっとも、政治の節目や潮流を見切る能力は、また別のものなのかもしれない。その点、石破の側近でもある伊藤達也などは「もっと二階幹事長と飲むとか、もう少し政治的な交わりを持つようにできないだろうか」と注文をつけているようなのだが、どうも本人はそういうことが好きではないらしい。

朝六時に起きて、七時には増田に電話をかけて来る。議員宿舎の食堂で読書にふける様子もよく見られる。ある意味、賢人政治家的素養の持ち主なのだろう。

大平正芳との最も大きな違いは、大平には盟友である田中角栄という怪物が背後に控えていたことだ。石破にはそういう存在がない。


かつて田中角栄がぶち上げた「日本列島改造論」について、石破茂はこう論評した。

「角さんは道筋をつけた。しかし結果的にうまくいかなかった。何が問題だったか。地方が頑張らなかったからだ」

それでも当時は、まだ地方に人がいた。人口も、人材も余裕があった。ところが、平成の現在、人も金も不足している。

故郷が、目覚めて本気を出して旧弊を廃し、改革を進める。そうしてこそ、出生率一・八は実現できる。

そのために、総理大臣の果たす役割とは何か。増田は指摘する。

「最後はやっぱり、総理ですから。総理大臣がビジョンを見せる。国の安定も大事ですし、足元をもっと豊かにすることも大事です」

ポスト安倍総理としての石破への待望論についても、増田は語る。

「安倍総理は、もう前人未踏の領域に入りつつある。でも、必ずどこかで次に続く人が出てこなきゃいけません。小泉進次郎さんではまだ若過ぎます。その時にふさわしい人物が必要でしょう」

日本を自立させるには、なによりも地方を強くする必要がある。それを実現させることができる総理大臣が、次の総理として必要なのだ。


冨山和彦は、石破にどのような期待を寄せているのか。

法人税は、税制上の国際競争と、税制上の租税回避行為が避けられないため、結果的に法人税がもっとも低い国に税率が引っ張られていく。かつて、アメリカが巨大な経済圏を築いているときは、法人税も均衡状態を保てていた。が、アメリカが下げ始めると、他国も下がる方向に重力が働く。

また、法人税は所得課税で、利益を出せば出すほど多く税金を払わなければならない仕組みとなっている。そのため企業は「生産性を上げると不利益を被る、国は収益を上げることに対してペナライズしている（罰を与えている）」という実感を抱く。個人所得課税も、法人所得課税も、所得課税である以上、企業を儲からない方向へ促す結果となる。当然、経済成長との関連性でいうと、法人税は税哲学論、税政策論的にも評判が良くない。すると、どうしても消費税や付加価値課税などの間接税型にならざるを得なくなる。アメリカで議論されているキャッシュ・フロー課税もまた、付加価値課税である。

消費税の場合、低所得者層ほど負担が大きくなる逆進性があるため、本当に生活に困っている人たちに税の再分配ができるよう、かなり傾斜をつける必要がある。

冨山は、今後は世界的にそうした方向へ向かっていくと読んでいる。

アメリカも、トランプ政権の主張が徐々に通っていくと、必ず法人税率は下がる。すると法人税に頼った日本の国家運営も難しくなっていく。これればかりは相手がいて国内問題では済まないため、日本も法人税を下げて間接税を中心とした税体系にせざるを得ないのである。

第二次安倍内閣時の平成二十六年四月一日から、消費税が一七年ぶりに五％から八％に増税され、消費活動が大きく抑制される結果となった。これをさらに引き上げれば、再び同様の反動が見られるだろう。冨山は、「増税して消費が減る、その根本原因を見るべき」と指摘する。

もっとも根本的な問題は、バブル崩壊以前とは違って「給料は上がるものではなく、下がるもの」という実感を、多くの国民が抱いているところにある。

過去二十数年間、国民は「名目所得（その時々の市場価格を基準にして計算した所得）は毎年下がる」という経験をし続けている。たとえ昇給しても、社会保険料負担は上昇しているのだから、消費に回せる可処分所得（税金・社会保険料などを除き、個人が自由に処分できる部分）はどんどん減っている。こうした状態がすでに二十年以上続いているので、四十代半ばから下の世代は、社会人になってから「所得は下がるもの」という経験しかない。ところが、デフレ脱却を目的とした現在のリフレ政策は、「物価が上がれば消費も増えて景気が良くなり、給料も上がっていく」という図式が大前提になっている。リフレ政策を始めてから所得は下げ止まったものの、可処分所得の減少は止まっておらず、そこから上向きに押し上げていくのは非常に難しい。ここで消費税増税となれば、消費はピタリと止まる。

社会保険料負担増を超えて所得が持続的に上がるという期待感を国民が抱かないと、消費者の行動意識は決して変わらない。だから国民は、消費税を数パーセント上げるだけでもデリケートに反応する。ここが問題である。冨山は、「それでも所得を上向きにすることは難しいことではない」と断言する。

現在の日本の労働生産性は、アメリカの半分、ヨーロッパの三分の二と、先進国の最低レベルにまで落ち込んでおり、本来の力を発揮できていない。

労働生産性について考えるとき、バス会社のように一定のサービスを日々提供する産業と、研究開発やクリエイティブなど労働時間にとらわれない産業の二つに分けなければならない。バス会社の場合は、運転手の労働時間の規制が重要な鍵となる。いっぽう、クリエイティブやプランニングといった仕事は、時間ではなくアウトプット（成果や実績）で勝負をしている。そのため、五分で成果が出れば退勤していいし、成果が出なければ百時間でも働かなければならない。バス会社は分母と分子がイコールだが、クリエイティブは分母よりも分子に注目すべきなのである。

日本の場合は終身雇用年功序列制がメインだったため、どの産業もすべてひっくるめて長時間盲目的に働かせれば成果が出る、という考え方が今なお支配的である。が、労働生産性の意味をきちんと把握しなければ、過労死や有能な人材の流出など、角を矯《た》めて牛を殺すことになってしまう。

冨山は、政策の転換点は、団塊の世代が後期高齢者になる平成三十七年（二〇二五年）には少なくともやってきて、消費税の増税につながると見ている。

一般国民の隅々にまで広く浅く均等に課税される税金は、やはり消費税しかない。また、累進課税である所得税に比べて、消費税は処理の手間がかからないのもポイントである。

アメリカやヨーロッパも、法人税を下げると間接税を上げざるを得なくなるため、各国ともに「均等に徴収して集中的に分配する」方式を選択せざるを得なくなる。

働き方改革実現会議には二つの側面がある。一つは高齢者、身障者などの就労促進をいかにして守っていくかという、昔ながらの労働省的な問題。もう一つは労働生産性を高めることで経済成長に結びつける取り組みで、働き方改革実現会議では後者に焦点が当てられている。

特に、時間当たり賃金はどうしたら上がるのかが議論されており、現在のところ産業ごとに分けて模索している段階である。

女性の給料を倍増させるためには、二つの考え方がある。一つは、単純に労働時間を倍にすることで総収入を倍にする。もう一つは、労働時間単価を倍にすることである。問題は後者であり、日本は時間単価賃金が非常に安い。時間単価当たり賃金を上げないと、女性の総労働時間が増えることはない。

冨山は、「最低賃金はどんどん上げたほうがいい」と言う。最低賃金を引き上げても、誰も困らない。ダメな会社の経営者が困るだけである。古典的な経済学では、「価格に政府が介入して賃金を上げると仕事が減る」という理論が主流であった。確かに、労働供給が弾力的な場合はその通りである。

ところが現在の日本は、今後も慢性的、構造的、かつ絶対的に人手不足の社会が続いていくため、最低賃金を上げることで、賃金を払えない会社が淘汰され、結果的に同業種の競争が緩和される。

平成二十七年十一月二十四日、安倍総理は経済財政諮問会議において、最低賃金を引き上げ、全国平均で千円を目指すと表明した。今のところ、安倍政権の〝かけ声政策〟に過ぎず、実現手段として強行的な段階にまではまだ手を突っ込んでいない。「最低賃金千円」は、冨山和彦が最初に提示した現実的な金額である。

実際、冨山が創設した「みちのりホールディングス」のグループ会社である「岩手県北バスグループ」では、時間当たりで千円を超える賃金水準を実現している。岩手県の最低賃金は七一六円（平成二十八年十月改訂）と全国的に見ても低い場所で、実現しているのである。

なぜ実現できるのか。人手不足時代には、全国どこでも域内の競争条件において、高い賃金を払える会社が生き残るという図式は変わらないからである。高い賃金を払える会社は、価格支配力を持つことができる。するとバス賃金の価格競争をする必要もなくなる。賃金が上がれば波及効果でデフレ脱却にもつながる。

ヤマト運輸の場合と同じで、圧倒的シェアを持っている会社が、「配送料を引き上げる」と言えば、通販業者は「はいそうですか」と従わざるを得ない。同様のことが、地方でも起きてくる。冨山は、「最低賃金を二千円にしても構わない」とまで言い切る。

そうなれば、消費は当然増える。特に、最低賃金に近い条件で働いているのは女性が圧倒的に多く、またほとんどが非正規である。そこにてこ入れする政策であれば、効果は絶大である。

女性の労働力が硬直的で、働きたい人がすべて働いている完全雇用状態ではないということは、選択的に働いていない、ということである。「安い賃金だったら家で子どもの面倒を見ているほうがいい」という話である。賃金が上がったほうが当然、女性が働く選択肢は増える。

経済政策と社会政策をセットと考えた場合、日本は今こそイノベーションを起こせるチャンスである。そこに政治家が真面目に取り組んでもらわねばならない。

当初、アベノミクスは金融に傾斜したため、二十世紀のクラシックな金融政策や公共投資になりかかっていた。ケインズ学派は設備や道路をどんどん作っていく資本集約的な政策となるが、人口は増えていく前提でものを考えている。が、二十一世紀の日本はまったく違う姿になっている。第四次産業革命と言われるインターネットやＡＩ（人工知能）の製造業への導入が始まろうとしている。新たな技術と人口減少に対応する政策を進める課程で、必ず構造的デフレ構図となる。

冨山は、「今現在においても、アベノミクスはやらないよりやったほうがいい」と語る。

なぜなら、グローバルな二十世紀的リフレ政策には限界があったため、アベノミクスも途中から「地方創生」「ローカル・アベノミクス」と、少しずつ二十一世紀的な政策体系にシフトしてきたのである。

冨山和彦の語る列島再生

人口減少は、都会への流出による社会減と、少子高齢化で減る自然減のダブルパンチで、地方のほうがより深刻である。もともと地方の経済圏は、農業など補助金による所得再分配の対象になってきた。すると「補助金が出るのなら、頑張って働くよりも、生産性を上げないほうが得」だという、生産性を低いまま停滞させるインセンティブが働いてしまう。

人手が余っている時は、生産性の低い会社を支えたほうが、より多くの雇用を生み出すことができる。日本はバブル崩壊から二十年もの間、雇用を生み出し困った人を助けるという名目で、本来なら倒産させるべきゾンビ企業やゾンビ産業を懸命に支えてきた。

ところがここに来て、人手が余るどころか少子高齢化で逆転し、人手不足に陥った。補助金制度は意味がなくなり、代わりに生産性と賃金を上げることが全国的な課題となった。これは今後、誰が総理大臣になっても変わることなく取り組んでいかねばならない問題である。

改革の最大の難点は、昭和四十七年の田中角栄の時代から、四十年以上にわたって日本型所得再分配システムが存在し続けたことである。戦後の日本の人口推移を見ると、ある顕著な傾向が見られる。例えば和歌山県では、戦争直後に外地からの引き揚げと、大阪から焼け出されて非難した人々がどっとなだれ込んで人口が倍増し、奥地でも開墾、農業が盛んにおこなわれた。それも昭和二十年代半ばになると集団就職が始まって、人口が見る間に減っていった。

そこに田中角栄が、日本列島を高速道路・新幹線・本州四国連絡橋などの高速交通網で結び、地方の工業化を促進する大改革をおこなった。ここから地方の人口が急激に増え始め、社会が圧倒的に安定する。

冨山は、田中角栄のことを「政策的天才」と評価する。

田中角栄の日本列島改造論は、一九七〇年代当時の日本にはきわめて有効な政策であった。が、その後、角栄に並ぶだけの政策的イノベーターが現れなかったため、四十年以上も引っ張り続けることになってしまった。あまりにも長く続けたせいで、この仕組みを変える政治的コストも非常に高くなってしまった。

特にバブル崩壊以降は人手が余っていたため、手をつけられる状態ではなかった。

それでも最近になって農業などに改革の兆しが見え始めたのは、行き着くところまで行って「そして誰もいなくなった産業」になり果てたからである。低所得産業として補助で引っ張り続けるのは、あまりにも夢や未来が無さすぎた。地方では、農業と同じ問題で若者から見切りをつけられた結果、人口減に悩むようになったのである。

地方創生を成功させるには、スクラップ・アンド・ビルドが必要である。

スクラップ・アンド・ビルドとは、能率の悪い設備（機械や建屋）を廃棄し（スクラップ）、これを高能率の設備に置き換える（ビルド）こと。個々の企業で起こりうるが、一般に、業界全体の規模で統一的な意識のもとに、旧設備の廃棄と新鋭設備の導入が行われる場合に、この言葉が使われる。

安倍政権はビルド寄りになっているが、やはりスクラップも必要で、過去の政策の残滓《ざんし》を否が応でも整理していかなければならない。ところが安倍政権には、ポリティカル・キャピタル（政治的資本）を使う余裕までは、今のところ無い。

ポリティカル・キャピタルとは、おのれの意見を通すのに必要な政治的影響力のことである。国鉄や郵政の民営化、農業改革、最近では電力自由化など、自民党が長年にわたって票田としてきた組織に対してポリティカル・キャピタルを費消し、改革を進めるのは並々ならぬことであった。安倍政権もまた、数々の改革を求められてはいるものの、その実現は容易ではない。

冨山は、「幸い安倍政権の改革よりも、実社会の転換のほうが明らかに速く進んでいる」と指摘する。例えば農業である。気がつけば、農家の数がどんどん減っていき、農協勤めの人数のほうが多くなっていた、といった笑えない話がある。が、農協という大組織の改革は簡単にはいかない。

公共事業にも問題がある。東日本大震災の被災地では、人手不足を補うために東京からゼネコンがやって来る。かれらが余暇に金を落とすのは、一緒に東京からやって来たキャバクラである。そして工事が終われば、ゼネコンもキャバクラもともに東京へ帰っていく。被災地で公共事業がいくら乱立しても、よそからやって来た会社に金が落ちて、地元のＧＤＰにほとんど貢献できていないのが実情である。

そんな公共事業よりも、メンテナンスを中心とした安定的なインフラ整備を地域でおこなうほうが、よほど安定した雇用が生まれる。昔ながらの感覚で、政府が大きな公共事業を地方に持ってきても地元に金が落ちないことに、すでに住民も気づき始めている。だから要請も来なくなっている。

冨山は、それでも今は安倍政権がスクラップに大きなポリティカル・キャピタルを行使する段階にはない、と見ている。全国的な人手不足は、団塊の世代が六十五歳となって大量定年退職が始まった平成二十四年から始まった。が、それから五年程度しか経っていないため、人手不足だという認識はまだ一般化されていない。田中角栄の日本列島改造論の実績は四十年と比ぶべくもない。そのため、冨山は、時間をかけずに劇的に転換することは、今は難しいと判断しているのである。

が、やはりいずれは、どこかの段階で本格的にスクラップを強行していかざるを得ない。

冨山は指摘する。

「スクラップを実行するためには、〝自称・弱者の人たち〟といかに決別するかにかかっている」

自称・弱者とは、団塊の世代以上の高齢者を指している。かれらは決して弱者ではなく、古い政治的枠組みにおける〝政治的強者〟たる〝既得権者〟なのである。

団塊の世代以上の高齢者は高度経済成長とバブル時代を享受し、日本の金融資産のほとんどを握っている。すでに金融資産をたっぷり保有しているところに、健康保険や年金などの社会保障制度は高齢者へと逆向きに流れ、〝持てる者〟に注がれている。補助金行政で生き延びてきた人たちもまた同様である。

冨山は、「いずれは本格的にスクラップに乗り出し、この流れを逆転させるべき」と語る。

石破茂もまた、この件の重要性について充分に理解している。冨山から見て、石破は頭の中がサッパリとしており、現実をありのまま受け容れられる人物である。

最近では石破だけでなく、多くの人々もこのことに気づき始めている。が、改革を進める際の反発は強烈であるため、政治家もまだ充分に腹をくくれていないのである。

果たして安倍政権は、かれらに「すみません、もうそんなに払えません」と言えるのだろうか。

国の予算には限りがあるため、「過去と未来のどちらを選択するのか」という問いに正面から対峙することになる。日本はシルバー民主主義で、票は〝過去の人〟のほうがたくさん持っている。高齢者に決定的に反発されないように、かつ若者のための政策をいかに展開するか。日本の未来は、そこにかかっている。

冨山は、それでも「日本の未来は明るい」と断言する。

なぜなら日本は、エネルギー問題、少子高齢化、労働者不足など、世界に先駆けて様々な問題に直面しているからである。特に少子高齢化かつ労働者不足という、世界にでもまれな現象が起きている。

そのなかで、第四次産業革命が起きようとしている。結局、産業革命とは第何次であっても自動化、省力化に尽きる。自動化、省力化が、新たなイノベーションの波として世界を覆おうとしている時、日本はその最前線に立っている。冨山は、それをチャンスととらえているのである。

日本は、ロボット開発や、ニーズに応じたモノ作りが得意であるから、どんどんつくって子どもや孫の世代が享受できるようにすれば良い。が、人手が余っている欧米で同様の開発を進めると、失業を作る結果となるから、政府は手を出すことができない。

が、欧米もいずれ日本のように「少子高齢化かつ労働者不足」に陥る日が確実にやってくる。アジアはさらに猛スピードで現実のものとなる。欧米、アジア各国の十年後二十年後の世界の未来が、今の日本にある。だからこそ、日本の未来は明るい。日本の未来の子どもたちは、これから育ててゆく果樹の実を味わうことができる。そうした局面に来ているのである。

今の日本のリーダーは、「未来の明るい日本をともにつくっていこう」と訴える能力が必要である。お爺さん、お婆さんたちに「孫の未来をより良いものにしていくための、投資をしましょう」と説得するのである。

それは裏を返せば、すでに持っている財産を生活費に回してください、亡くなるまでに綺麗に使い切ってください、それだけの資産をあなたたちは保有しているのです、ということである。

すると、お金が若者から高齢者へ逆流する流れを、かなり変えることができる。終末期医療も同様で、完全に意識がなくなり治癒の可能性のない高齢者を生命維持装置にかけて何年も生かしておくことが、本当に必要なのかを改めて考えなければならない。それが無料であれば問題ないが、終末期医療にかけるお金を子どもたちに回せば、何人かの子どもたちを進学させることができる。

かつて、小泉純一郎総理は「痛みをともなう改革」と繰り返し訴えてきた。が、すでに小泉政権時代から十五年もの年月が流れており、時代は確実に動いている。

それは、若年層貧困と、教育の機会格差の二つの問題がかなり深刻化しているいっぽうで、教育が若者の未来を決定する割合が大きくなっているためである。

産業ベースは知識や知的訓練にどんどん移っており、教育の機会を奪われると、その人の人生にとって致命的な打撃となる。十五年の月日の中で、そうした認識はだいぶ共有されるようになってきた。

また小泉政権時は、郵政民営化に代表されるように、大きな国家が過剰介入しているものを市場に解き放てば問題解決するという、二十世紀の終わりに流行った新自由主義的な枠組みであった。

小泉政権が年金控除、老年者控除、配偶者特別控除の縮小・廃止などを強行して反発を招いたが、今は国民も現状を理解しそうした段階は卒業している。試行錯誤を繰り返した末、市場にも欠陥があり、政府にも欠陥があることがわかった。だから双方の得意不得意を上手に使いこなしていく、というのが今まさに世界中で問われており、日本全体もそうした方向に流れている。

アメリカの経済学者ミルトン・フリードマンが提唱した、最小限の所得を政府が保障するベーシックインカムは、社会保障制度に代わる所得分配論である。所得の分配は決して市場で解決しないのであるから、政府が介入して然るべきである。

また、マルクスの主張は富める者から貧しい者へ分配するという発想であるが、この場合キャピタルフライト（自国から海外にお金が一斉に逃げ出すこと）が起きてしまう。

いずれの政策にしても、問われるのは、本来の分配に対して合目的でフェアであるかどうかであり、過去よりも未来を見つめ、本当に困っている人を救済する政策でなければならない。本当に生活に困窮している人たちには、きちんと税金を分配していくことが絶対条件となる。マイナンバー制度により個々人の所得状況が正確に把握できるため、実施に手間はかからなくなっている。

冨山は、現実問題としては「そこそこ豊かな人から、そこそこ厚みのある税金を取る。富裕層からは寄付税制で、喜捨してもらう」方向が良いと語る。

今の制度では、たとえ資産や収入が多い人でも、六十五歳になると自動的に年金が支給される仕組みになっている。この仕組みはやはり問題で、変えるべきであろう。政策を実行するに当たり、ポリティカル・キャピタルをどのように使うのか、という政権の価値観が反映される。もし石破茂が安倍晋三と違う価値観であるのなら、当然ポリティカル・キャピタルの使いどころが変わってくる。

冨山は、時が経てば経つほど国民への説得はしやすくなると見ている。

十五年前に中小企業や地方の集会などで「高い賃金を払える会社が生き残り、それができない会社は潰れれば良い」といった話をすると、灰皿と怒号が飛んできた。が、今は逆に「そういう話をしてほしい」と講演依頼で引っ張りだこになっている。こうした状況のなかで、石破なりのポリティカル・キャピタルの使いどころを提示すれば、総理の座も見えてくるだろう。

藻谷浩介は、ポスト安倍について訊かれることがよくある。その際に、ひとによっては、「安倍さんのほかに誰がいるのか」と訊いてくることもある。

藻谷は、総理大臣になる器の人物は、石破茂をはじめとして何人もいると思っている。民主党政権時代の野田佳彦も、あと一年政権を任せていれば、過去の自民党政権時代の総理大臣と肩をならべるだけの宰相となっていた可能性はある。

石破は、数多くいる総理大臣候補のなかでも、いまの日本の状況をよくわかっている。そのうえで、ハートがある。ことに、北朝鮮の動向が不安定で、国防が国策の第一に挙げられる現状ならば石破ほどの適任者はいない。知識が豊富で、防衛大臣の経験もある。

しかし、そのいっぽうで、石破には強い美学がある。総理大臣になるために、政治信条、政治思想の異なる政治家の支持を得ようと愛嬌をふりまけるタイプではない。石破は、総理大臣の椅子は、自分から獲りにいくものではない、天からの思し召しだと考えている。愛嬌をふりまくなど無理をしなくても、天が石破を必要とするのならば、おのずと自分にその座はまわってくる。その時のために、日々研鑽している。

政治家、政治を知る者からすれば、およそ政治家に不可欠な資質、自分から地位をつかみ取ろうという権力欲に欠けていると思われてもしかたがない。支える側としても、なんとも歯痒いかもしれない。

だがそういう美学こそ、本当は宰相に必要なのではないだろうか。宰相たるもの、権力確保の鬼としてではなく、政策の鬼として、国を運営すべきだと思う。

確かに石破は、鳥取という日本海側出身の人間の特徴かもしれないが、愛想のない表情をしていることがあり、写真うつりも良くない。だがそもそも藻谷のような長州人に比べて、軽率に物事を口にしたりはしない。余計な一言を口にしては国会を空転させる政治家も多数いるなか、「熟慮しつつ、きちんと言うべきことだけを言う石破のような政治家が、昔はもっとたくさんいたのに」と、感じている人も多いのではないか。

もう一つ、政治家に大事なのは人を見る目だと思う。上にへつらい下に威張るタイプの人間を、石破は見抜いて、近づけないようにしているように見える。石破の人を見る力は、三国志でいえば曹操に近い。石破は曹操のような陰謀家ではないけれども。

だが曹操は昔から人気がない。人気があるのは、三国志でいえば劉備玄徳のようなタイプだ。劉備には、優れた部下に担がれるような人徳がある。だが劉備自身には人を見る目がない。彼が自ら選んだ部下に指示を出してうまくいったことはなく、彼にほれ込んで集まってきた部下たちが、劉備の指示は受けずに勝手に活躍したのである。そしてそのような部下たちが死に絶えると、曹操の建国した魏は、劉備の建国した蜀を滅ぼした。

日本国の運営は人気投票の結果で行えるほど簡単ではないと、藻谷は思っている。人気がなくとも、人を見る目をもった石破のような人物が上に立つことで、日本がよりまともな国になるのではないか。

また石破は、難しい問題に安易な特効薬があるなどとは、うかつに信じたりしない性格だ。酒の飲みすぎで肝臓が悪くなったときに、「サメの軟骨が効きます」と聞けば、すぐに買いこんでせっせと飲むが、酒を飲むのはやめない。そういうタイプの人間と、石破の性格は対極にある。

「日本の不景気は、日銀が金融緩和をしさえすれば一発で解消されます」と真顔で唱える「学者」や「エコノミスト」が、特にアベノミクス開始前後にはたくさんいた。そういう「安直な特効薬あります」という話の怪しさを、石破は冷静に見抜いていた。

その金融緩和だが、マネタリーベースを4倍にしても、期待されていた物価上昇や消費拡大は起こらず、経済成長も年率0～2％と、民主党政権時代やそれ以前の自民党政権時代と変わらない水準だ。

確かに株価は上がった。だが消費が増えないところをみると、株主の富裕層は資産運用を楽しんでいるだけで、いっかな消費を楽しもうとはしていない。これでは株価が上がっても実体経済にプラスにはならない。かつてのＩＴバブルの時も、リーマンバブルのときもそうだった。アベノミクスの異次元緩和は、その経験に、まったく学んでいない。

確かに、ここ数年で雇用情勢だけは劇的に改善している。求職者に対して求人数がどれくらいあるかを表すのが求人倍率だ。平成二十五年度までは、求人ひとりあたりに対して、倍率は「1」を切っていた。つまり、働きたくてもかならずしも働ける状態ではなかった。それが、平成二十六年度には、「1・11」と、求職者よりも求人数が上回った。それ以後、求人数は増えつづけ、いまや「1・5」にまで上昇した。これこそ、日本の経済力が上がった証だと、アベノミクスの信奉者は言う。

だが、消費が拡大していないのに、つまり企業の国内での売り上げが増えていないのに、雇用だけ改善するというのは、おかしな話だ。そんなおかしなことがなぜ起きているのか、アベノミクスをもてはやしている「学者」や「エコノミスト」は誰も、その途中経過をきちんと説明できていない。だがこれは人口減少によって当然に起こった現象なのだ。

いわゆる団塊の世代や、その子ども世代の団塊ジュニアが生まれていたころ、日本の出生数は年間で二〇〇万人を超えていた。それがだんだん減り続け、平成二十八年の出生数は一〇〇万人を割り込んだ。ここ数年、その数の多い団塊世代の定年退職が進んだが、この間に新たに学校を卒業して就職した世代は、団塊世代の6割程度と少ない。当然に人手不足が発生するわけだ。

アベノミクスを擁護する論者は、この四年間で就業者数が一九〇万人増えたという。だが彼らは、増えた一九〇万人のうち一八〇万人は年齢が六五歳以上だということを見ていない。企業は、いったん退職した団塊世代を、非正規で再雇用してしのいでいる。六四歳以下の就業者は、女性活躍の政策で何とか一〇万人増えただけだ。だがこれでは、正社員雇用は増えず、だから消費も伸びない。

別にアベノミクスが悪いからこうなっているのではなく、日本の多年の少子化が原因だ。誰が総理でどんな経済政策をしてもしなくても、人手不足は同じ時期に起きただろう。だからといって金融緩和が、いまさら日本人の数を増やすわけでもない。しかも金融緩和で日銀の持つ国債は膨れ上がり、少しでも金利が上がれば壊滅に向かいかねないというリスクを、日本経済はしょいこんでしまった。

こうしたメカニズムを、石破は数多の総理大臣候補の中でも恐らくただ一人、完全に正確に理解している。それだけきちんと勉強しているのだ。だが世間がわかっていないのだから、多勢に無勢で沈黙を保つしかない。

石破茂への二つの期待

石破が総理になった時に期待すること。それは、ふたつある。ひとつは地方創生のさらなる推進。もうひとつは、ネット右翼にではなくプロに評価される国防である。

地方創生では地方の人口減少が問題とされたが、大都市圏にも、後期高齢者の急増という大問題がある。過疎地ではもはや高齢者も減り始めているのに、首都圏などでは今後四〇年間も八〇代以上の人口が増え続け、医療福祉需給がひっ迫を続けていくのだ。

ところが大都市圏では、ご近所のつながりが乏しく、高齢者には役割がない。何十年と働いてきた職場を離れ、人間関係も目標も失った老人たちは元気を失っていくだけだ。

いっぽうで、過疎地には、高齢者が生涯現役で生きられる場がある。用水路の見回り、季節ごとの祭の手伝いなど、高齢者にも役割があり、畑仕事をすることで、何歳になっても食料を自分で手に入れることができ、年金だけが頼りというのではない生活ができる。

地方出身で大都市圏に住んでいる高齢者は、もっと多く出身地に帰っていい。このような地方回帰を唱えると、「姥捨てだ」と批判するひともいる。だが会社組織から離れ、都会で自分の居場所を失った老人ほどさびしい者はない。藻谷は、地方ではなく、「お台場こそ姥捨てだ」と言いたい。

若い年代層の地方回帰は、それ以上に進めるべきだ。今や地方の方が失業率は低く、いくらでも仕事はある。物価は安く、子どもは育てやすい。地方と大都市圏を行き来して暮らす人ももっと増えていい。日本人は、日本国土をもっと広く使うべきだ。

藻谷は、国防政策に関しても、石破の現実感覚に満ちた見識に期待している。北朝鮮が脅威なのであれば、韓国や中国とは、是々非々であっても深く議論できる体制を持っておかねばならない。中国に対抗するのであれば、韓国を敵に回して中傷しあっているのはナンセンスだ。孫子の兵法にある「夷をもって夷を制す」策を地で行くような、中国による日韓離反策にみすみす乗っかっているようでは、国益を損ねるばかりではないか。

石破はそのあたりのことはすべてわかっている。感情に流されずに、冷静な判断もできる。外交防衛には、石破こそふさわしい。

石破は、菅義偉のような実力者がついてきてすべてを仕切ってくれる、というようなタイプではないのだろう。しかし、上に立つ人間としての見識能力、人情、人を見る目、信頼性はある。石破茂が上に立てば、石破茂は石破茂なりのきちんとした政治をおこなっていく。

石破が政治家として評価される日本にならないか。そういう日本にするために力を尽くしたい。

日本列島創生論

石破の地方創生に対する思いは強い。平成二十九年四月には新潮新書で『日本列島創生論』を出版している。

かつて田中角栄は、総理に就任する一カ月前に『日本列島改造論』を著し、地方と都市の格差是正を訴え、多くの国民から支持を得た。

石破も、田中と思うところは同じだ。東京への一極集中を止め、地方を活性化させることが、国家にとって一番必要なことである。それには、地方の雇用と所得を伸ばすことが必要だ。

が、地方と都市の格差是正の手法は、田中の時代とは異なる。田中角栄が『日本列島改造論』を著した時代は、均衡ある国土の発展を訴え、そしてそれが必要であった。

が、石破の考えは、どの地域も同じように発展するのではなく、それぞれの地域の特色を反映したうえで発展するべきというものだ。そして、それに対して、国が財政、人材、情報の支援をおこなう。

これまでの国が主体で進めていた新幹線や高速道路などの大型事業の発想とは異なる。目指すところは同じだが、国が引っ張るのではなく、地方それぞれの発展を国が支援する。だからこそ、伸びしろがある。

日本の一人当たりの生産性は、業種によってはかなり低い。まだ改善の余地はたくさんある。

農林水産分野も、伸びしろはある。が、これまでのコメが典型であったように、国内では生産調整を進め、海外からの輸入は高い関税により歯止めをかけるだけで、保護する一方では、競争にさらされず産業として伸びるわけはない。

農業、漁業、林業、サービス業、それらの生産性を地方で伸ばし、地方で雇用と所得を確保する。

都会で暮らしている人にも、地方で第二の人生を送りたい、と思っている人も多い。また、東京に行きたくないのに、地元に雇用がないために東京に行く人もいる。地元で働きたいという思いを実現できる環境がないならば、それを実現できる環境をつくるのが政治の仕事である。

加えて、東京は、お金がないと何もできない場所だ。だが、東日本大震災以降、「お金があったとしても、モノがなければ買えないではないか。東京はそういうところではないか」と気づき始めた人もいる。実際、震災以降、都会での生活に疑問を持ち、地方に生活の拠点を移している人も増えている。そうした人たちの思いを実現し、都市と地方の問題を解消していくことが日本列島創生だと石破は思っている。

石破は、政策通として知られているが、いわゆる政局が得意なタイプではない。そのため、派閥の議員たちからは、政局的な動きもしてほしいとの要望もある。

石破が語る。

「政治家ですから、得手不得手があります。わたしの場合は、地方をまわり、多くの有権者の声を聞くことに力を入れたいと思っています。幸い体力はありますからそれは苦ではありません」

かつて長期政権を築き、人事巧者として有名だった佐藤栄作総理は、総理総裁候補の有力議員である三角大福中を様々なポストにつけて、切磋琢磨させた。

中曽根総理のときには、ニューリーダーの安竹宮渡が同じように重責を担った。

小泉総理のときには、麻垣康三の四人がその役割であった。

だが、現在の安倍政権は、ポスト安倍を育てようとする雰囲気がない。

岸田文雄外務大臣も在職期間こそ長いが、在任感はない。安倍政権の外交は、安倍総理自らがイニシアティブを握っている。安倍一強と報じられることが増えているが、自民党の議員たちがみな安倍総理の主義信条や、政治手法に納得しているのだろうか。

石破が語る。

「本来の自民党は多様な意見の存在する国民政党です。様々な政策や主張が党内から出てきて、党内で疑似的な政権交代がおこなわれてきました。それが自民党の強みでもあったんです。しかし、今それは失われてきています。野党がふがいない状況では、自民党内で異論を言う風土が醸成されていかなければいけません」

安倍政権の強みは、選挙に勝ち続けていることだ。国政選挙に限れば、政権を奪還した平成二十四年十二月の衆院選、翌二十五年七月の参院選、翌二十六年十二月の衆院選、二十八年の参院選と四連勝している。だが、石破によると、圧勝に終わった四つの国政選挙でも、それぞれに微妙に有権者の反応は違ったという。

石破が幹事長として臨んだ平成二十四年十二月の衆院選とその翌年の参院選での街頭の人々の反応と、平成二十六年十二月の衆院選と平成二十八年七月の参院選では、街頭の有権者たちの手の振り方はまったく違った。半分以下の反応だったという。このことは、政権発足当初、積極的な支持者であった有権者が徐々に消極的な支持者に変わってきていることを表している。

石破は、幹事長時代から口を酸っぱくして若い議員たちに言っている。

「選挙に勝っているといっても、その内容をよく精査するべきだ。投票率五割で、自民党の候補者の得票率が四割なら、積極的に自民党を支持している有権者は全体の二割しかいない。その状況で七割の議席を持っていることがいかに恐ろしいか、よく考えなければならないんだ」

石破は、自制心も込めて、強く警鐘を鳴らしてきた。

石破の語る対トランプ外交

現在、アメリカのトランプ大統領の就任や、ミサイル実験を強行しようとする北朝鮮の強硬姿勢など、国際情勢は非常に緊張している。それについて石破が語る。

「わたしは、人類の歴史は戦争の歴史だと思っていますし、今後もそうだろうと予測しています。戦争のきっかけは、領土問題であり、宗教であり、そして、政治体制であり、民族であり、経済格差であり、この五つの問題は常に存在し続けています」

冷戦時代は、西側諸国と東側諸国の間にバランス・オブ・パワー（力の均衡）があり、比較的大規模の戦争が起こらなかった。だが、それは非常に稀有な例でもあった。冷戦が終結した際に、当時社会党の委員長だった土井たか子は、「これで世界が平和になる」と言っていた。だが、石破は思っていた。

〈そんなことはないだろう。均衡が崩れて、世界が混乱の時代に入るに決まっている〉

その後の国際情勢を見れば、石破の考えのほうが現実的だったと言えるだろう。

9・11のように、戦争、紛争の種類もこれまでとは異なるものになっていった。

現在は、従来であれば、国家でしかなしえなかった破壊行為をテロリストたちがおこなえる時代だ。

第一次世界大戦以降、世界秩序は、主権国家を構成要因として形成されてきた。日本では、「ユナイテッド・ネーションズ」を国際連合と訳しているが、連合国が正しい訳だと石破は指摘する。実際に、中国では連合国と訳されている。

テロ集団やテロ国家の出現は、これまでの国際的な秩序の変革を促していくものだ。

だからこそ、今後の安全保障の仕組みは、従来のシステムと同時に、テロリスト集団や、テロ国家に対して、どう国際秩序を維持していくのかという視点が重要になってくる。

ところが日本人は、「ユナイテッド・ネーションズ」を国際連合と訳したように、世界の常識と異なった価値観で世界を見ている部分が多い。

専守防衛とは、キーワードとして頻繁に耳にするが、実際にこのスタンスを守り続けていくということはかなり難しい。自らは他国を攻めずに専守防衛に徹するということは、相手国に攻撃されてはじめて反撃するということだ。それは自国の国土が戦場になることを前提とした考え方でもある。

また、現行の日本は、相手国の領土にまで攻め入る能力である戦力投射能力（パワープロジェクション）を保持しないことになっている。それは相手国側の心理から考えると、恐怖心が働かず、抑止力にはなりえない。相手国から攻められやすい要因を持っていることになる。

現在の日本では、それらの不安定な部分を日米安全保障条約で補っているのが実態だ。

だが、アメリカがいついかなる時でも、常に日本を守ってくれるのかといえば、それは違うと石破は指摘する。現在の日本は、集団的自衛権を認めず、戦力投射能力を持たず、核を持たず、専守防衛に徹するという厳しい制約のなかで、一国を保っている。

石破は語る。

「日本人が自分の頭で防衛を考えるためには、何かあったらアメリカが来てくれる、といった幻想から脱却しなければいけません」

石破は、トランプ大統領は、相手を不安と緊張の精神状態に置き、最も有利な条件で交渉を引き出すのが得意な大統領だとみている。トランプは、生き馬の目を抜く不動産業界で成功した人間だ。いかに、相手を気持ち良くさせて、自分の物件を高く売るか、それを常に計算しているだろう。日本政府としては、トランプ大統領と交渉する際には、変な物件をつかまされたりしないように、そして、良い気持ちにさせられても、そのことで相手を安易に信用したりせずに、正しく恐れ、正しく緊張する関係でいることが重要だ。

石破は、以前からずっと集団的自衛権が憲法上制約されないものであること、日米安全保障条約は相互に防衛しあう形の条約にするべきであることをずっと主張してきた。

石破は語る。

「同盟国はともに戦う国だが、運命をともにするものではない。そして、一国にとって永遠の敵もないし、永遠の同盟もない。あるのはただ一つ、自国の国益を追及することのみなんです」

そして同盟というものは、相手国の戦争に巻き込まれる恐怖と同盟国から見捨てられる恐怖という二つの相克のなかで、常に冷静にマネージメントをしなければいけないものだ。

石破は、最近、インターネット世論の一部では「軍事オタクの左翼」の政治家だと中傷されることが増えた。

かつての石破茂といえば、右翼的な政治家だと批判されることのほうが圧倒的だった。

石破が語る。

「それだけ日本社会の座標軸が右にずれてきたことを証明しているのでしょう」

石破は、よく若い人たちから国防に関連する入門の書籍を聞かれることがある。

その際には必ず作家で元東京都知事の猪瀬直樹の著した『昭和十六年夏の敗戦』を薦めるようにしている。この作品には、実務を検証すれば、百パーセント負けることがわかっている戦争になぜ日本が突入したのか、という背景がリアルに分析されている。

石破は思う。

〈日本にとっての中国とは何か。日本にとっての北朝鮮とは何か。陸海空の自衛隊は何ができて何ができないのか。それを防衛や安全保障に関わる政治家はすべて知っておかなくてはいけない。そして防衛を司るものは、自衛隊法、防衛省設置法、国民保護法制に何が書いてあるか。航空機、艦船、戦車、それぞれ自衛隊の持っている装備に何ができて、何ができないのか。人員が足りているのか、足りていないのか。日米安全保障条約や日米地位協定には何が書いてあるのか。それを把握しなければいけない。それを知らずして、防衛の仕事はできない〉

天命を待つ

平成二十九年五月九日、水月会は、都内のホテルニューオータニ東京でパーティーを開いた。

石破は、あいさつに立ち語った。

「みんなで選んだ安倍政権だから、みんなで支えるのは当然のこと。それが安倍総理大臣を選んだ我々の責任だ。安倍政権の任期があるかぎり、みんなが全力を持って支えるのが自民党の責任だ」

続けて、田中角栄からの教えを披露しつつ語った。

「未来永劫続く政権は、絶対にない。次の時代に、わたしに限らず、日本の国を担いたいという者が大勢いて、それぞれの見識を述べ、みなさんに選んでいただく。かつて田中角栄先生は、総理総裁は、なろうと思ってなれるものではなく、天命というものだと言っていた。次の時代を考えて行動していきたい」

石破は、パーティー後に記者団に対しても強い意欲を示した。

「国会議員を三十一年もやってきて、わたしのように多くの役職、閣僚をやってきた人間が『任にあらず』と言うのは責任放棄だ」

第十一章　石破流「新日本列島改造論」

四度目の挑戦　自民党総裁選

石破茂は、令和二年九月十四日の自民党総裁選に出馬した。石破にとって四度目の自民党総裁選であった。

国会議員票、各三票の都道府県連票を合計した開票の結果、菅義偉が議員票二八八票、県連票八九票で合計三七七票で過半数を獲得し、第二十六代自民党総裁に選ばれた。

二位は岸田文雄で、議員票七九票、県連票一〇票で合計八九票、石破は、議員票二六票、県連票四二票で合計六八票、立候補者三名中の三位であった。

この総裁選では、事前に苦戦が予想されたこともあって、水月会（石破派）でも一部には出馬に消極的な声があった。

しかし、石破は最終的に総裁選への出馬を決断した。それはなぜか。石破がその理由を語る。

「もちろん自民党ですから、同じ党内で天と地ほど意見が違うわけではありません。ですが、わたしには『自民党員に様々な選択肢を示さないといけない』という使命感のようなものがありました」

それだけでなく、石破には、なにより自民党への危機感もあったという。

「わたしは平成二十一年の衆院選に自民党が敗れて野党に転落した時代、政調会長として、『なぜ自民党が野党になったのか、どこが間違っていたのか、どこに問題があったのか』という意識を持って、谷垣禎一自民党総裁のもとで、自民党再生のために主体的に取り組んだという思いがあります。

その後、数度の国政選挙を経たこともあり、今の自民党は厳しい野党時代を知らない若手議員が半分を超えています。野党時代には、『自由民主党は謙虚な党でなければいけない』、あるいは『政府を公正に機能させる政党でなければいけない』、『あらゆる組織としっかり協議する政党でなければいけない』、『自民党は国民のためにかくあるべし』と徹底的に反省して、新しい綱領を定めました。ですが、その当時の議論を知らなかったり、忘れてしまったりする議員も、残念ながら増えています。やはり与党が長くなれば、どこかに奢りがでてきます。こういった問題点を語れるのは自分だという思いもあって、総裁選への出馬を決めました」

派閥内には不戦論もあり、石破自身、勝利を期しての出馬ではなかったという。

「勝つことは難しいが、総裁選を通して、伝えるべきこと、伝えなくてはいけないことがあると確信していました。自民党は、国会議員だけの政党ではなく、地域で支えてくれている党員あっての政党です。党員のみなさんは、特に何かメリットがあるわけでもないのに、わざわざ入党して一年四千円の党費を支払い、党を支えてくれています」

石破には、自民党員の声に常に耳を傾けたい、という強い思いがあるという。

そして、その思いは、石破自身の苦い経験に由来する。

第一次安倍政権時代の平成十九年（二〇〇七年）の夏の参院選で、自民党は小沢一郎率いる当時の民主党の前に大敗している。この選挙で自民党は二七議席減の三七議席しか獲得できず、衆参ねじれの状態に追い込まれた。結果として、この参院選は、平成二十一年の衆院選での自民党の野党転落の要因となっている。

この参院選では、石破の地元の鳥取県や、隣県の島根県など、それまで自民党の支持が分厚かった地方の一人区で、民主党の前に敗れる選挙区が続出した。

当時も自民党鳥取県連の会長を務めていた石破は、選挙後、各地域の自民党の支部長や、支持者たちのもとをお詫び行脚にまわった。

彼らは言った。

「今回はこれまでとは違う。自民党には入れんかったで」

話を聞くと、民主党支持に転向したわけではなかった。ただそれまで熱心に支持していただけに、自民党に愛想が尽き、いったん離れたい、ということであった。

石破は、この時、自民党の中核的な支持者から見捨てられる辛さを実感したという。

「中核的な支持層が離反した時は自民党にとって、本当に危機的な状況になります。だからこそ、国会議員の票だけで決まるのではなく、地域で党を支えてくれる人たちの思いを代弁できるような選択肢を提示し続けたかった」

令和二年の総裁選は、任期途中の臨時の総裁選ということで、地方票のウエイトも選挙期間も通常より少ない簡易型でおこなわれることになった。これまで石破の強みであった地方票の割合が低下したことも、石破にとっては不利であった。石破がこの点について打ち明ける。

「すでに選挙前から今回は菅先生を、という雰囲気ができていましたから、ある程度のルール変更はおこなわれるだろうと覚悟はしていました。もしルール変更がなければ、地方票では勝てたのかもしれません。ですが、ルール変更が気に入らないならば、そもそも出馬しなければいいだけです。もちろん、党員投票の比率が下がることは自民党全体にとっていいことだとは思いませんが、『ルールが変わったから出馬しない』というのも、わたしの流儀ではありません。どんなルールでも戦う、ということは大事なことだと思いました」

令和二年の総裁選では、石破は地方票では菅に次ぐ二位だったが、国会議員票が二六票と伸びず、議員票で七九票を獲得した岸田に次ぐ三位となった。

総裁選の結果もあり、総裁選後、永田町では石破の影響力低下を噂する声も一時的に増えた。だが、世論調査をみると、石破の人気は根強いものがあった。

日本経済新聞社が令和三年四月におこなった世論調査では、「次の首相にふさわしい人は?」との問いに、二四%を獲得した河野太郎行政改革担当大臣に次いで、石破は一六%で二位につけている。総裁選で二位になった岸田が五%で五位なのとは対称的だ。

石破はこの数年、世論調査の「次の首相にふさわしい人は?」の項目で常に上位をキープし続けていた。

石破はそれをどう捉えているのか。

「総裁選で、徹底してわたしを潰そうと思った国会議員の一群があったのかもしれない、と言われています。議員票の相当部分が岸田さんにまわったことを、その証左だと解説するメディアもありました。ですが、総裁選のあともこれだけの方が総理候補としてわたしに期待を寄せてくださっているのはありがたいですね。総裁選は、わたしとしてはこれまでのどの総裁選よりも、充実した政策を主張できたと思っています。政策論も、党の組織論も、自分なりに一つ筋の通った主張を訴えることができたと思っています。総理候補として期待してくれる人たちが多い点については、おそらく、国民に向けてメッセージを発信し続けてきた長さの違いではないでしょうか」

昭和三十二年生まれの石破は、令和三年で六十四歳。政界ではまだ若い部類だ。年齢的には、これまで四度挑戦した自民党総裁選にもまだまだ挑戦する機会は十分にあるように思われた。

その一方で、今後も、総理総裁を目指す石破の前に立ちはだかることが予想されたのが安倍晋三前総理の存在だ。昭和二十九年生まれの安倍は、この時六十六歳。噂されている再々登板はないとしても、今後も、最大派閥である自身の出身派閥の清和政策研究会（細田派）を中心に、政界に強い影響力を発揮していくことが予想された。永田町には、「安倍前総理が一定の力を有している間は、石破の総理総裁への道は難しいだろう」との見立ても根強かった。その点について、石破は語る。

「同じ自民党ですから、不倶戴天の敵であるはずがありませんが、わたしと安倍前総理とは政治姿勢が違います。そして、安倍先生とは異なる意見を言える人間も自民党には必要だと思っていますから、安倍先生と意見が対立することがあったとしても、それほど気にはしていません。

政治家は無二の親友である必要はまったくないと思いますし、人生観も政治観も国家観もすべてを共有する人など、政治家でなくても滅多にいないでしょう。そしてもし、『それは違うんじゃないのか』という根本的な違和感を抱く場面があったとしたら、自民党のためにこそ異論を述べるべきだと思っています。それは政策的なものについても、党の運営にしてもそうです。

安倍総理や麻生総理が苦しかった時に『石破が足を引っ張った』と言われていることは承知しています。ですが、第一次安倍政権の参院選では、自分にはなんの落ち度もなく地道に活動していたのに、議員生命を失ってしまったたくさんの議員のことを考えれば、声を上げないわけにはいかなかったんです。麻生内閣の時も、直前の都議会議員選挙で自民党が大惨敗したことを受け、農水大臣でありながら、財務大臣だった与謝野馨さんと二人で総理に直談判に行きましたが、結局はあの時心配していた通りに自民党は総選挙で大敗を喫しました。

当時、安倍さんや麻生さんを批判したのも、自分のためではなく、『自民党を支えてくれているのは誰ですか』という思いからです。自民党を支えているひとりひとりの党員に応える自民党でありたいという気持ちからの行動で、個人的なものでは全くありません」

田中角栄「俺の悪口を言って国会に戻ってこい！」

菅政権と石破との距離感は、どうだったのか。石破は、菅政権が発足して以来、表立って批判するようなことは一切していない。石破が語る。

「菅政権の根本的な姿勢に対する違和感はありません」

石破は、今後、菅総理に請われた場合、入閣する可能性はあるのだろうか。

「わたしは『大臣をやりたい』とか『党の役職につきたい』などと思ったことはありません。ポストも議員のためにあるのではなくて、国民のためにあるわけですから。もし総理と意見が合い、何かの政策を実現するために『この役職をやってくれ』と言われたのなら拒否はしません。ですが総理と方向性が違う場合には、閣内不一致になってご迷惑をおかけするので、お断りしますよ」

菅内閣では水月会からは、田村憲久が厚生労働大臣に、赤沢亮正が金融担当の副大臣に、田所嘉徳が法務副大臣に起用されている。

石破自身、水月会がポストで菅内閣から冷遇されているとは思っていないという。

令和三年四月二十五日に投開票された衆参の補欠選挙・再選挙で与党は一勝もできなかった。菅政権がはじまって以来の国政選挙での敗北は永田町に衝撃を与えた。

石破はこの補欠選挙の結果をどう見ていたのか。

「参議院の広島選挙区は、河井案里議員の公職選挙法違反の判決確定による失職に伴う再選挙、長野選挙区は現職の羽田雄一郎議員の急死に伴う補欠選挙と、選挙になった理由は違いますが、どちらの選挙も票の出方を見ると、よく似た傾向がうかがえます。つまり、自民党や公明党支持者の七割前後しか票を固められずに、三割前後は立憲民主党の候補に流れてしまった。それと無党派層の六～七割が立憲民主党の候補に投票しています。

選挙が起きた構図は違うけれど、有権者の投票行動はほとんど一緒。やはり、党に向かって弓をひくとか、党を裏切ったとか、そういう理屈は自民党の議員の間では通用しても、有権者には通用しない。次の衆院選もあまり楽観しない方がいいと思います」

前回の平成二十九年の衆院選では、選挙直前に、野党第一党だった民進党の分裂騒動もあり、自民党は二八四議席を獲得し、圧勝した。だが、次期衆院選では、前回に比べると苦戦が予想されていた。

「次の衆院選がいつになるかわかりませんが、少なくとも前回（平成二十九年）、前々回（平成二十六年）みたいな楽な選挙にはならないでしょう。だからこそ、これまで水月会として一緒に行動してきた人たちのことはできるかぎり応援したいと思っています」

石破には痛烈な選挙の原体験がある。それは昭和五十八年十二月におこなわれた衆議院議員選挙だ。この選挙は、当時、中曽根康弘総理を支えていた田中角栄元総理に、一審でロッキード事件への関与が認定されて実刑判決が下り、その直後の選挙であったために、「ロッキード選挙」とも呼ばれた。

石破は、当時、三井銀行を退職し、衆院選への出馬を目指し、田中角栄が領袖を務める木曜クラブの事務局に勤務していた。石破の父二朗が田中派の参議院議員であった縁であった。その選挙の際に、田中角栄が田中派の総会で、居並ぶ田中派の議員たちを前に発した言葉が強く印象に残っているという。

田中は言った。

「お前たち、俺の悪口を言って、また国会に戻ってこい。『俺は田中派だが、田中は許せない』と言って当選してくるんだぞ。何を言ってもいいから、絶対に当選してこいよ」

石破はこの言葉を聞き、田中の気遣いと選挙の凄まじさを知った。

この衆院選では、ロッキード事件の有罪判決を受けて、「反自民、反田中」の風が吹き荒れ、自民党は議席を減らした。

だが、当の田中派だけは減らさなかったどころか、むしろ議席を増やしたのであった。

石破は、開票日に木曜クラブ事務局に詰めながら、「自民党××議席、木曜クラブ△△議席」と読み上げるのを聞いていた。自民党の議席が増えるのと田中派の議席が増えるのがほとんど一緒で、「ああ、こういうものなんだ」としみじみ思ったという。

田中派の議員たちは誰一人として、その選挙で田中の悪口を言うことはなかった。田中批判をせずに当選を勝ち取ってきたのだ。石破が語る。

「あの衆院選の時に、田中派の凄さや、派閥の親分の努力の大変さがわかりました。『親分の悪口を言ってもいいから当選してこい』と言える度量。それと、選挙は自民党の支持者にだけ受けるようなことを言うのではなく、無党派や他党の支持者が一票を入れたくなるようなことを言わないといけません。わたしは次の選挙でも、状況の厳しい同志のところを中心に、無党派層の支持を少しでも取り込めるようにまわりたいと思っています」

無念の水月会会長辞任

石破は、総裁選から一カ月後の令和二年十月二十二日、自身が率いる水月会（石破派）の会長を辞任した。その後、水月会は、四人の世話人による集団指導体制に移行し、石破は顧問に就いた。

今後、再び会長に復帰する可能性はあるのだろうか。

「まずは次の衆院選に全員当選してもらうことが一番ですから、会長に復帰をするとか、そんなことは考えていません。もちろん、今でも若手議員を中心にわたしを慕ってくれて、『石破が会長じゃなきゃ』と言ってくれる議員もいますから、そのことはありがたいと思っています。ただ色々な意見もありますので、すぐにどうこうということはありません」

令和三年九月におこなわれる自民党総裁選はどのように考えているのか。

「それはわかりません。その時に世の中がどうなっているかわかりませんから。今現在、絶対に出るとも、絶対に出ないとも言えませんよ」

コロナ禍の影響もあり、東京への一極集中の是正、地方への移住や二地域居住などが再び注目され始めている。初代の地方創生担当大臣を務めた石破は、地方分権や地方創生の重要さを強く訴え続けている。

「田中角栄総理の『日本列島改造論』も、大平正芳総理の『田園都市構想』も、竹下登総理の『ふるさと創生』も、批判された部分はありましたが、思想としては正しかったと思います。自民党は地方に基盤を置く政党であり、『都市と地方の格差を是正しよう』というＤＮＡをずっと持っています。ただ、田中先生や大平先生、竹下先生の時代は経済も人口も成長していた時代で、現在とは異なる部分がありました。

現在は、人口が一年に五十万人も減少し、経済も低成長ですから、地方の重要性は以前とは比較にならないほど高まっているのです。日本においては、地方の一次産業、女性、中小企業など、ポテンシャルがありながら活用されずに来たジャンルがまだ多くあります。かつて地方では、公共事業と企業の誘致で経済をまわせばよかった。公共事業が減少し、企業の誘致が減った現在になってはじめて、地方の重要性が切実感を持って、見直されはじめたところがあるのでしょう」

石破は、さらに語る。

「日本における東京一極集中も、天から降ってきたわけではもちろんなく、国策として選択したものです。いわゆる先進各国を見渡してみても、これだけ一極集中が進んでいるのは、東京とソウルくらい。短期間で経済力をつけるために、意図的に作ったシステムですから、これから変えていけばいい。

経営者のマインドという面もあります。特に経営者が二、三年で替わる慣行のある会社では、自分が社長である間は株価を下げたくない、と短期的に考える場合もあり、そうすると、十年、二十年の長期計画に基づく企業の地方移転は、すぐ業績に直結しないから敬遠されがちになるわけです。

しかしこれからの日本経済は、内需主導、地域分散型にしていくべきです。すでに企業の地方移転に対する税制の優遇措置などが用意されていますが、これをいかに加速化するかを考える必要があると思います」

石橋湛山の「寛容な保守政治」に注目

石破は、石橋湛山元総理の唱えていた「寛容な保守政治」に注目しているという。

そのきっかけは、令和三年四月十四日におこなわれた、石橋湛山が主幹を務めた東洋経済新報社の創立一二五周年の記念シンポジウムだった。

『石橋湛山の65日』の著者の保阪正康の基調講演のあと、『石橋湛山と保守政治』と題したパネルディスカッションが、保阪、石破、元朝日新聞主筆で、現在、一般財団法人アジア・パシフィック・イニシアティブ理事長の船橋洋一の三人によっておこなわれた。

このシンポジウム以来、石破は、石橋湛山についてより深く考えるようになったという。

「一言で言えば、いまこそ見直さなければならない政治家だと思っています」

石橋湛山は、鳩山一郎の引退後の自民党総裁選に当選し、自民党の第二代総裁に就任した。総裁選の一回目の投票では岸信介に敗れながら決選投票で逆転し、劇的な勝利で昭和三十一年十二月二十三日に、総理大臣に就任した。

だが、一カ月後の一月二十五日に軽い脳梗塞で自宅の風呂場で倒れ、二カ月の絶対安静が必要との医師の診断を受けて、退陣した。

自民党本部の総裁応接室には、他の歴代総裁とともに石橋の写真が飾られ、党本部のホールには肖像画があるという。石破自身の石橋との縁はというと、父親の石破二朗が建設事務次官として仕えていたのが石橋湛山内閣だったこと、石破が生まれた昭和三十二年二月四日は石橋内閣の時代だったこと、くらいだ。

石破自身、これまで石橋湛山の思想を体系立てて学んだことはなかったという。

現在の自民党には、岸信介の流れを汲む清和政策研究会（細田派）や、池田勇人の流れを汲む宏池会（岸田派）などの派閥はあるが、石橋湛山の流れを汲むグループは存在しない。

石破は、『月刊日本』２０２１年４月号で中村友哉のインタビューに答えている。

「以前、立憲民主党の枝野幸男代表が『自分は石橋湛山の流れにあると思っている』と言っていましたが、現在の自民党には石橋の思想はほとんど受け継がれておらず、忘れられてしまっているように感じます。しかし、わたしたちが石橋から学ぶべきものはたくさんあります」

その一つは、アメリカに対する姿勢だという。石橋湛山は、戦後、吉田茂内閣で大蔵大臣に任命されると、進駐軍の経費問題をはじめ、GHQの占領政策を厳しく批判した。そのため、アメリカの怒りを買い、公職追放になってしまう。当時の吉田茂からは「狂犬にかまれたと思ってくれ」と言われたようだが、アメリカにとって石橋湛山は非常にやっかいな政治家だったことは間違いない。

石橋が第二代自民党総裁に選出された総裁選も、岸信介との争点はアメリカに対する姿勢だった。

「石橋湛山の思想を現在の安全保障政策に活かすなら、やはりアジア版NATOなのだと思います。アジア版NATOはわたしの昔からの持論で、昨年の自民党総裁選でもこれを提案しました。アジア太平洋地域には日米安全保障条約や米韓安全保障条約、太平洋安全保障条約（ANZUS条約）、台湾関係法などがあり、イギリスもシンガポールやマレーシア、オーストラリア、ニュージーランドと軍事同盟を結んでいます。こうした関係を基礎として緩やかな集団安全保障体制を築いていければ、日米同盟一辺倒にならずに日本の独立と平和を維持していくことができるはずです。もちろんこれには膨大な時間と労力がかかりますが、わたしは不可能なこととは思っていません」

石破は、石橋のアジアに対する姿勢にも学ぶ必要があるという。石橋は中国や満州に「親切心」をもって臨むべきだと論じていた。それによって初めて信頼関係を構築できると考えていたからだ。

「これは今日においても言えることです。昨今の日本では中国脅威論が強くなっており、わたしも中国に対して大きな警戒心を持っていますが、一方でわたしたちは中国から信頼を得るために『親切心』を持って接してきたでしょうか。そのための努力をしてきたでしょうか。中国の膨張主義的行動をけん制するためにこそ、中国と信頼関係を築くための努力はもっと重ねていかなければなりません」

石橋内閣が誕生したとき、国民は石橋総理を「野人宰相」として熱狂的に歓迎した。石破が知る限り、同じように歓迎されたのは田中角栄だという。石橋や田中が支持されたのは、国民としっかり向き合うことで、国民が強い親近感を抱くような政治家だったからだろう。

石橋湛山の思想や路線は、自民党のなかでなぜ埋もれてしまったのか。

「自民党の中で石橋の思想が忘れられてしまったのは、時代状況に合わなかったからだったのかもしれません」

石破は、昭和六十一年に衆議院議員に初当選したが、そのころは中曽根康弘政権から竹下登政権、宇野宗佑政権、海部俊樹政権といったように、政権が目まぐるしく変わっていく時代であった。経済は上り調子で、人口も増えていた。

「日本の調子が良かった時代に、石橋の思想はあまり必要なかったのでしょう。しかし、現在の日本は経済状況も楽観はできず、人口も減っています。国際社会では中国が台頭し、アメリカの力が相対的に低下しています。日本にとっては非常に厳しい時代です。だからこそ石橋の思想を見直す重要性が高まっていると思うのです。自民党には中央政治大学院という教育機関があり、いま学院長を務めているのは、わたしの畏友である中谷元さんです。ですので、中谷さんに相談して、中央政治大学院で石橋の思想を紹介し、若い世代に教えてもらえるようお願いしました。

最近、自民党は政権に復帰してから変質し、名前は同じでもまるで別の政党になってしまったのではないかと言われることがあります。わたしも政権復帰後に幹事長や地方創生担当大臣を務めたので、その責任の一端を担っています。自民党とは何か、保守政治とは何か、こうした問題を考え直すためにも、いまこそわたしたちは石橋湛山に学ぶ必要があります」

安倍総理に果敢に政策論争を挑む

石破茂は、平成三十年の自民党総裁選に出馬し、現職の安倍晋三に果敢に政策論争を挑むなど、安倍元総理に対して、忌憚なく意見を述べた数少ない自民党所属の国会議員の一人であった。

安倍一強と言われる時代が長く続くなか、石破は、党内で孤立を深めたが、率直な批判をやめることはなかった。かつて自民党が派閥間での激しい権力闘争に明け暮れていた時代には、石破のような議員も珍しくはなかった。だが、最近では表立って執行部の方針を批判したり、政策論争を挑む議員はほとんどいなくなった。石破の他には、村上誠一郎ら数人であろう。その理由は何か。石破が語る。

「小選挙区制という選挙制度の変化もありますが、大臣になること自体が目的となり、一度は何かの大臣になれればいい、というような議員が多いのかもしれないと思います。逆らわない、意見を言わない、当選回数を重ねてひたすら入閣がまわってくる順番を待つ。そうであれば、何も言わない方が得という判断になるのかもしれません」

石破は、昭和六十一年の衆院選で初当選以来、連続当選を重ねている。

そのうち、初当選から三回の選挙は、現在とは異なる中選挙区での選挙だった。

当時、石破が出馬した定数四の鳥取県全県区には、石破を含めて自民党から三人の候補者が出馬していた。

そのため、現在のような自民党対野党という構図ではなく、同じ自民党の候補者どうしで保守系の有権者の票を奪い合う激しい選挙戦が繰り広げられた。石破が当時を振り返って語る。

「中選挙区時代は、同じ自民党の候補者どうしで競っているため、有権者への説明も丁寧でした。消費税導入の前後など、厳しい逆風の選挙では、説明能力がないと当選することが難しかったように思います。竹下内閣が消費税を導入したのは、今から三十年以上も前のことですが、当時、わたしは、五人、十人規模の小集会をたびたび開催し、来てくれた方たちに『消費税がなぜ必要なのか』についてできるだけ丁寧に説明しました。中選挙区制のもと、党内での争いが激しい自民党の候補者はなによりも政治家として磨かれましたし、個人として有権者の支持を受けて選ばれたという意識も強かった。これに比べると、現在の小選挙区制は、各選挙区に自民党の候補者はひとりですから、政党どうしの対決色が強まり、候補者も『悪夢のような民主党政権』、『立憲共産党』などと野党への批判を叫んでいれば当選できるようになってしまったのではないでしょうか。そうだとすれば、結果的には候補者が磨かれることがなくなっているのかもしれません」

石破は、若手議員の頃、志を同じくする議員たちとともに、政治改革を訴えて、積極的に行動していた。当時を振り返って語る。

「当選回数の浅い自分たちで会費を出して、赤坂に事務所を構えて、毎晩夜の八時くらいに集まって、侃々諤々『日本は本当にこれでいいのか』と執行部批判も辞さない活発な議論を重ねていました。当時を振り返ってみて、よくあんなことができたなと思います。派閥も完全に横断で、様々な派閥の若手が集まっていた。そういう雰囲気やエネルギーは、残念ながら今の自民党にはどこにもありません」

安倍総理の演説に違和感

石破は、実は安倍元総理の演説に違和感を感じたことがあった。

平成十八年九月、小泉純一郎総理の後継を争う自民党総裁選がおこなわれた。

立候補したのは、安倍晋三、麻生太郎、谷垣禎一の三名。

当時、自民党鳥取県連会長だった石破は、鳥取県の代議員たちとともに、中国地方の演説会場であった広島市に向かった。三人が立候補したとはいえ、小泉の支持をはじめ、党内の幅広い支持を集めていた安倍の勝利はすでに揺るぎないものであった。

石破も安倍が勝利すると見ていたが、それでも演説を聞いて、自らの票を投じる相手を決めようと思っていた。だが、安倍の演説は、石破の心に響くことはなかった。滔々と流暢に言葉は流れていくが、言葉は右から左へと抜けていく。残念ながら石破の心に押し迫ってくるものはなかった。

そして、石破がその時抱いた安倍の演説への印象はその後も変わることはなかったという。

「安倍さんの演説には、政治に対する姿勢の違いのようなものを感じることが多かったように思います。谷垣禎一さんや高村正彦さん、渡辺美智雄さんは、演説の内容はもちろん、聴衆を惹きつける話術も素晴らしかった。竹下登さんも話はけっして上手な方ではありませんでしたが、心に残るものがありました」


戦争を主導した岸信介と現場を体験した石破二朗の違い

財務大臣などを歴任し、田中角栄との関係も深かった藤井裕久は、かつて次のように発言し、警鐘を鳴らしていた。

「あの戦争に行った人たちが社会の中心にいる間は日本は大丈夫だ。そういう人がいなくなって、戦争に行ったことがない人が社会の中心になった時が怖い」

石破は、近年、藤井が遺したこの言葉をよく思い出すという。

「田中角栄先生も、中曽根康弘先生も、渡辺美智雄先生も、竹下登先生も、実際に戦地で弾を撃って戦ったかどうかは別として、徴兵されて、兵隊として戦争に行っています。麻生太郎さん、高村正彦さん、二階俊博さんも、従軍経験こそありませんが、戦後の食うや食わずの貧しい時代を経験しています」

いっぽう安倍は、麻生や二階より一回り以上も若く、昭和二十九年生まれだ。

安倍が物心ついたころには、すでに日本は経済が上向きになりだしていた。

石破は、安倍の思想に祖父である岸信介の与えた影響を見る。

「安倍さんが生まれて物心ついた頃は復権した岸さんが政治家として活躍していた時代です。岸さんは、戦前から政治家ですから、兵隊として戦争に従軍した経験はない。実際の戦争体験が安倍さんに継承されることはなかったんじゃないでしょうか」

石破は、安倍より三歳下の昭和三十二年生まれだ。石破の父親の石破二朗は、元々、内務官僚で、鳥取県知事や参議院議員を務めたが、戦争中は陸軍司政官としてインドネシアのスマトラ島に赴任したこともあった。

「わたしの父から直接、戦争の話を聞いたことはありませんでしたが、わたしが中学生になると、吉村昭の『零式戦闘機』や『戦艦武蔵』、あるいは吉田満の『戦艦大和ノ最後』などの小説を読むように勧めてくれました。どの作品も、正面からの反戦文学ではありませんが、根底には反戦思想が流れていた。自分なりにそれらの本を読んで、父にそういう思いがあるのかな、と想像したこともあります」

石破二朗は、敗戦の混乱をスマトラ島で体験している。

「わたしの父親は、我先にと日本に逃げようとする人がたくさんいるなかで、現地にとどまり、二年近く抑留されました。裁判にかけられることはなく復員できましたが、その時に父の死生観は変化していると思うんです」

石破二朗は、昭和四十七年五月に復員し、内務省に復帰。その後は、占領軍の調達業務を担う特別調達庁で働き、建設省に転じ、建設事務次官を務めるようになる。石破が父親について語る。

「父は昭和天皇の崇拝論者で『天皇陛下ほど、個人として誇りに思う人はいない』と常々言っていました。父が戦前、北海道庁の拓殖部長として大演習に参加した際、寒風吹きすさぶなか微動だにせずに大演習を閲兵される昭和天皇の姿を見て、感銘を受けたようでした。父には、天皇崇拝論者、改革官僚、反軍思想を秘めた内務官僚など、様々な面があったと思います」

石破二朗は、昭和三十三年から昭和四十九年まで四期十六年にわたり、鳥取県知事を務めている。

その当時、鳥取県では、青年団や県の教職員たちに対して、海外研修を実施していた。行き先は当時、アメリカと激しく対立していた社会主義国のソビエト連邦であった。

石破二朗は、ソ連に研修団が出発するたびに彼らを前にして言ったという。

「共産主義はたしかに素晴らしい考えだ。しかし、それを人間が実行しようとすると、どれだけ悲惨なことになるか。君らは、ソ連に行き、その現実を見てきてほしい」

実際に戦地に赴き悲惨な現場を体験した石破二朗と、戦争を主導した指導者のひとりである岸信介。

石破は思う。

〈この二人の体験の差こそ、自分と安倍元総理の思想の違いなのかもしれない〉

石破二朗が建設事務次官の時、次のようなことがあった。

部下が「終戦後〇〇年」と記載してある文書への決裁を求めて、二朗の元に持ってきた時、二朗は怒った。

「君、終戦という表現はどういうことか」

部下が「戦争が終わったから終戦ではありませんか」と反論すると、二朗はさらに怒って言ったという。

「日本は戦争に負けたのだから、敗戦後とちゃんと書け。撤退を転進とか、そういうふうに言葉の誤魔化しをやるから間違えるんだ。物事の本質を間違えてはいけない」

石破二朗は、太平洋戦争時に大本営がたびたび戦果を歪曲して伝えたことが日本を敗戦に導いたという強い思いを持っているようであった。石破は語る。

「父は、戦時中の日本政府の体質をそのように批判的に見ているところがあったんでしょうね。岸さんから戦争を肯定的にみる部分を受け継いだ安倍さん、父親から否定的に見る部分を受け継いだわたし。そういうところの価値観も違ったのかなと思います」

石破茂は、平成二十六年九月の内閣改造で幹事長を退任し、内閣府特命担当大臣に就任した。

この時、安倍は、内閣改造と党役員人事を実施するにあたって、石破に平和安全法制を担当する防衛大臣への就任を要請していた。が、石破は、安倍との安保観の違いなどを理由にその要請を断っている。

「当時、安倍さんから『石破さん、副総理兼任で、防衛大臣をやってくれないか』という話をいただいたんです。『麻生副総理がいらっしゃるのに、そういうわけにはいきません』とお断りしました。安倍総理は平和安全法制の制定にあたって、国会で答弁できる大臣として選んでくださったのかもしれません。ですが、わたしは日本を真の独立主権国家にすることが政治家としての仕事だと思っていますから、集団的自衛権を限定的にしか認めない平和安全法制には賛同できませんとお伝えし、お断りしました。わたしは現行憲法のもとでも集団的自衛権は国連憲章で定められている通りに行使できると考えているので、その通りに答弁してしまえば閣内不一致となりますし、そこを枉《ま》げると、政治家としての自分を偽ることになってしまいます。

だからわたしは安倍総理に『集団的自衛権については、『憲法上、これ以上は認められない』とおっしゃらないでください。『安倍内閣としては認められない』とおっしゃっていただければお受けできます』と申し上げました。ですが、『そんなことは出来ない。それを主張するのは、あなたが総理大臣になってからやればいい』とおっしゃって、物別れに終わってしまいました」

安倍外交とアベノミクスの検証をすべき

安倍元総理は凶弾に倒れる以前、日本の防衛費をGDP比で2%まで増大させるように訴えていた。岸田政権は、今回、安倍の主張をなぞるかのように防衛費の増額を決めた。

石破はこれをどう見たのか。

「わたしが初めて衆院選に挑戦した時も、中曽根内閣による防衛費の対GNP比1%枠の突破が争点になっていました。マスコミが実施する候補者アンケートで、どう思うかと問われました。その時、わたしは『1%枠について議論すること自体にまったく意味はない』と言いました。日本の周辺状況が厳しければ、高くする必要があるし、安定していれば、低いままでもいい。当時、二十九歳のわたしは、対GNP比を物差しにして考えること自体がナンセンスだと思っていました。今もその考えに変化はありません。『NATO加盟各国と同様の2%に引き上げよう』というのも、ウクライナへの侵攻を開始したロシアの脅威を念頭に入れたものですが、そもそもNATO加盟各国と日本では安全保障の前提条件がまったく違う。その部分について一切論じず、NATO加盟各国と同じ水準にしよう、というのは論理の飛躍を感じざるをえません」

中国と台湾の緊張関係を念頭にした議論もあるが、石破自身、令和四年七月には浜田靖一元防衛大臣らとともに訪台していた。

「蔡英文台湾総統をはじめ、議長や国防大臣など、政府首脳に会いました。それ以来、中台情勢についても勉強を重ねましたが、陸続きのウクライナ相手にロシアが非常に苦戦している状況や、台湾島を攻略することの困難さを考えると、中国の台湾侵攻の実現可能性には疑問があります。台湾島の沿岸部は九割が断崖絶壁で上陸できるような適地は一割ほど。その一割に台湾の軍隊が待ち構えているわけですから、それを成功させることは相当難しいはずです。攻める方は守る方の五倍の戦力が当たり前と言われますし、それなりの被害も覚悟しないといけませんから」

令和四年八月、アメリカのペロシ下院議長は、中国を牽制するために、アメリカ空軍を引き連れて、訪台をおこなった。

「圧倒的な空軍力を見せつけられた中国は屈辱を味わったわけですが、台湾有事がどんな時に起きるのか、その研究分析は必要です。それと、台湾へのシンパシーから台湾有事イコール日本有事と考える人も多いですが、軍事合理性から、中国の台湾侵攻がどれほど現実的なものかも考えないといけません。独裁国家である中国にとって、一番大事なものは共産党の一党支配。その次が自国の領域の維持と拡大。国民の幸せは三番目なんです。中国はここ三十年、右肩上がりの経済成長を遂げてきましたが、これから先は、人口減や、貧富の差の拡大などの問題が深刻化していきます。糖尿病予備軍が二億五千万人もいると言われており、医療問題も深刻化するでしょう。現在でも、中国では暴動などが頻繁に起きていて、中国共産党の私兵である人民解放軍が抑えています。共産党が恐れているのは、天安門事件や香港の独立運動のような学生・知識人のデモではなく、生活に不満を感じた一般市民の反乱です。中国は国民の不満の目をそらすために海外進出を企図することがありますから、台湾侵攻が難しいとなると、矛先を尖閣諸島へと向けることもあるでしょう。その時に、アメリカが日米安全保障条約の対象と見なして軍事行動を起こすかどうかは不透明です。もし『尖閣諸島をめぐって、日本のために中国とわざわざ戦争する必要はない』とアメリカが判断した時にどうするか。中国は尖閣諸島だけでも確保できれば、国内向けには大戦果として宣伝することができるわけですから、そういうケースこそ優先して検討すべきです。基本的には尖閣諸島は我が国が自力で守らなければならないのです。防衛費の増額を決める前に、こういうことについて、国民に議論を示すべきだったのではないでしょうか」

石破は、第二次安倍政権時代から、アベノミクスや、安倍外交について、その問題点を指摘し、率直な批判をおこなってきた。

「アベノミクスについては、当時、二年間でマネタリーベースを二倍にして、二パーセントの物価上昇を実現すると言っていました。それによって景気が良くなり、物価が上がると。景気が良くなったからインフレが起こるということはありますが、インフレになったから景気が良くなるという理論は聞いたことがありませんでした。壮大な実験とも言えますが、実際にどれだけの効果があったのか。その検証をしないままになっている。さらに、外交においても、ロシアとウクライナの関係をそのまま中国と台湾の関係に置き換えたような議論がありますが、少し乱暴です。安倍外交やアベノミクスの検証をすることが、次の時代のための政策を示すことにつながると思っています」

水月会「派閥」から「議員グループ」に後退

石破率いる水月会は、現在、派閥ではなく、掛け持ち可能な議員グループとして存続している。

令和四年十二月一日に開催された勉強会では、石破自らが講師を務め、二十人以上の議員が集まった。その後も、水月会には、石破の他に、衆議院議員の平将明、赤沢亮正、冨樫博之、田所嘉徳、門山宏哲、八木哲也、参議院議員の舞立昇治、藤井一博が顔を出している。石破が水月会の今後について語る。

「政治団体としては継続していますから、現在のような勉強会は続けていきますが、また派閥に戻すのかどうか、そのあたりのことはわかりません」


石破は、内閣支持率が低下するたびに内閣を支えようとせず、変えるべきだという意見には否定的だ。

「菅政権末期にも菅さんの再選に否定的な意見が党内で高まりましたが、わたしは、一年前に自分たちで菅さんを選んでおきながら、衆院選が近くなったからといって『菅総理辞めろ』と言い始めるとは何事だ、という思いがありました。だから、その時は、菅さんを支え切りたいと思っていました。岸田さんについても一緒で、党員の支持は河野さんが多かったにもかかわらず、岸田さんを選んでいるわけですから、国会議員にはその責任があり、今の内閣を支える義務があると思っています」


石破は、その当時、自民党の総務会に出席する総務を務めている。総務は経験豊富なベテランが務めることが多かったが、最近は若手もメンバーとなっている。総務会は、自民党において、党大会、両院議員総会に次ぐ平時の最高意思決定機関である。

「持ちまわりで中国地方選出の総務に久しぶりになりました。総務会は、毎週火曜日と金曜日に開かれる予定なのですが、最近はあまり総務会が開かれないのです。遠藤利明総務会長がそのようにお決めになっているわけではないと思いますが、もしかすると折に触れて意見するわたしが煙たいと思われているのかもしれませんね」

安倍銃撃事件で自民党と統一教会の闇が明らかに

令和三年十月の衆院選、令和四年七月の参院選と二つの国政選挙を乗りこえてきた岸田政権だが、参院選の期間中に安倍晋三元総理の銃撃事件が起き、自民党と統一教会の関係が明らかになって以降、支持率は低迷する一方だ。

令和四年八月の内閣改造も、その後、閣僚の不祥事や失言が続出し、三大臣が交代する事態となった。

石破は、岸田政権をどう見ているのか。

「国民から見ると、岸田総理が何をしたいのかが伝わっていないのではないでしょうか。安倍さん、菅さんと強権的なイメージのある政権が続いたこともあって、国民には、癒し系を求めるような気持ちがあり、それが岸田さんの印象とマッチした、と言われていますが、そういったところがあったのではないかと思います。岸田総理の控えめな雰囲気が受けたというところでしょうか。ですが、「何もしない」といった批判を受けてなのか、徐々に強権的な決断が目立つようになって、安倍元総理の国葬や、内閣改造の前倒しなど、国民の共感を得られなくなってきたのではないでしょうか。岸田総理に癒しを求めていた国民からすると、『わたしたちが求めていたのはこれじゃない』という気持ちになっていってしまったのかもしれません」

総裁選に出馬せず河野太郎を支援

令和三年九月の総裁選で、石破茂は、自らは出馬せず河野太郎の支持を表明した。

河野は、党員票では一位となる一六九票だったが、議員票が八六票と伸びず、合計で二五五票。党員票一一〇票、議員票一四六票の合計二五六票で一位だった岸田に次ぐ二位となった。

決選投票では岸田が議員票二四九票、地方票八票の合計二五七票、河野が議員票一三一票、地方票三九票の合計一七〇票であった。石破は、今後、どのように動くのか。次の総裁選でも河野支持で動くのか。

「国会議員として議席をいただいて三十六年になりますが、わたしは、政権というものは、総理や幹事長をはじめとする党の体制、主要閣僚の総体だと思っています。総理が誰であってもいいわけではもちろんありませんが、総理が誰であるのかと同時に、同じくらいそれを支える体制が大切なんです。昨年の総裁選で河野さんを推した責任はあると思っていますから、河野さんが総理になった時には支えていこうと思います。ただ、選択肢の一つとして自分が総裁選に出馬することを否定することはありません」

岸田政権は、統一教会の問題に対して、被害者救済を目的とする法案を制定した。今後、統一教会の宗教法人格をはく奪するかどうかも焦点になると見られていた。

石破はこの問題をどのように見ていたのか。

「宗教法人は世の中の役に立つから公益法人として遇され、特権がある。宗教法人ではなくなったとしても、宗教団体としての心のよりどころを否定するものではありません。だから、宗教法人、公益法人として公の特権を享受するべき存在なのか、という点から考えないといけません。信者からの四千億円もの献金の一部は、統一教会経由で北朝鮮にもわたっていて、ミサイル開発に使われているという話もあります。今回の法案も、今後、被害者救済のための法案として実効性が上がるように運用していく必要があります」

石破は、政治家として多くの総理大臣の謦咳《けいがい》に接してきた。

「わたしは、小泉内閣で防衛庁長官として初入閣したこともあり、小泉さんがいなければ今のわたしはいないと思っています。それと福田康夫さんにも心服しています。

竹下登さんにも本当に恩義があります。わたしが自民党に復党する時、竹下さんはわたしの復党に否定的だった鳥取の県会議員全員にわざわざ電話をして、『石破のことを頼む』と言ってくれました。田中角栄先生も、恩義があるどころか、何よりもこの人がいないと自分が政治家になるわけがなかった」

かつて四度、総裁選に出馬した経験がある石破だが、今後、さらなる動きはあるのか。

令和四年十二月に朝日新聞が実施した世論調査では、岸田総理の次の総理に誰がふさわしいかという質問で、一位の河野太郎の二四％に次いで、石破は二位となる一五％を獲得している。他に総裁選出馬が有力視されている九％の高市早苗、六％の菅義偉、二％の林芳正と茂木敏充に比べて、国民が石破に高い期待を寄せていることがわかる。石破は語る。

「ずっと昔から言っていることですが、議員であることも、閣僚であることも、総理であることも、手段であって、目的ではない。どんな目的を達成するために、国会議員になり、大臣になり、総理大臣になるのか。やはり、それが一番大事だとわたしは今でも思っています」

岸田総理の宏池会解散の衝撃

安倍派（清和政策研究会）の政治資金パーティーのキックバック問題に関する東京地検特捜部の捜査が進むなか、岸田政権は、再発防止策や派閥のあり方などを協議するために政治刷新本部を設置した。

本部長を岸田が務め、菅義偉と麻生太郎の二人の総理大臣経験者が最高顧問となり、令和六年一月十一日には初会合が開かれた。さらに令和六年一月十八日には、岸田文雄総理が宏池会の解散に言及、翌十九日には、二階俊博が会長を務める志帥会や、キックバック問題に揺れる清和政策研究会も解散を決めた。

衆議院議員の石破茂は、一九八〇年代後半の若手議員時代、政治改革を訴える議員たちの集まりである「ユートピア政治研究会」に結成メンバーとして参加し、政治改革への提言を取りまとめた。

石破は今回のキックバック問題をどう見ているのか。

「カネに左右されない政治を作るため、おカネの流れを見える化しようということで政治資金規正法を作ったわけですから、記載をしていなかったらそもそも意味がありません。この問題は、まずは不記載ということに発端があります」

石破が参加した「ユートピア政治研究会」が結成されたのは、竹下登内閣時代に発覚し、多くの政治家や官僚の関与が明らかになったリクルート事件が起きたからだった。

そのリクルート事件について、自民党の国会対策委員会で当時、一年生議員で、のちに官房長官や大蔵大臣などを歴任する武村正義が質問をしたことがきっかけとなる。

「事件の真相究明をマスコミや司法当局だけにまかせておいていいのか。自民党自らも調査に乗り出して、政治とカネのあり方を総括し、真剣に具体的な対策に取り組むべきではありませんか」

この武村の発言は党内で波紋を呼ぶ。

だが、その日の夕刻、武村は鈴木恒夫から「この問題について何人かで集まって議論しよう」と電話を受けた。翌日には鳩山由紀夫と三原朝彦が武村の部屋を訪ねて賛同した。

「昨日の発言は勇気のある発言だった。自民党がリクルート事件の全容解明にとりくまなければ、われわれ若手が中心になって調査していこう」

そして、昭和六十三年九月二日、座長格に武村正義を据えて、昭和六十一年の初当選組の若手議員により政策勉強会「ユートピア政治研究会」が結成された。

結成時のメンバーは武村のほかに、石破、三原、鳩山、鈴木、杉浦正健、渡海紀三朗、小川元、井出正一、金子一義の十名で、みな当選回数の浅い若手議員ばかりだった。

この研究会の最大のテーマは「政治とカネ」であり、「どうすれば汚職のない政治が実現できるか」であった。その後、ユートピア政治研究会は九回にわたり、学者や官僚、後藤田正晴党選挙制度調査会長らを講師に勉強会を開き、この年の十二月十六日に、中間報告の形で「政治改革への提言」をまとめ、安倍晋太郎幹事長ら党三役に提出した。

「政治改革への提言」では、比例代表制を加味した小選挙区制の導入の研究や、衆議院の定数是正、選挙の公営化、議員活動を保障するために事務所の維持費や秘書の人件費などの基礎活動費を国庫で負担する制度の創設、政治資金パーティーを政治団体による開催に限定し収支を公開すること、政治家の資産公開の制度化などに言及し、のちの政治改革の議論の端緒となっている。

この提言は、平成四年の宮澤喜一内閣で、政治資金パーティーに関する規制、政治団体の資産公開、政治資金の運用の制限などが新設された政治資金規正法改正へと繋がっていく。

彼らの動きは、九〇年代前半の日本の政界を彩る政治改革運動となり、結果的に平成五年の細川護熙連立政権誕生への嚆矢となっていった。

石破は参加しなかったが、武村や鳩山ら「ユートピア政治研究会」のメンバーの多くは、新党さきがけを結党する。石破は当時を振り返って語る。

「あの頃わたしたちが目指したのは、カネに左右されない政治を作りたいということでした。年表を見るとわかりますが、当時は、天安門事件やベルリンの壁の崩壊など大激動の時代。世界がそれだけ変動しているなか、日本の政治は本当にこのままでいいのか、という問題意識がありました」

「ユートピア政治研究会」に集った議員たちには特徴があった。石破も含めて圧倒的に世襲議員が多かったのだ。

「わたしにしても、三原さん、渡海さん、鳩山さん、園田（博之）さんも二世。やはり、二世議員であるがゆえに、知名度もあり、親の信用もあって、スタート時点から圧倒的に優位だったという自覚がありました。だからこそ、二世じゃなくても、お金持ちじゃなくても、官僚出身じゃなくても、タレントじゃなくても、党の力で議員になれる制度として、小選挙区制を目指したのです」

このとき、石破たちの若手の動きを支援してくれたのが大ベテランの伊東正義と後藤田正晴の二人だった。二人とも官僚出身の硬骨漢で、政治改革に非常に熱心だった。総理大臣だった竹下登も、表立って動くことこそなかったが、彼ら若手の動きを見守ってくれていた。石破によると、この竹下の緩やかな庇護も、運動の大きな力になったという。

「小選挙区制にすると党本部と官邸の言うことしか聞かぬ議員ばかり」

議論が続く中で、争点は徐々に選挙制度改革へと絞られていった。

当時の中選挙区制度では、一つの選挙区から複数人が当選する。与党である自民党は当然できるだけ多くの議員を当選させたいので、自民党から複数人の候補者を出すのが当たり前だった。なかには定数四人の選挙区で自民党候補者四人、ということすらあった。その複数候補者を送り込むのが各派閥の役割だった。同じ自民党から選出されたライバル同士という関係では、政策内容で競うことはできない。そのため、議員の日常活動は集票を重視した、地元の有権者の御用聞き競争にならざるをえなかった。

こういった中選挙区制度の下で三回の選挙を戦った石破は、同じ政党の候補者どうしで擦り切れるように争わざるをえないこの制度に矛盾を感じていた。同じ選挙区から同じ政党の候補者は一人ずつしか出ない小選挙区制にすれば、票にもカネにもならないと言われた憲法、外交や安全保障、財政問題など、天下国家の大事を論じることができる、と考えていた。

石破は、小選挙区の導入に向けて、必死に活動した。そんな中、小選挙区制に反対し「守旧派」などと呼ばれていた小泉純一郎は、改革派の若手にこう言ったという。

「お前らなあ、こんな制度にしてみろ、党本部と首相官邸の言うことしか聞かない議員ばかりになるぞ」

当時、改革派議員はこれに反論し、「党本部や官邸がおかしなことを言ったら、きちんと反論するのが自民党議員だ」と主張したが、残念ながらその予言は正しかったのではないか、と石破は思っている。

今、中選挙区時代に比べて、党の執行部に表立って反論するような議員はほとんどいない。小選挙区の導入により、官邸や党本部の権限が強まり、多くの議員がその顔色をうかがわざるをえなくなったのだ。

ちなみに、小選挙区に反対していた小泉は、のちに総理となるとその制度を最大限利用して、郵政選挙に圧勝している。

しかも、天下国家の大事を堂々と論じられるようになったかといえば、それも疑問なしとしないという。

「現在の自民党を見渡して、憲法、外交、安全保障、財政などについて侃々諤々の大激論がおこなわれているかというと、なかなかそうは言い難い。例えば安倍総理の頃、突如として『加憲案』（憲法九条一項二項はそのままで三項に自衛隊を明記するという案）が取りざたされた時も、今までの党内議論を全部無効にするのか、というあるべき議論はあまりなかった。その時はかなり愕然としました」

菅や小泉進次郎は派閥の解消を訴える

政治刷新本部での議論では派閥の是非も争点となっている。菅義偉や小泉進次郎は派閥の解体を訴えている。石破自身もかつては自らを会長とする派閥「水月会」を平成二十七年九月に立ち上げ、令和三年十二月に政策グループに変更するまで六年ほど活動していた。

「わたしが水月会を同志の方々と発足させるにあたっては、政策を披露できる強い集団でありたい、という思いがありました。発足から一年後には、所属議員による政策集を出しましたし、メンバーも論客ぞろいで現在も要職に就いて、第一線で活動しています」

水月会に所属していた議員は、齊藤健経済産業大臣や、田村憲久元厚生労働大臣など、政策通と言われる議員が多かった。

また、選挙にも強くありたい、という思いがあった。

派閥結成後、最初におこなわれた平成二十九年の衆院選では全員当選を果たした。

石破も会長として派閥の候補者たちの元を必死に応援にまわった。

しかし、そんな水月会も派閥として続いたのは六年ほどだった。石破は語る。

「会長としてのわたしの不徳のいたすところです。振り返ってみると、やはり、政策の研究や選挙の支援だけでなく、それぞれの議員に活躍できるポストが来るかどうかも重要だったのだと思います。わたしが派閥から政策グループへの変更を望んだのも、どんなに優秀な議員でも石破派にいると大臣になれないという現状があったのを見るにしのびなかったというのがあります」

水月会が活動していた期間は、第二次安倍政権時代。石破が平成三十年の総裁選に出馬したこともあって、総理大臣の安倍に睨まれた石破派は徹底して冷遇されてしまった。

菅義偉や小泉進次郎は、派閥の解消を唱えている。

しかし、派閥には選挙互助会的な部分もある。菅や小泉のような選挙の強い議員ならまだしも、選挙に弱く派閥の支援を必要としている議員も多いのが実態だ。

小泉進次郎は、自民党が大敗した平成二十一年の衆院選で初当選を飾っている。この選挙で当選した自民党の新人は少なく、小泉の他には、伊東良孝、齊藤健、橘慶一郎だけであった。

令和六年一月十八日に岸田総理が宏池会の解散に言及すると、翌十九日には二階俊博率いる志帥会と清和政策研究会も解散を決めた。

石破自身は、派閥が担っていた機能を党にどう移すかがポイントだろうと思っている。

「派閥が担っていた選挙支援の要素については、わたしも幹事長を拝命していた時、党本部で代替できないかを考えたことがあります。党として北海道から沖縄まで日本全土をきちっと見るというのも悪くはないと思うんです」

石破は、幹事長時代、党本部主導の選挙体制が構築できないか、模索していた。

「幹事長を二年務めた間、自民党全体を選挙に強かった旧田中派のようにできないだろうか、という思いがありました。党のシステムとして候補者の面倒をみる体制をつくりたいと思ったんです」

幹事長時代、石破は選挙に徹底的にこだわった。石破がまず力を入れたのが、政権奪還以降はじめての大きな選挙となった平成二十五年の東京都議会議員選挙だ。都議選は全国の選挙のトレンドを占う選挙と言われている。自民党が政権から転落した時も、その直前の平成二十一年七月の都議会議員選挙で大敗していた。石破は平成二十五年の東京都議会議員選挙において、五十九人の候補者全員の勝利を目標とした。

派手な都市型選挙のイメージがある都議選だが、実際に手がけてみると実態は違った。各地の地方選挙と大差なく、地道に一票を積み上げていくことが何よりも重要だとわかった。

「都市部は新住民がたくさんいますが、やはり選挙活動のコアとなるのは地元の後援会。選挙の基本は、どこでも一緒だなと思いました」

石破は世論調査の動向を見ながら、最後の三日間、劣勢の候補者や、当落線上の候補者のところだけを重点的にまわることにした。この時、人の多いターミナル駅などでの街頭演説ではなく、地域のコアな支持者を集めた小集会やローカルな駅での集客なしの演説などをおこなう戦術を採用した。

石破は、候補者の地元の地域に支持者を集めて、彼らにもう一度奮起してもらうように呼びかけた。

「地盤となっている地域の中核の人たちを集めて、『あなたたちだけが頼りなんだ。なんとか押し上げてほしい』と徹底してお願いしました」

石破の作戦は見事的中。自民党はこの選挙で五十九人の全員当選という歴史的な勝利をおさめた。

石破は、平成二十七年四月、伊豆大島町の町長選挙にも応援に行った。前回の選挙で保守乱立の合い間を縫って、共産党の支持を受けた候補者が当選していたため、自民党推薦の候補者の三辻利弘は現職に挑む形であった。石破は、現地に着くと、半日選挙カーに乗り、大島町のあらゆる集落をまわった。それが石破の選挙のやり方であった。伊豆大島町では各集落で独自の焼酎を作っていて、それぞれに特徴がある。

石破は、集落ごとに地元の焼酎の蔵元の名前を憶えて盛り込んだ。この選挙も見事に三辻が勝利した。

石破は語る。

「国政選挙であれ、地方選挙であれ、プロの選挙集団と言える機能を党本部に作りたかった。木曜クラブ（田中派）に昭和五十八年の三月から五十九年の九月まで一年半、末端職員として在籍して学んだ選挙ノウハウのすべてを、なんとか自民党全体で共有できるようにしたかった。党本部が全ての選挙の面倒を見ることは出来ないという意見もありますが、むしろそのためのヒト・モノ・カネを準備して体制を整える、ということではないでしょうか」

石破は幹事長時代に、当選回数の若い議員たちを対象に、「選挙必勝塾」も開催していた。

「二世議員、官僚出身の議員、地方議員出身の議員、大別するとこの三つになりますが、それぞれの特性に応じた選挙のやり方を教えていました」

石破自身、それまでの選挙の経験を通じて、気が付いたことがたくさんあった。それを共有財産として自民党の後輩たちに伝えるための仕組みをつくろうとしたが、自身が幹事長の間に制度化することはできなかった。

「派閥を廃止するならば、派閥が担ってきた機能を党で担えるような仕組みづくりをしないと。今なら逆に仕組みづくりができるのではないかと思います」

石破は、令和五年十二月十一日夜、ＢＳフジの「プライムニュース」に出演した。

キャスターの反町理から、自民党の裏金問題への岸田総理の対応を問われた際、石破は発言した。

「総理がご自身でお決めになること。一般論として、辞めない、総辞職、解散、という選択肢がある。その中で、来年度予算案が成立したら辞めるということも、国民に判断してもらおうと衆議院を解散するのも、責任の取り方かもしれない」

この発言は、岸田総理の辞任に言及した発言としてメディアで話題になった。

しかし、これは総理の責任の取り方のかたちについて質問されて、衆議院解散や、そのまま続投する場合と並び、一つの例として予算可決後の総辞職を挙げただけだった。

「わたしはかつて竹下さんが予算成立直後に辞任したことに感銘を受けていましたから、そのことが頭にあったんです。例として話しただけなのに、辞任するべきと言ったかのように取り上げられてしまった。警戒心が薄かったですね」

国会図書館の議員専用エリアに石破以外の姿無し

選挙の他に派閥が補完すべき機能といえば、議員の政策立案能力を向上させるというものだろう。

しかし、それも党の政調会で代用することはできると石破は考える。

「わたしたちの若い頃は外交部会なら外交部会、農林部会なら農林部会、どの部会でも良いけれど、若い議員でも見識のある発言をしていれば、誰かが注目してくれた。わたしは今、水産総合調査会長を務めているので、水産分野において議員たちが関心を持ちそうなテーマで勉強会を続けるようにしています」

石破が自民党の政調について語る。

「政務調査会は、政治家が官僚たちを面罵する場ではなく、議員たちが自分たちで考えて、自分たちで議論して、官僚に提示していく機能を強化する場所。同じ政治改革の夢を共有した渡海政調会長は、政調に関してもそういう意識を持っていると思うので期待しています」

しかし、その一方で石破は、国会議員個々人の政策研究の質について多少危惧するところがあるという。石破は、国会図書館の議員専用エリアに足を運ぶことが多い。新聞や論文など専門的な書籍・雑誌がここでは短時間で揃い、ゆっくりと目を通すためのスペースもある。

「議員専用エリアには個室が二十ほどあるんですが、ここ数年、自分以外の議員を見かけることはほとんどない。二十年くらい前までは、加藤紘一さんをはじめ、とても熱心に勉強されている議員がたくさんいました。自ら政策を磨こうとする議員が減っているのだとすると、それは危機的なことかもしれません」

東京で暮らすストレスから人々を解放へ

石破は、これからの日本の政治にとって何が必要だと思っているのか。

「成長と分配の好循環と言われますが、現在の日本はそれが起きにくくなっている。まずその部分に目を向けなければいけません。日本は少子化が問題とされていますが、日本よりも出生率が低く、人口減少に苦しむ韓国や台湾、シンガポールは経済成長しているのです」

日本はここ三十年、労働者の賃金上昇が非常に少ない悪循環に陥っている。石破は、平成三十年の総裁選に出馬し、現職の安倍晋三と一騎打ちで争った際に、この問題について論争をした。

「わたしは、労働分配率の低さに言及し、労働分配率を上げていかない限り日本経済は良くならないと言いました。安倍総理はこれに対し、珍しくかなり強い口調で、経済が回復する時は、一次的に労働分配率が下がるとおっしゃっていました」

共産党は、自民党政権に対して、大企業と資本家のために政治をしていると批判する。石破は、ずっとこれに反発してきた。

「自民党は、共産主義など特定の思想や信条を持たれた方々以外の、「その他大勢」の受け皿としての国民政党です。だから共産党の批判は当たらない、むしろ中小零細企業の経営者や一次産業の従事者には自民党支持が多い、とわたしはずっと言ってきましたが、この十年ほどの統計の変化を見ると、最近は共産党の批判にも一理あるような状況になっているのかもしれないと思っています。大企業は豊かになり、一億円以上五億円未満の金融資産を持つ富裕層はこの数年で三倍くらいに増えている。一方で、金融資産がゼロの人も凄く増えている。格差が拡大し、史上空前の利益をあげている企業がたくさんあるわけです」

石破はアベノミクスの問題を指摘する。

「ゼロ金利政策と円安誘導、法人税減税、この三点セットを続けて、一部の企業は大きく恩恵を被ったが、日本経済全体として思ったような成長ができなかったのは、三本の矢の最後、構造改革や規制改革のところに踏み込まなかったからでしょう。日本経済の停滞は、新陳代謝を起こせない構造にあるのですから、金融政策や財政政策でできることには限界があります」

日本の経済状況は大幅に変化しつつある。

昭和三十年代は、三種の神器と言われた白黒テレビや冷蔵庫、電気洗濯機が飛ぶように売れた。人口増があり、高齢者も少なかったため、社会保障の予算も少なくて済んだ。

企業も右肩上がりの成長が見込めたために、設備投資や賃上げをおこなうことができた。これが成長と分配の好循環であった。昭和四十年代に入ると、カラーテレビ、クーラー、自動車などへと変わっていく。

その後、景気が悪化し製造業が後退すると、公共事業などの景気対策で補っていった。

だが、いまや３Ｄプリンターのおかげで日本で作れるものは世界中のどこでも作れるようになってきた。

日本の資本家と労働者との関係は、外国の労働者と日本の資本家との関係に大きく変わってきている。日本の労働者は世界各国の労働者との競争に晒されているのだ。

利益を上げられるのは、高いお金を払ってもこの製品やサービスが欲しいと言ってもらえる高付加価値型産業だけだ。通貨安、低金利政策だけでは日本ならではの高付加価値財・サービスは生まれてこない。

石破は、今こそ農業や漁業、林業など日本のポテンシャルを生かした産業に注目すべきだと語る。

石破の師である田中角栄は、大都市への一極集中の是正に生涯取り組んだ。

石破は、今こそこれにもう一度力を入れる必要があると言う。

「当時は均衡ある国家の発展というコンセプトでしたが、今の一極集中解消は、東京で暮らすストレスから人々を解放し、結婚・出産といったライフイベントを無理なくこなせるような余裕と、多様な価値観を実現できる環境を生み出すために必要不可欠です。それをやらないと国が滅びます。ヒト・モノ・カネが自然災害にもっとも脆弱な東京に集中しているのは危険だとしか思えません」

あとがき

石破茂衆議院議員には、初当選以来の四十年近くの取材に加えて、今回この作品を執筆するにあたって、新たに長時間に及ぶインタビューにご協力いただきました。

また、衆議院議員の伊藤達也、衛藤征士郎、齊藤健、平将明、武田良太、田村憲久、古川禎久、保岡宏武の各氏（五十音順）、元衆議院議員の鴨下一郎氏、徳島県知事の後藤田正純氏、株式会社経営共創基盤代表取締役CEOの冨山和彦氏、岩手県知事や総務大臣を歴任した増田寛也氏、株式会社日本総合研究所主席研究員の藻谷浩介氏の取材協力を得ました。

お忙しいなか、感謝いたします。

本文中の肩書きは、その当時のもの、敬称は略させていただきました。

また、「日本列島創生論」（石破茂著・新潮新書）、朝日新聞、産経新聞、日本経済新聞、毎日新聞、読売新聞を参考にいたしました。

今回、この作品の上梓に協力してくださった河出書房新社の岩本太一氏に感謝いたします。

令和六年十月十五日

大下英治

本書は二〇一七年に小社より刊行した『石破茂の「日本創生」』を改題し、最新の取材に基づいて加筆訂正・増補をおこなった新装版です。

〈著者略歴〉
1944年広島県生まれ。
著書に
『美空ひばり　時代を歌う』
『都はるみ——炎の伝説』『太地喜和子伝説』
『経世会竹下学校』『宰相・田中角栄と歩んだ女』
『激録！総理への道』『闘争！角栄学校』『石原慎太郎の宣戦布告』
『小泉純一郎　最後の賭け』『小沢一郎の政権奪取戦略』
『平沼赳夫の「宣戦布告」』『挑戦　小池百合子伝』
などがある。

新総理 石破茂 師・田中角栄と「日本創生」

二〇二四年一一月二〇日　初版印刷
二〇二四年一一月三〇日　初版発行

大下英治——著者
小野寺優——発行者
株式会社河出書房新社——発行所
〒一六二-八五四四
東京都新宿区東五軒町二-一三
〇三-三四〇四-一二〇一〔営業〕　電話
〇三-三四〇四-八六一一〔編集〕
https://www.kawade.co.jp/
KAWADE DTP WORKS——組版
三松堂株式会社——印刷・製本
大倉真一郎——装丁者
Pool——カバー写真
The Asahi Shimbun——帯写真
ISBN978-4-309-22948-5
Printed in Japan